国家社会科学基金项目"新生代农民工婚恋模式与婚姻质量研究"成果(项目编号:15BRK034)

新生代农民工的婚育模式与婚姻质量

陈莉 俞林伟 著

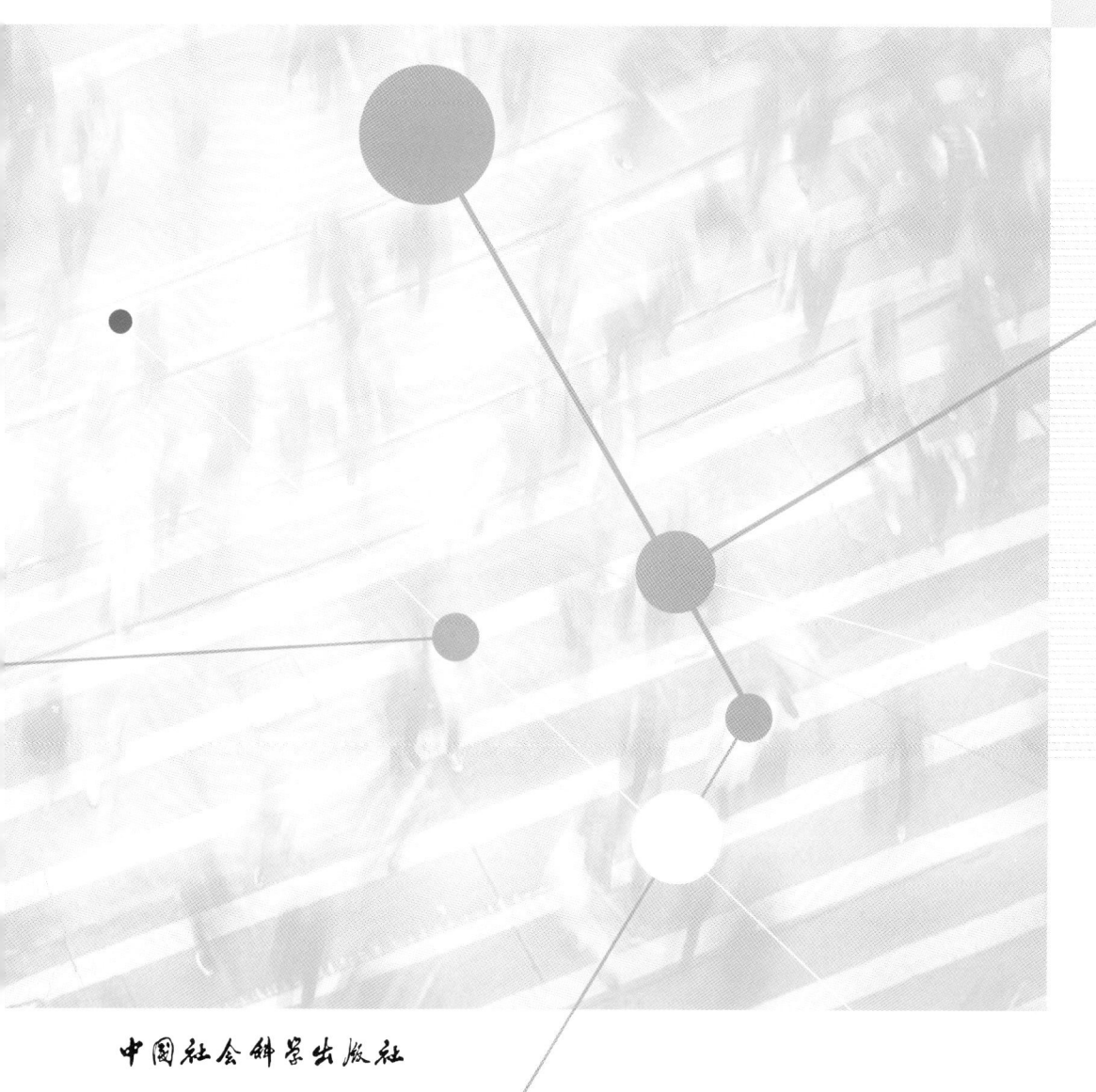

中国社会科学出版社

图书在版编目（CIP）数据

新生代农民工的婚育模式与婚姻质量／陈莉，俞林伟著．—北京：中国社会科学出版社，2021.7
ISBN 978-7-5203-7986-1

Ⅰ.①新… Ⅱ.①陈…②俞… Ⅲ.①民工—婚姻问题—研究—中国 Ⅳ.①D669.1

中国版本图书馆 CIP 数据核字（2021）第 038272 号

出 版 人	赵剑英
责任编辑	孔继萍
责任校对	赵雪姣
责任印制	郝美娜

出　　版	中国社会科学出版社
社　　址	北京鼓楼西大街甲158号
邮　　编	100720
网　　址	http://www.csspw.cn
发 行 部	010-84083685
门 市 部	010-84029450
经　　销	新华书店及其他书店
印　　刷	北京君升印刷有限公司
装　　订	廊坊市广阳区广增装订厂
版　　次	2021年7月第1版
印　　次	2021年7月第1次印刷
开　　本	710×1000　1/16
印　　张	20.5
插　　页	2
字　　数	326千字
定　　价	118.00元

凡购买中国社会科学出版社图书，如有质量问题请与本社营销中心联系调换
电话：010-84083683
版权所有　侵权必究

前　言

　　自古以来，"结婚生子"被认为是人生中最重要的大事，随着时代的变革，"结婚生子"的观念与特点从带有年代感的"传宗接代，父母之命，媒妁之言，多子多孙"到现代的"自由恋爱，闪婚闪离，少生优生"，它代表了时代的镜子，反映了一个社会的缩影。因而学者们对婚姻、育儿的研究从未间断。新生代农民工作为新农民工的核心群体，他们正处于结婚生子的黄金时期，同时也处在改革开放40多年间经济与文化、城市与乡村、人口流动发生巨大变化的浪口，相较于第一代农民工，新生代农民工的整体文化水平更高，接触的信息更加多元，更加向往城市的生活，留在城市的欲望更强，但需要应对的困难也更多更杂；与其他适婚适育群体（如城市居民等）相比，他们更易受传统思想的影响、面临的经济压力更大、在城市拥有的归属感更弱。新生代农民工的婚育模式既融入城市的血液又扎根于乡村的土壤，婚姻质量既受现代文明的影响又离不开传统文化的渲染，表现出更多的特异性。此外，随着城镇化的进程速度加快，他们的婚育观正在变迁；在城市—乡村两地的流动使得他们的婚恋模式更加多元化；多重观念的冲击以及制度的壁垒让他们的婚恋面临障碍；流动频率的提升与范围的扩大、两地分居及经济压力的考验促使他们的婚姻家庭质量发生改变。因此，本书以新生代农民工的婚育模式和婚姻质量为主线，对它们的现状、特点以及二者的关系等进行分析探讨，最后给予建议，以期提升新生代农民工的婚姻幸福感。

　　在婚育模式这一主题上，在学术界它的定义还尚未十分明确，而是一个"拼盘式"的概念。一般来说，婚前对象、性生活的选择，婚后生男生女或儿女双全的抉择，都是新生代农民工婚育模式的体现，选择对象的标准、目的以及行为是本研究探讨的重点，结婚、生育、性的观念、态度与行为亦是本研究关注的重点，本书的第四章重点对婚育模式进行研究，在回顾文献的基础上，选用合适的量表，对新生代农民工的择偶模式、婚姻模式、婚育模式以及性生活模式进行分析，阐述新生代农民工希望或选择什么样的人与自己共同面对生育小孩、组建家庭的人生大事。

在婚姻质量这一主题上，最早对其进行研究的是1929年美国社会学者汉密尔顿（Hamilton）对婚姻调适的实际度量，中国学者科林在1973年提出了婚姻质量，至此婚姻质量一词被广泛使用。婚姻质量是夫妻的感情生活、物质生活、余暇生活、性生活及其双方的凝聚力在某一时期的综合状况。一般来说，对于物品的质量我们会用"好、差、满意、有问题"等来进行评定，在婚姻关系的质量上，也会从"满意（幸福）指数、出现问题"的角度出发，同时关系中的积极互动、冲突、不稳定亦会被用来描述，而暴力指标是关系评定中最核心的指标，它对关系破裂的预测作用很强。本书的第五章将会从婚姻质量出发，了解新生代农民工在婚姻中积极互动、在婚姻中的满意度与幸福感，同时对婚姻中的冲突、婚姻的不稳定性、婚姻中的问题乃至婚姻中的暴力等负性方面进行分析，阐述新生代农民工在婚姻中的喜与忧、幸与不幸的现状与特点。

当婚育模式与婚姻质量相结合，它们之间的关系又会碰撞出什么样的火花呢？在本书的第六章将会重点讨论。本研究将会运用实证调查的资料，采用统计处理方法，阐述新生代农民工不同的择偶倾向、婚姻模式、生育方式、性生活的方式与夫妻积极情感的表达、婚姻幸福感、消极婚姻质量、婚姻冲突、婚姻问题、婚姻不稳定性、遭受婚姻暴力与实施婚姻暴力的关系。并对其中的影响机制进行探讨。关于如何改善新生代农民工的婚育模式与婚姻质量，本书会综合考虑社会因素、经济因素、文化因素、政策因素、个人因素等，并在第七章提出细致的建议。

另外，本书的研究背景与研究意义将会在第一章绪论中呈现；理论基础与文献综述将会在第二章呈现，会对新生代农民工及其相关的群体、与婚育相关的概念进行界定，对与婚育相关的国内外文献及理论进行综述，将借鉴对本研究最适宜的、最有价值的理论来丰富新生代婚育模式与婚姻质量的探讨；在研究的方法与数据来源、数据处理上，本书的第三章将会进行详细阐述。本书的最后一章（第八章）将会展现一系列与婚育模式、婚姻质量相关的专题研究，以心理学知识为立足点，结合社会学、人口学、统计学的知识，从微观个体化视角，如性别、养育子女、夫妻的匹配度、童年的经历到宏观层面的代际视角来阐明新生代农民工婚育模式与婚姻质量的现状与不足。

本书的研究虽是专门针对新生代农民工群体的研究，同时以第一代农民工和城市居民为比较对象的，对这两类群体的研究也会有所涉及。因此在以后的研究中，涉及农民工群体和城市居民婚姻方面的研究可以进行借鉴，也可以将研究群体更加细化，从不同职业或特殊职业出发，运用相似的理论与方法研究这些群体的婚育模式与婚姻质量。希望本书对国内有关流动人口婚姻家庭领域的研究与多学科交叉合作的研究贡献些理论上的帮助，对了解新生代农民工的婚恋模式，提高其婚姻质量，进而促进社会稳定提供些建议上的帮助。

最后，对在本书研究、写作、编辑出版过程中给予帮助的学者、研究人员等致以诚挚的谢意。由于水平有限加上时间仓促，书中难免会有缺点与疏漏，真诚希望专家学者批评指正。

目 录

第一章 绪论 …………………………………………………… (1)
 第一节 研究背景 ………………………………………… (1)
 第二节 研究意义 ………………………………………… (4)

第二章 文献回顾与研究框架 ………………………………… (7)
 第一节 新生代农民工婚育模式与婚姻质量概念界定 …… (7)
 第二节 新生代农民工婚育模式和婚姻质量的理论研究 … (17)
 第三节 新生代农民工婚育模式的实证研究述评 ………… (22)
 第四节 新生代农民工婚姻质量的实证研究述评 ………… (28)
 第五节 新生代农民工婚育模式和婚姻质量关系的研究述评 … (33)
 第六节 本书的研究框架 ………………………………… (38)

第三章 数据来源和研究方法 ………………………………… (41)
 第一节 数据来源与质量控制 …………………………… (41)
 第二节 研究方法和样本基本情况 ……………………… (44)

第四章 新生代农民工的婚育模式 …………………………… (50)
 第一节 新生代农民工的择偶模式研究 ………………… (50)
 第二节 新生代农民工的婚姻模式研究 ………………… (71)
 第三节 新生代农民工的生育模式研究 ………………… (91)
 第四节 新生代农民工的性生活模式研究 ……………… (110)

第五章　新生代农民工婚姻质量的研究 ……………………（132）
　　第一节　新生代已婚农民工积极婚姻质量的特征研究 ………（132）
　　第二节　新生代已婚农民工消极婚姻质量的特征研究 ………（142）
　　第三节　新生代已婚农民工婚姻暴力的特征研究 ……………（154）

第六章　新生代农民工婚育模式与婚姻质量的关系研究 ………（170）
　　第一节　新生代农民工婚育模式对积极婚姻质量的影响 ……（170）
　　第二节　新生代农民工婚育模式对消极婚姻质量的影响 ……（192）
　　第三节　新生代农民工婚育模式对婚姻暴力的影响 …………（222）

第七章　改善新生代农民工婚育模式，提升婚姻质量的途径研究 ……………………………………………………………（244）
　　第一节　新生代农民工婚育模式主要问题及原因分析 ………（244）
　　第二节　新生代农民工婚姻质量主要问题及原因分析 ………（251）
　　第三节　主要政策建议 …………………………………………（256）

第八章　本项目专题研究 ……………………………………………（265）
　　第一节　女性农民工家庭暴力与婚姻质量：婚姻态度和夫妻
　　　　　　互动的多重中介作用 …………………………………（265）
　　第二节　有了孩子就能稳定婚姻？
　　　　　　——子女数对女性农民工遭受婚姻暴力预测其婚姻
　　　　　　不稳定性的调节效应 ……………………………………（274）
　　第三节　门当户对的婚姻会更满意吗？
　　　　　　——基于农民工婚姻匹配程度与婚姻质量的实证
　　　　　　研究 ………………………………………………………（286）
　　第四节　农民工童年创伤和婚姻质量：述情障碍与夫妻互动的
　　　　　　多重中介作用 ……………………………………………（297）

参考文献 ……………………………………………………………（305）

后　记 ………………………………………………………………（321）

第一章

绪　　论

第一节　研究背景

改革开放以来，我国的经济体制与经济模式发生了较大变化，从计划经济转变为市场经济，从封闭、半封闭型经济转变为开放型经济，从农业社会转变为工业社会。伴随这一进程，我国大量的农村剩余劳动力也逐渐地向城市转移，具有特定历史意义的称谓"农民工"也逐渐被公众所熟知。农民工是中国经济社会转型时期出现的特殊群体，并已成为我国当前改革开放和城镇化、工业化进程中涌现的一支重要力量。

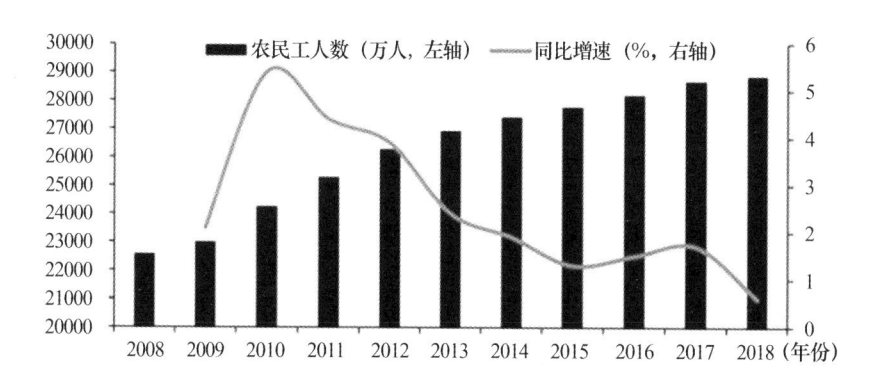

图1—1　2008—2018年中国农民工数量及同比增长

数据来源：2008—2018年历年国民经济和社会发展统计公报。

根据人力资源与社会保障部的数据显示，2018年我国农民工总量为28836万人，比上年增加184万人，增长0.6%；相比2008年的22542万人，10年间增长了6294万人。2018年农民工平均年龄为40.2岁，比上年提高0.6岁。在全国农民工的构成中，老一代农民工占比48.5%，出生于1980年及以后的新生代农民工占比51.5%，比上一年提高了1.0个百分点；在新生代农民工的构成中，"80后""90后"与"00后"分别占比50.4%、43.2%与6.4%，从比例上来看，新生代农民工所占比重最高，成为农民工群体中的主要群体。

绝大多数新生代农民工目前正处于婚恋和生育的黄金阶段[①]，恋爱、择偶、婚姻、家庭、生育等是他们面临的重大问题[②]，但在中国的二元户籍制度下，外出流动打工对于新生代农民工来说是一个重大的特殊事件，他们的恋爱择偶观、婚姻模式、家庭关系等也在流动的过程中发生了相应的改变，这样的改变不仅对农民工流入地的经济与社会发展、人口规模与结构、社会保障与公共服务等各个方面产生了重要的影响，而且将会对中国整个城镇化的进程与发展质量、"二孩政策"的实施效果、人口可持续发展等方面具有重要的现实意义。

在城镇化进程中，随着新生代农民工群体主体地位的凸显，其婚育观念、婚恋行为和婚姻质量中出现的一系列相关问题成为社会各界关注的焦点。第一，新生代农民工的婚育模式的变迁。在传统与现代性的双重影响之下，新生代农民工的婚育模式以"传统与现代共生与冲突"最为明显。主要表现为新生代农民工初婚年龄推迟、恋爱观趋于自主、交友方式形式多元、性观念适度开放、生育观念趋于理性化、"少生优生"的生育观逐渐被新生代农民工接受，抚养孩子的质量提高，形成了新生代农民工群内部独特的婚恋观。第二，新生代农民工婚育模式的多元化。新生代农民工的婚育模式不再以单一的传统婚育模式为主，而是向多元化的婚育模式发展，传统的地缘与血缘关系为主的婚姻圈也随之转变为以业缘关系为主。例如，刘淑华对新生代农民工的婚育模式类型进行研究，认为从地理位置其婚育模式划分为："家乡—家乡"模式、"家乡—

[①] 梁土坤：《二律背反：新生代农民工生育意愿的变化趋势及其政策启示》，《北京理工大学学报》（社会科学版）2019年第3期。

[②] 吴新慧：《传统与现代之间——新生代农民工的恋爱与婚姻》，《中国青年研究》2011年第1期。

外地"模式、"家乡—当地"模式和"两栖恋爱"模式。[1] 从双方地位来看,"向上婚恋"与"向下婚恋"构成了新生代农民工的婚育模式的新趋势。张庆宇、侯双根据农民工是否有融城意愿将其婚育模式划分为有融城意愿在城市婚恋、有融城意愿返乡婚恋、无融城意愿在城市婚恋和无融城意愿返乡婚恋四种婚育模式。[2] 现有的研究表明新生代农民工的婚育模式从传统向现代的变迁是一个潜移默化的长期过程。[3] 第三,新生代农民工婚恋障碍。婚恋障碍是指影响婚恋正常进行的各种因素。现有的研究显示新生代农民工的婚恋障碍主要有婚恋观念障碍和婚恋行为障碍。[4] 其中影响婚恋观念的因素主要包括家乡文化或家庭观念、感情经历、朋友的观念、不良价值观四个方面;影响婚恋行为的因素主要包括城乡二元户籍制度[5]、婚姻挤压、经济条件落后和生活圈子限制[6]四个方面。第四、新生代农民工婚姻家庭质量的变化。新生代农民工传统的婚姻制度受到其城市流动范围扩大与流动频率的影响和冲击,他们的婚姻自主权大幅度地提升,同时农民工的城市化进程促使其原有的通婚圈扩大、拥有更多的婚姻资源。[7] 一方面,新生代农民外出务工使其家庭经济情况明显改善,婚姻质量上升,新生代女农民工家庭从属地位被打破。[8] 另一方面,他们的婚姻质量也呈现出下降的趋势,主要是因为在离散化的影响下,家庭在情感与性的满足、生产和抚育等多方面存在一定的功能障碍

---

[1] 刘淑华:《家乡的"归根"抑或城市的"扎根"——新生代农民工婚恋取向问题的研究》,《中国青年研究》2008年第1期。

[2] 张庆宇、侯双:《新生代农民工婚恋模式探析——基于南漳县5村新生代农民工婚恋意识和行为的调查》,《长春理工大学学报》(社会科学版)2012年第10期。

[3] 曹锐:《新生代农民工婚恋模式初探》,《南方人口》2010年第5期。

[4] 刘杰杰:《"80后"农民工婚恋障碍分析——基于苏州、无锡、南京等8市的调查》,《南京人口管理干部学院学报》2011年第3期。

[5] 李辉、浦昆华:《新生代农民工的婚恋心理冲突探析》,《江西农业大学学报》(社会科学版)2011年第4期。

[6] 李卫东、胡莹:《未婚男性农民工心理失范的调查研究》,《西安交通大学学报》(社会科学版)2012年第1期。

[7] 许传新、高红莉:《徘徊于传统与现代之间:新生代农民工婚姻家庭观研究》,《理论导刊》2014年第3期。

[8] 毕红微:《新生代农民工的婚恋观研究》,硕士学位论文,华中农业大学,2014年。

对婚姻质量产生了负面影响，导致其出现情感危机甚至破裂。[1]

因此，新生代农民工在婚恋问题上具有比第一代农民工更为复杂的观念、态度以及行为，面临更高的婚姻风险。新生代农民工在婚育模式上发生了怎样的转变？与传统农民工相比有什么特征？新生代农民工的婚姻质量处于一个什么水平？其婚育模式的转变是否会影响其婚姻质量？对于这一系列问题的回答，不仅有助于我们了解与掌握新生代农民工婚育模式与婚姻质量的现实特点，也能帮助我们基于代际的视角探索与分析农民工的婚育模式对婚姻质量的影响机制，从而加深对新生代农民工婚姻特点的了解，同时，还能增强新生代农民工的婚姻稳定性，促进其婚姻质量的提高。

第二节　研究意义

一　理论意义

（一）拓展了本土有关流动人口婚姻家庭领域的研究

西方学术界研究与理论分析大都以国外为主，对中国流动人口的婚姻家庭问题的探索与解释较为欠缺。而我国有关流动人口婚姻家庭的本土化理论很少且研究大多只停留在宏观的概念化或定性论述上。本书将在立足于中国国情的基础上，借鉴西方的相关理论，构建适用于中国国情的新生代农民工的婚恋理论模型，并采用定量的研究方法对理论模型进行验证，将新生代农民工与城市居民、第一代农民工的婚育模式与婚姻质量进行横向比较，并分析影响因素，以期能在一定程度上丰富我国流动人口的婚姻家庭理论。

（二）促进多学科的借鉴与融合

新生代农民工婚恋模式和婚姻质量的研究涉及众多学科的相关知识，如人口学、社会学、统计学、心理学等。从人口学来说，对新生代农民工婚恋模式和婚姻质量的研究，必须了解新生代农民工的人口结构、特

---

[1] 施磊磊：《青年农民工婚恋观念、行为、模式及其变迁历程——对青年农民工婚恋研究文献的一项检视》，《青年探索》2015年第6期。马忠东、石智雷：《流动过程影响婚姻稳定性研究》，《人口研究》2017年第1期。

点及其相应的理论与视角；从社会学来说，涉及新生代农民工婚姻家庭关系与结构、城市融入与融合；从统计学来说，涉及婚姻质量的内在维度的构成；从心理学来说，涉及新生代农民工的婚恋观、生育观、性观念的特点以及代际差异和城乡差异。因此，只有基于多学科交叉与融合的视角对新生代农民工婚恋模式和婚姻质量的关注与探索，才能更为全面地了解与掌握新生代农民工的婚恋模式和婚姻质量特点，本报告从综合的角度运用多学科理论对新生代农民工婚恋模式和婚姻质量进行研究，进行多学科的借鉴与融合。

二 现实意义

（一）了解新生代农民工的婚育模式，提高其婚姻质量

婚姻关系作为人一生中最长久也是最亲密的人际关系之一，其好坏与否与婚姻质量紧紧相连。婚姻质量在很大程度上体现了婚姻的幸福性、家庭的稳固性乃至社会的稳定性。从这个意义上来说，新生代农民工的婚恋是关乎其家庭稳定的重要因素，婚姻对于新生代农民工生活的重要意义不言而喻。

本书对新生代农民工婚育模式和婚姻质量进行调查，并与传统农民工和城市居民进行比较，探讨婚恋代际差异和城乡差异产生的原因，寻找影响其婚姻质量的因素，不仅可以对新生代农民工婚育模式发展状况的变动趋势做出预期，还可以对婚姻质量较差的家庭提前进行调适和帮助，这将有助于加深对新生代农民工婚姻问题客观科学的认识，提升其婚姻质量，为从实际上解决新生代农民工婚恋问题提供思路。

（二）提高新生代农民工的婚姻质量，有助于社会的稳定与和谐

婚姻关乎家庭关系的和谐，而家庭作为社会的细胞，其关系和谐与否在一定程度上直接影响着和谐社会的构建。新生代农民工的婚恋问题表面上是人口空间位移所产生的特殊群体的自身发展问题，实际上还隐含着社会稳定和公平、城乡和区域统筹发展等深层次问题。可见，新生代农民工的婚恋问题是关乎助推农民工融入城市、维护社会稳定与和谐的重要社会问题，因此，加强对新生代农民工婚恋问题的关注，提高新生代农民工的婚姻质量具有重要的现实意义。这不仅在一定程度上体现了落实以人为本的管理服务理念，为促进社会经济协调发展夯实了基础，

也对加速实现社会公平和正义,缩小社会差距,有效解决社会矛盾,促进和谐社会的构建,具有极其重要的意义。

(三) 研究结论可以推广到城市居民和第一代农民工

本书虽然是重点关注新生代农民工,但是是以第一代农民工和城市居民为比较对象,对第一代农民工和城市居民的婚育模式和婚姻质量也进行了深入研究。从这个角度讲,本书的研究结论的解释范围得以拓展,更能从多角度对我国不同群体的婚育模式和婚姻质量进行差异和共性探讨,从而进一步探究这些异同的根源以及这些异同所带来的社会影响。基于对婚姻模式多样性的探索,探究不同群体的婚姻模式对婚姻质量的影响及其社会根源,以期针对不同的群体构建理性化的婚姻模式,进而促进家庭和谐与稳定。

第二章

文献回顾与研究框架

第一节 新生代农民工婚育模式与婚姻质量概念界定

本书的主题为"新生代农民工的婚育模式与婚姻质量的研究",主要涉及三个核心概念:农民工、婚育模式和婚姻质量。

一 农民工

(一)农民工的概念辨析

"农民工"这一名词是在1983年由社会学家张雨林教授第一次提出,并于1984年在中国社会科学院《社会学通讯》上首次被使用[1],随后该词被广泛使用。早期,国内研究只是将农民工界定为从事非农业劳动的农民劳动者,是一个在城市化发展进程中比较特殊的社会劳动群体。随着经济社会的发展,农民工的问题逐渐引起了学术界的高度关注,但对于农民工的界定,学术界一直没有统一与明确的定论。有研究者指出,农民工是从农民群体中分化出来的社会劳动者,他们从事工人职业并通过劳动获得相应的工资收入,但是在身份上依然属于农民。[2]从理论上说,农民工具有非城镇居民的身份,是率先从农民群体中分化出来的,与农村土地保持着一定的经济联系,他们以工资收入为主要的收入来源,

---

[1] 梁土坤:《二律背反:新生代农民工生育意愿的变化趋势及其政策启示》,《北京理工大学学报》(社会科学版)2019年第3期。

[2] 吴新慧:《传统与现代之间——新生代农民工的恋爱与婚姻》,《中国青年研究》2011年第1期。

并从事非农业生产和经营，属于非农业化的从业人员。有研究者将农民工界定为具有农业户口的农村劳动力，并在城镇从事非农职业（私营企业雇主除外）。[①] 但也有研究者将农民工界定为进入城镇或城市就业的自雇人员或受雇人员，并且具有农业户口。[②] 从广义上来定义的"农民工"，包含了在城市自雇就业与受雇就业的农村流动人口。

结合以上学者的观点，本书对于农民工定义考虑以下三个特征：一是从户籍身份而言，农民工的户籍身份仍是农民，一般在家乡都承包有部分土地，虽然进城务工，但并没有城镇居民所享有的同等社会服务与保障；二是从职业身份而言，农民工进城打工，其主要工作时间都脱离土地；三是从收入来源而言，农民工的重要收入来源是工资收入，这是与进城农民进行区别的关键。一般而言，进城农民是以从事个体经营等其他收入为收入的主要来源。本书对"农民工"这一概念的界定，主要依据《统计局：2016年国民经济实现"十三五"良好开局》一文的说法："户籍地在农村，在乡镇或城市从事非农产业劳动6个月及以上，以非农业工资收入为主要收入的劳动者。"

而关于农民工，不同的研究有不同的表述，例如，有称其为"进城务工人员""外来务工人口""农村流动人口"和"城乡流动人口"等，因此，需要对其概念进行辨析，更好地理解什么是农民工以及农民工与其他表述之间的区别。

1. 农民工与农村流动人口

所谓农村流动人口，即指从农村走向城镇或城市，在城镇或城市就业与生活，但拥有农业户籍的人口。[③] 可见，农村流动人口与农民工两者都是指在城市从事非农劳动，但拥有农村户籍的人员。但农村流动人口在一定意义上来说范围更为广泛，农民工以及那些在城市自雇就业的农村流动人口均可以纳入农村流动人口的范畴。

---

① 风笑天：《农村外出打工青年的婚姻与家庭：一个值得重视的研究领域》，《人口研究》2006年第1期。
② 宋月萍、张龙龙、段成荣：《传统、冲击与嬗变——新生代农民工婚育行为探析》，《人口与经济》2012年第6期。
③ 疏仁华：《青年农民工婚恋观的城市化走向》，《南通大学学报》（社会科学版）2011年第3期。

2. 农民工与进城务工人员

进城务工人员，即指本县（市）境内，常住于城区且进入城区从事非农产业劳动至少 6 个月，以非农业收入为主要收入，户籍依然在乡村的劳动者；或者是以非农业收入为主要收入，常住于城区，从外县（市）进入本县（市）城区从事非农产业劳动至少 6 个月的劳动者。而农民工则是指进入城市和在当地或异地从事非农产业劳动，但户籍仍在农村的劳动者，其从事非农产业劳动至少 6 个月。可见，进城务工人员与农民工的概念范畴相比更为广泛，还包括外县市进入其他城市务工的人群。

3. 农民工与外来务工人员

对外来务工人员的界定主要依据两个条件，一是具有农业户口，二是进入城镇务工。广义上，它既包括离土不离乡的农村劳动力，又包括离土又离乡的农村劳动力。离土不离乡的农村劳动力是指在本地乡镇企业就业的人群，离土又离乡的农村劳动力是指外出进入城镇从事第二、三产业的人群；狭义上，外来务工人员主要是指离土又离乡的农村劳动力[①]。通常所说的农民工，主要是指在我国改革开放以后，那些具有农民的户籍身份、有承包土地，但进入城市打工的人员，他们主要从事非农产业，以工资收入为主要的收入来源。外来务工人员与农民工这两个概念既有联系又有区别。一般而言，农民工属于外来务工人员，但外来务工人员的概念范畴更为广泛，其不仅仅包括了农民工，还包括了个体工商户、下海人员以及创业大学生等[②]。综上可见，外来务工人员的概念并非完全等同于农民工，外来务工人员的外延相较于农民工更广，包含着农民工。

4. 农民工与城乡流动人口

在经济因素的驱动下，农村地区的居民为了获取相应的生活物资来源，不断涌向城市，这部分人群被称为城乡流动人口。但他们与农民工区别在于，有些人可能成为技术人员，有些人可能是个体户，有些成为

[①] 贺飞：《转型期青年农民工婚恋观念和行为的社会学分析》，《青年研究》2007 年第 4 期。赵延东、王奋宇：《城乡流动人口的经济地位获得及决定因素》，《中国人口科学》2002 年第 4 期。

[②] 国务院发展研究中心课题组：《"十二五"时期我国农村改革发展的政策框架与基本思路》，《改革》2010 年第 5 期。

工厂工人等。可见，城乡流动人口包括农民工，但其范围更广。

5. 农民工与城市居民

自20世纪70年代末以来，国家扩大了对外开放，相继在城市和农村推进了各项各类制度与体制的改革及落实，特别是伴随工业化与城市化的进程，在城市中逐步形成了"二元结构"，它是指在社会因素与制度因素的影响下，收入差距不断扩大、社会分化日趋严重的两个阶层，即城市居民与农民工，这两者之间存在明显的身份差别。其中，城市居民是指常住在城市市区的合法公民，他们具有城市的有效户籍，并且从事非农业生产。①

（二）农民工的代际分类

1. 新生代农民工

2010年1月31日，国务院2010年发布了中央一号文件，即《关于加大统筹城乡发展力度，进一步夯实农业农村发展基础的若干意见》，在该文件中首次使用了"新生代农民工"的提法。新生代群体是相对于老一代群体而言，该群体是指在改革开放后成长起来的新一代群体，主要是指我们所表述的"80后、90后"人群。全国总工会在2010年发布的《关于新生代农民工问题的研究报告》中，将新生代农民工界定为"出生于20世纪80年代以后，年龄在16岁以上，在异地以非农就业为主的农村户籍人口"。新生代农民工在文化水平、人格特征、打工目的、城市认同、生活方式、工作期望、与农村家庭的经济联系等方面都与老一代农民工迥然不同，他们绝大多数没有务农的经历和经验，也不愿再回乡务农。《我国农民工工作"十二五"发展规划纲要研究》课题组归纳了新生代农民工所具有的特征，主要表现为以下三点：（1）学历水平较高。新生代农民工学历水平中，初中占比70%，高中占比8.7%。（2）新生代农民工从事传统农业生产的技能逐渐弱化。新生代农民工虽然还具有农民户籍，但他们中的多数人实际上并不具备基本的农业生产的技能与经验，他们很少参加农业劳动，离开学校以后就进入城市务工了。（3）新生代农民工对土地的情结趋于薄弱，他们的生活习惯、思想观念与行为

---

① 侯力：《从"城乡二元结构"到"城市二元结构"及其影响》，《人口学刊》2007年第2期。

方式日渐城市化。新生代农民工代表着农民工的主流，他们由"亦工亦农""寻求谋生""城乡双向流动"逐渐向"全职非农""追求平等"和"融入城市"发生转变。①

2. 第一代农民工

"农民工"一词最早是在1983年由社会学家张雨林教授提出，我国的农民工按时间可划分为两类，即新生代农民工和第一代农民工。而第一代农民工的界定为1980年以前出生，在乡镇或城市以非农就业为主的农业户籍人口。也就是改革开放后最早进城务工的农民群体，多数是在20世纪五六十年代出生，在80年代中期到90年代中期由农村流出从事非农产业的农民，多从事劳动强度大、工作环境差、工资待遇低的工作，并且具有文化水平低、返乡意识强的特点。②

3. 新生代农民工与第一代农民工的区别

新生代农民工与第一代农民工主要有以下三个方面的区别。第一，自身特征。与第一代农民工相比较，新生代农民工的文化水平相对较高，同时知识储备更多、学习能力更强；但他们在农村的生活经历更短，相应的农业知识与技能培训基本缺失。③ 第二，价值取向。新生代农民工的价值取向以自我取向和发展取向为主，具体来说，新生代农民工具有强烈的自我意识和丰富的个性，喜欢按照自己的兴趣爱好和理性在社会生活中进行选择，更强调以自身的利益需求为出发点。④ 而第一代农民工的价值取向更多地表现为"务实取向""经济取向"与"家庭取向"，具体来说，传统农民工主要是为了提高家庭的收入与改善生活而进入城市务工，他们是出于养育子女、赡养父母、修建住宅甚至是光宗耀祖的目的。第三，目标理想。第一代农民工务工是为了打工挣钱补贴家用，以期能"荣归故里"，而新生代农民工则是为了融入城市和实现自身梦想，第一

---

① 国务院发展研究中心课题组：《"十二五"时期我国农村改革发展的政策框架与基本思路》，《改革》2010年第5期。韩俊：《农民工市民化与公共服务制度创新》，《行政管理改革》2012年第11期。汪晓春、李江风、王振伟等：《新型城镇化背景下进城农民土地退出补偿机制研究》，《干旱区资源与环境》2016年第1期。
② 宁应会：《老一代农民工养老问题研究》，《现代经济信息》2016年第4期。
③ 曹锐：《新生代农民工婚恋模式初探》，《南方人口》2010年第5期。
④ 许叶萍、石秀印：《新生代农民工的价值追求及与老一代农民工的比较》，《思想政治工作研究》2010年第3期。

代农民工与新生代农民工在目标和理想上产生的差异主要取决于两者在自身条件与价值取向的不同。[①]

二 婚育模式

学术界对于婚育模式并没有形成清晰的界定,而是呈现出"组合式的特点"。一般来说婚育模式是指个体婚恋过程的基本形态,一般包括择偶模式、婚姻模式和生育模式等几个方面。本书认为,婚育模式是指个人在选择配偶、婚姻关系、性关系、生育活动中的观念、态度和行为特征的总和,主要包括择偶模式、婚姻模式、生育模式和性生活模式四个方面。

(一) 择偶模式

对于择偶模式的研究,可以从宏观和微观角度对其现状进行分析归纳。微观角度的择偶模式主要从个体层面出发,认为择偶是作为选择双方的决定,进而从择偶双方的个人特质以及彼此之间的互动模式等角度去探索择偶的模式及其成因[②],强调个体因素在择偶过程中的作用;而宏观角度的择偶模式则主要是从社会层面关注社会变迁所引发的群体择偶模式的转变,强调社会因素的外在影响。本书主要是从微观角度关注新生代农民工择偶模式的个体差异。因此,本书所探讨的择偶模式是指个体选择配偶的观念、标准与行为特征,可以具体操作为择偶目的、择偶标准与择偶行为三个方面。

(二) 婚姻模式

婚姻模式是指个人对婚姻关系的认知、态度及其在婚姻关系中所表现的行为特征,主要包括婚姻观、婚姻态度和婚姻行为。其中婚姻观是指个人对婚姻及相关问题的基本认识和主观看法,属于婚姻基本认知层面。[③] 婚姻态度是指个体对婚姻的内部心理倾向,具有稳定性与评价性,蕴含着个体的主观内在感受以及在此基础上产生的外在行为倾向。它既

---

① 郭显超:《青年农民工的社会资本对择偶模式的影响研究》,博士学位论文,西南财经大学,2013年。

② 李煜、徐安琪:《择偶模式和性别偏好研究——西方理论和本土经验资料的解释》,《青年研究》2004年第10期。

③ 肖武:《中国青年婚姻观调查》,《中国青年研究》2016年第6期。

包含了对自我婚姻的期望和评价，也包含了对一般的婚姻关系的普遍观念。[①] 婚姻行为是指是人们在婚姻关系中所表现出的行为特征。我们认为婚姻观、婚姻态度和婚姻行为是层层递进的关系，婚姻观是表层基本认知，婚姻态度是婚姻观的进一步内化的主观感受，是联结婚姻观和婚姻行为的中介，婚姻行为是对婚姻观和婚姻态度的外在表现。

（三）生育模式

生育模式是指个人对生育活动的认知和态度及其在生育过程中所表现的行为特征的总和，主要包括生育观、生育态度和生育行为三个方面。生育观是人们对生育行为的主观观念，其核心内容就是生育意愿。主要包括对生育子女数量和性别的看法。从宏观上来说，生育观反映的是社会的生育文化特征；从微观上来说，生育观则体现着个体对于生育的主观选择。[②] 生育态度是人们对生育行为所持有的评价和行为倾向，它是人们对生育行为将要采取的行为准备。生育态度形成后，会对个人的生育行为产生重要的作用。生育行为是指人们在整个生育活动所表现的行为，包含了具体的生育选择、生育决定和最终的生育结果。可以这么说，生育观是个人生育活动产生的最初起源，生育态度是个体生育活动的综合倾向，生育行为则是个人的生育观和生育态度的外在体现。

（四）性生活模式

性生活模式指个人对性活动的认知和态度及其在性关系中所表现的行为特征的总和，主要包括性观念、性态度和性行为。性观念是一种个体对性关系的主观认知，主要包括贞操观、婚前性行为观、婚外性行为观以及随意性行为观。性态度是一定时期人的性心理固定化、系统化的思想反应，是个体对性所持有的评价和行为倾向。性态度形成之后，就个人的性行为产生重要的作用。不同的性态度和性观念会导致不同的性行为，性行为是个人的性观念和性态度的外在体现。

[①] 周永红、黄学:《研究生婚姻态度及其与主观幸福感的关系研究》，《学位与研究生教育》2014年第5期。黄光圣、鲁爱萍:《90后女大学生的婚姻态度与主观幸福感的关系研究》，《陕西学前师范学院学报》2018年第9期。

[②] 黄思棉:《影响居民期待生育数量的社会因素研究——基于CGSS 2010数据的分析》，《黑龙江生态工程职业学院学报》2015年第3期。

三 婚姻质量

（一）婚姻质量的概念辨析

婚姻是指男女（或者同性）双方在平等自愿的基础上建立的长期契约关系。这种关系的密切程度取决于多种因素的综合。[①] 婚姻质量包括婚姻的"质"和"量"两个方面。其中"质"指的是婚姻关系的性质和特征，"量"指的是婚姻关系的密切程度。婚姻质量这一词，最早是1929年美国社会学者汉密尔顿提出"婚姻调适"这一词，后来克莱恩（Klein）在1973年提议采用"婚姻质量"取代"婚姻调适"这一概念。中国学者从20世纪90年代才开始涉及这个问题的研究。

关于婚姻质量的定义，不同的学者有不同的定义，国外学者将婚姻分为主观和客观两种类型。总体上可以划分为个人感觉学派、婚姻调适学派与多维混合学派。第一，个人感觉学派倾向于将婚姻质量界定为个体对自身婚姻的自我感知与主观体验，因而是一个主观的概念，具体来说，是指个体对婚姻关系以及对配偶的态度与看法，也就是衡量一个人对婚姻质量的主观感知的指标，认为幸福感越强或满意度越高的夫妻则其婚姻质量越高。[②] 第二，婚姻调适学派。与个人感觉学派强调主观感知相反，婚姻调适学派强调的是婚姻质量的客观性，认为婚姻质量是由夫妻间所具有的可被测量统计的结构以及特征的客观测量结果所决定的。[③] 第三，多维混合学派。该学派则从主客观整合的角度去进行解释，认为婚姻质量应该是夫妻双方对婚姻关系的主观与客观的综合描述及评估。[④] 婚姻质量包含婚姻整合、婚姻互动、婚姻角色关系紧张和冲突、婚姻沟通、婚姻满意度以及婚姻幸福感等主客观指标。[⑤]

目前国内有关婚姻质量的定义并未有统一的定论，主要可以归纳为

[①] 李伟、程灶火、王湘等：《婚姻质量与个性、婚姻动因的关系》，《中国临床心理学杂志》2002年第1期。

[②] 曹锐：《流动女性的婚姻质量及其影响因素》，《西北人口》2010年第3期。郭霞、李建明、孙怀民：《婚姻质量的研究现状》，《中国健康心理学杂志》2008年第7期。

[③] 曹锐：《流动女性的婚姻质量及其影响因素》，《西北人口》2010年第3期。

[④] Graham B. S., "The measurement of marital quality", *Journal of Sex & Marital Therapy*, Vol. 5, No. 3, June 1979, pp. 288 – 300.

[⑤] 曹锐：《流动女性的婚姻质量及其影响因素》，《西北人口》2010年第3期。

两种观点：一种观点将婚姻质量当作一个总括型概念，另一种观点则是将其当作一个混合型概念。[1] 持总括型婚姻质量概念的学者强调婚姻质量的主观方面，认为婚姻质量的界定应侧重于个体对自身婚姻关系的综合性与总体性的评价。如有学者将婚姻质量界定为"夫妻间各种关系的和谐程度""个体对自身婚姻的主观体验与综合评价"[2]，并将婚姻满意度作为测量婚姻质量的重要指标。持混合型婚姻质量概念的学者则将婚姻质量看作涵盖婚姻生活各个方面的一个总体。例如学者徐安琪等将其定义为"夫妻的物质生活、感情生活、性生活、余暇生活及其彼此的凝聚力在某一时期的综合状况"[3]。它以婚姻中个人的主观评价为主要的评判指标，并且结合夫妻相处模式和婚姻结果的客观事实来进行描述。高质量的婚姻表现为处于婚姻关系中的个体对配偶及婚姻关系的满意度高，夫妻凝聚力较强且冲突较少，彼此具有充分的情感与性的交流的特征。婚姻质量的混合型概念是主观与客观、个人感受与婚姻实际情况相结合，它既强调了婚姻关系中的个体的主观感受与评价，也强调了夫妻关系的客观事实特征，相比于总括性概念更加全面。

本书所采用的是混合型婚姻质量的概念，具体是指婚姻关系中的个体对自己婚姻关系的主客观描述与评价，可以操作为婚姻互动、婚姻冲突、婚姻幸福、婚姻问题与婚姻不稳定性五个方面。同时将婚姻质量分为积极和消极两个维度，其中积极维度包括婚姻幸福感和婚姻积极互动，消极维度包括婚姻问题、婚姻冲突与婚姻不稳定性。婚姻幸福感和婚姻积极互动是测量积极婚姻质量的重要指标之一。夫妻间积极的互动也能促进夫妻间的感情，提高对婚姻的满意度，有利于提高婚姻质量。相反，婚姻冲突、婚姻问题与婚姻不稳定性作为评估婚姻质量消极维度的重要指标，能够较为稳定地反映婚姻关系中的个体对自身婚姻状况的认知感受与主观评价，提升对婚姻失败或成功的原因的理解。

（二）婚姻暴力

婚姻暴力是指婚内的暴力行为，是在已婚夫妻之间发生的既包括丈

---

[1] 许传新：《婚姻质量：国内研究成果回顾及评价》，《学习与实践》2008 年第 6 期。
[2] 卢淑华、文国锋：《婚姻质量的模型研究》，《妇女研究论丛》1999 年第 2 期。
[3] 徐安琪、叶文振：《婚姻质量：度量指标及其影响因素》，《中国社会科学》1998 年第 1 期。

夫对妻子也包括妻子对丈夫的双向暴力行为。① 目前关于婚姻暴力的界定并未形成统一的明确的概念，部分学者认为婚姻暴力即指夫妻之间的某一方所采取的侵犯或危害另一方人身权利，并对另一方造成人身伤害的行为；另一部分人认为，婚姻暴力是发生在夫妻之间的，以暴力手段对相对弱势者造成人身和精神损害的欺凌行为。② 婚姻暴力的界定又有广义和狭义之分，狭义上，婚姻暴力主要指丈夫对妻子实施的严重躯体暴力，即丈夫以胁迫或暴力等手段对妻子所进行的躯体或者是性方面的攻击，并产生了一定的伤害性的后果。广义上的婚姻暴力主要指是指在婚姻关系中的配偶一方对另一个配偶施行的躯体、精神和性虐待或伤害，主要包括身体侵犯、强迫性行为、心理虐待和控制行为。③

(三) 婚姻满意度

婚姻满意度一词最初由美国社会学家汉密尔顿于1929年在《婚姻研究》一书中提出，他认为，婚姻满意度是指已婚夫妻对其所在的婚姻关系的主观感受与综合评价，婚姻满意度与婚姻质量密切相关。④ 随后，J. M. Gottman 和 L. J. Krokoff 探讨了婚姻满意度的概念、内容和维度等⑤，也一致认为婚姻满意度是夫妻双方对其婚姻关系满意程度的主观感受与综合评价，是婚姻生活质量的重要衡量指标。综上所述，婚姻满意度与婚姻质量相关联，是已婚夫妻基于自身对婚姻关系的主观感受所做出的对婚姻质量的主观评定。⑥

(四) 婚姻稳定性

婚姻稳定性往往是一个时间上的概念，通俗传统概念中就是"从一

---

① 李成华、靳小怡：《夫妻相对资源和情感关系对农民工婚姻暴力的影响 基于性别视角的分析》，《社会》2012年第1期。

② 王盛：《浅析我国的家庭暴力及其法律对策》，《法制博览》2015年第5期。

③ 毋嫘、洪炜、任双成等：《婚姻中严重躯体暴力行为的个人—家庭—社会因素》，《中国心理卫生杂志》2013年第4期。

④ 刘宏宇、马晴：《农村经济发展与回族女性早婚现象悖论分析——基于X村回族女性的调查研究》，《湖北科技学院学报》2019年第61期。

⑤ J. M. Gottman, L. J. Krokoff, "Marital Interaction and Satisfaction: a Longitudinal View", *Journal of Consulting and Clinical Psychology*, Vol. 57, No. 1, February 1989, pp. 47-52.

⑥ 于静、王佳宁：《母亲婚姻满意度对青少年非适应性完美主义的影响：母亲心理控制的中介作用》，《中国临床心理学杂志》2019年第2期。

而终"，指在没有意外发生的情形下，婚姻因配偶一方的自然死亡而结束。婚姻稳定性是与婚姻成功、婚姻失败相关联的一个重要概念。婚姻稳定性是指一个婚姻是否受损或是否完整的状态。因此，婚姻稳定性实质上反映了存在于婚姻关系中的个体对婚姻的主观态度以及对婚姻延续性的信心，是否产生过或存在离婚的意向。①

第二节 新生代农民工婚育模式和婚姻质量的理论研究

国外发达国家少有"农民工"现象，但关于流动人口的婚姻家庭问题的研究由来已久，形成了许多相关的理论解释，这些理论大多是从社会学、心理学、经济学与人口学科对移民或流动人口的婚恋问题的研究，揭示了若干规律，形成了相关理论②，其中最值得本书借鉴的有以下几个理论。

（一）社会交换理论

社会交换理论或称资源交换论认为人与人之间的互动是一种双赢。从某种意义上说，婚姻也是交换行为的一种，人们往往希望通过"交换"有形或无形的资源来促进双方个人或者双方家庭资源的互补，因而，选择谁成为配偶是由对方所能提供什么样的资源所决定的。该理论认为，处于婚姻关系中的个体是理性的个体，彼此都会考虑到付出与回报，希望能够与提供丰富资源的配偶保持稳定的关系，希望能实现"双赢互惠"，而这样的"双赢互惠"则是通过"交换"有形或无形的资源达成的。③ 最早把交换理论运用于婚姻家庭的研究是美国经济学家贝克尔，他认为从择偶时的各方面考察与要求，到婚后的情爱需求、家庭分工，以及婚姻解体的成本考虑、财产分割等整个婚姻过程都是婚姻双方进行各

---

① 李喜荣：《新生代农民工的婚姻稳定性研究——基于社会交换理论的视角》，《学理论》2014年第29期。
② 孙琼如、叶文振：《国内外流动人口婚姻家庭研究综述》，《人口与发展》2010年第6期。
③ 赵璐：《试论新生代农民工的婚恋观——以社会互动为视角》，《学理论》2013年第19期。

方面条件与资源的交换过程。交换理论中的投资模式认为,满意度(Satisfaction)、投资量(Investments)及替代性(Alternatives)等因素共同决定了男女亲密关系中的承诺(Commitment)。当处于亲密关系中的个体,对亲密关系有较高的满意度、投资了较重要或较多的资源、感知可替代性较差时,便会做出较强的承诺。做出决定的过程,实际上也是处于亲密关系中的个体对在这份关系中所付出的成本与所能得到的报酬的评估过程。因此,做出承诺,代表了亲密关系中的个体要维持这份关系并且要依附于它,进而促成了彼此维持这份关系的行为的发生。在择偶过程中,理性的双方将自身的资源与对方进行相互交换,如果择偶的双方都认为缔结婚姻关系的收益大于单身,那么择偶行为就会发生。在交换理论中,许多条件可能成为交换的资本,比如相貌身材、社会地位、经济状况等。

随着改革开放的进程,农村的经济社会,尤其是打工经济的快速与深入的发展引发了农村婚育模式的巨大变革,诸多学者开始关注农民工的婚恋问题。交换理论认为,择偶过程是当事人彼此之间将所拥有的资源进行理性交换的结果。在流动人口的婚姻市场中,形成了许多非社会经济优点与社会经济长处相交换而形成的婚配,这主要是由流动人口异地就业的压力与不稳定性促进了其婚姻交换意识的强化所引起的。

(二)社会(结构)同化理论

同化理论(Assimilation Theory)最早由米尔顿·M. 戈登(Milton M. Gordon)提出,将婚姻同化视为族群体间同化的最终结果。米尔顿·M. 戈登认为,相同群体的成员更有可能在朋友圈子、邻里、工作等方面建立的稳固的关系网络中寻觅配偶。社会同化理论认为流动迁移人口在城市中有一个社会化过程,这个过程是一种社会化适应,可能经历几代人,流迁人口才会逐渐接近城市人口的婚姻观念与行为。这一理论将外来流动人口与城市人口的婚姻家庭意识与行为的差异归因为他们在社会经济特征上的差异,流动人口的择偶观念虽然相异于流入地的城市居民,随着迁移的时间不断变长,流动人口的生活开始变得稳定,特别是在社会经济这一重要的特征上与城市居民趋于接近,那么婚恋观念和婚育模式上的差异也将逐渐消失,婚姻会趋于稳定,婚姻质量会逐渐提高。另外,现有研究通过对流动者聚居社区功能的探讨来考察流动者的婚姻家庭观念与行为，结果显示流动者聚居有利于其对新环境的适应，使其更容易融入主流社会，其婚姻家庭观念与行为更容易趋同于流入地的婚姻家庭的模式。① 不过也有学者持相反的观点，认为流动者因为其所依赖的社会资本障碍，不利于其婚姻家庭行为的改变。② 总之，社会同化理论认为，流动人口与流入地的城市居民之间虽然存在择偶观念上的差异，但是随着环境的适应，婚恋观念和婚育模式上的差异也将逐渐消失。③ 新生代农民工相对于传统农民工具有更高的文化水平，因此，流动到城市中可能从事更高薪的工作，在经济能力方面也逐渐趋于当地居民，当物质生活水平达到一定程度后，他们的观念意识例如择偶观念、生育观念等自然也会受到当地原有文化的影响。

（三）资源理论

资源理论认为，个体的资源可以分为社会资源与经济资源。婚姻中的稀缺资源主要包括身材、相貌、职业、学历、地位、经济条件、家庭背景等。男女双方中的任何一方都很难拥有全部资源，选择配偶的行为就意味着选择资源配置的形式。④ 就婚姻状况来看，流动有利于增加家庭的经济资源，因而对婚姻有益。⑤ 农民工从农村向城市流动，能为其带来丰富的社会和经济资源，扩大其婚姻市场，机会的增多有利于择偶的方便⑥，但人口流动也会对婚姻的稳定也造成一定的威胁，以往研究表明，女性进入就业市场是对中国传统父权文化思想的挑战，她们一方面促进了家庭经济资源的增加，另一方面意味着对参与家庭事务的决策权的需

---

① S. J. South, K. Crowder, E. Chavez, "Migration and Spatial Assimilation Among U. S. Latinos: Classical Versus Segmented trajectories", *Demography*, Vol. 42, No. 3, August 2005, pp. 497–521.

② Y. Xie, E. Greenman, "The Social Context of Assimilation: Testing Implications of Segmented Assimilation Theory", *Social Science Research*, Vol. 40, No. 3, June 2011, pp. 965–984.

③ Maurice C., "Super-diversity vs. Assimilation: How Complex Diversity in Majority-minority Cities Challenges the Assumptions of Assimilation", *Journal of Ethnic and Migration Studies*, Vol. 42, No. 1, January 2016, pp. 54–68.

④ 赖晓凡、刘晓、向月波：《婚姻的经济学解析》，《前沿》2011 年第 4 期。

⑤ Douglas S. M., Emilio A. P., "International Migration and Business Formation in Mexico", *Social Science Quarterly*, Vol. 79, No. 1, March 1998, pp. 1–20.

⑥ Claudia M. B., Anja K., "Worker Remittances and Capital Flows to Developing Countries", *International Migration*, Vol. 48, No. 5, October 2000, pp. 89–117.

求的增强。① 也有学者认为流动的弱势地位使经济资源与社会资源增大了不确定性,因而对其婚姻造成影响。资源理论认为,婚姻关系中的男女,谁拥有较多的资源,谁就具有更多的支配与控制的权力。而流动女性在择偶时注重对方的家庭背景、物质条件、社会关系等功利性资源条件对婚姻质量将会产生一定的消极影响,尤其对婚姻失望的感觉、对婚姻生活的自主权等的影响更为显著。②

(四) 同类匹配理论

同类匹配理论,又称为"同类婚"理论,认为人们总是倾向于选择与自己的年龄、种族、教育、宗教、居住地、社会阶级、角色认同以及价值观等相近或相似的异性为配偶。③ 该理论得到了学者的普遍认可,也容易和其他理论相通。因为人都是理性的经济人,都有趋利避害的一面,反映到婚恋择偶方面主要就体现了该理论。有学者认为,基于从婚姻中得到最大化收益的目的,同类人的婚配是最优的选择。而人们也倾向于选择与自己同类的或条件相当的异性形成婚姻关系。因此,同质结合是婚配的主要方式。④ 我国自古流传下来的"门当户对"的婚配制度也可以说是该理论的体现。从交换论的视角来看,拥有相近资源的人之间最有可能发生公平交易;从社会心理学的视角来看,个性的相似性有利于减少沟通冲突的发生,并且带来心理上的满足。据此,宏观的婚姻市场常常被人们以个人社会属性(如社会经济地位、家庭背景、个人受教育程度等)、价值观或先赋因素(如种族、民族)为划分婚姻市场的边界,在这个边界内的人群中即相似的人之间进行择偶,跨边界的婚姻属于少数现象。有研究发现,配偶之间的年龄、民族、教育、智力等诸多特征之

---

① 李成华、靳小怡:《夫妻相对资源和情感关系对农民工婚姻暴力的影响 基于性别视角的分析》,《社会》2012年第1期。韦艳、杨大为:《婚姻支付对农村夫妻权力的影响:全国百村调查的发现》,《人口学刊》2015年第5期。

② 曹锐:《流动女性的婚姻质量及其影响因素》,《西北人口》2010年第3期。

③ 郭显超:《青年农民工的社会资本对择偶模式的影响研究》,博士学位论文,西南财经大学,2013年。

④ Gary S. B. ," A Theory of Marriage:Part Ⅱ", *Journal of Political Economy*, Vol. 82, No. 2, March 1974, pp. S11 – S26.

间具有正相关关系。[①]

(五) 婚姻选择梯度理论

巴纳德（Barnard）通过研究发现，实行"一夫一妻"制后，在婚姻问题上普遍存在"男高女低"的现象，巴纳德把这种现象称为"婚姻梯度"（marriage gradient）。该理论认为，男性倾向于选择受教育程度、职业阶层、薪金收入、社会地位等与自己相当或比自己稍差的女性作为伴侣，而女性则倾向于选择上述条件与自己相当甚至高于自己的男性作为伴侣，也就是常说的婚姻中"男高女低"模式。[②] 这一理论的形成，与男尊女卑现象有着密切的联系，而男尊女卑现象的出现是基于传统社会中的性别文化对男女社会角色的定位。男娶女嫁的传统婚姻模式通常体现了男性在婚姻中所具有的优势地位，而女性则通常运用身材、长相、持家能力等资本来换取男性所具有的资本，即成就、家世与向上流动的潜力。婚姻梯度选择理论与同类匹配理论对择偶现象都具有一定的解释力，它们所持的观点并非完全相反。一般而言，在相似性的前提条件下，女性倾向于选择文化程度、社会地位与年龄略高于自己的男性，而男性则与之相反[③]，男性在选择自己的配偶时，希望自己在这些方面要优于女性，至少不比女性差。[④] 现有的研究也表明很多新生代农民工，特别是女性农民工将择偶看作改变命运的机会，新生代农民工流入城市以后，一些样貌姣好的女性以美貌为资本，嫁给了城市市民，获得了阶层的向上流动；而一些男性则由于自身收入的不稳定与社会地位较低，陷入了择偶难的困境。[⑤]

[①] 高颖、张秀兰:《北京市近年婚配状况的特征及分析》,《中国人口科学》2011年第6期。李家兴:《家庭背景、职业流动与婚姻匹配》,《社会发展研究》2020年第1期。

[②] 郭显超:《青年农民工的社会资本对择偶模式的影响研究》,博士学位论文,西南财经大学,2013年。

[③] 章逸然、章飚、胡凤英:《"女大难嫁"还是"男大难婚"——婚姻匹配的男女差异与"剩男剩女"的代价》,《人口与经济》2015年第5期。

[④] 石人炳:《婚姻挤压和婚姻梯度对湖北省初婚市场的影响》,《华中科技大学学报》（社会科学版）2005年第4期。

[⑤] 高博:《新生代农民工婚恋观教育对策研究》,硕士学位论文,西安理工大学,2017年。杨啸:《社会流动视阈下新生代农民工婚恋问题研究》,硕士学位论文,黑龙江大学,2013年。

（六）分离理论

分离理论认为，流动人口是处于游离状态。[1] 一方面，他们从农村迁移到城市，从原本所熟悉的农村环境中脱离出来，农村的习俗观念和社会环境对其影响与控制日趋薄弱；另一方面，尽管他们在城市中受到了先进的价值观念和行为习惯的影响，但由于尚处于融入城市的过程中，并未完全地融入其中，与城市居民的观念与行为并不是完全一致，缺乏对城市的归属感，没有受到城市居民观念与行为的深刻影响，他们处于一种游离于城市和农村的中间状态。因此，他们的观念和行为会比农村居民更具现代性，但比城市居民更为传统。[2]

第三节 新生代农民工婚育模式的实证研究述评

一 国外流动人口婚育模式的实证研究现状

国外关于流动人口婚育模式的实证研究相当丰富，总体来说主要包括以下两部分。

第一类为人口流动与婚育模式的关系研究。这个方面的研究概括起来有两种观点，一种认为婚姻引发了人口流动或迁移。[3] 在传统社会中，婚姻是人口迁移，尤其是农村或近距离迁移中的重要手段[4]，即由婚姻而引起的人们居住地的变动。婚姻迁移通常发生于农村女性[5]，同时，婚姻迁移打破了迁出地、迁入地的性别比平衡。[6] 已有的实证研究表明，局部

---

[1] Ravenstein, "The Laws of Migration", *Edward Stanford*, Vol. 48, No. 2, June 1885, pp. 167 - 235.

[2] 刘晓:《新型城镇化背景下新生代农民工婚恋观研究》，硕士学位论文，陕西师范大学，2015年。祝平燕、王芳:《返乡相亲：新生代农民工的一种择偶形态——以豫东S村为例》，《中国青年研究》2013年第9期。

[3] 孙琼如、叶文振:《国内外流动人口婚姻家庭研究综述》，《人口与发展》2010年第6期。

[4] 陈卫、吴丽丽:《中国人口迁移与生育率关系研究》，《人口研究》2006年第1期。

[5] Teresa A. S., "Too Many Women? The Sex Ratio Question. Marcia Guttentag, Paul F. Secord", *Teresa A. Sullivan*, Vol. 90, No. 3, November 1984, pp. 673 - 674. 杨云彦:《我国人口婚姻迁移的宏观流向初析》，《南方人口》1992年第4期。

[6] Ravenstein, "The Laws of Migration", *Edward Stanford*, Vol. 48, No. 2, June 1885, pp. 167 - 235.

地区在大量的婚姻迁移的影响下,当地在择偶年龄段内的性别比例严重失调,女性明显少于男性,并出现相应的社会问题。另一种观点则认为人口流动导致个人的婚育模式发生变化。其中一部分学者认为人口的流动对婚育模式会产生消极影响。[1] 人口的流动会促使流动人口的离婚率提高,相关的实证研究考察了人口迁移对离婚率的影响,发现相比于低人口迁移率地区,高人口迁移率地区具有更高的离婚率。[2] 同时人口迁移会推迟了流动人口的结婚时间[3];生育会受到流动迁移过程的干扰,例如,夫妻分离造成性生活中断,使受孕机会减少,进而降低生育水平。[4] 另一部分学者则持相反的观点,认为人口流动对婚育模式会产生积极影响,从农村流动到城市有助于增强流动人口提高择偶、婚姻以及育儿的观念及行为的现代性,并改变原本的婚恋价值观念,提升婚恋期望;流动还对增加家庭经济收入和积累财富有明显的积极作用,从而促进婚姻所需经济资源的积累并提升其在婚姻交换过程中的地位。[5] 人口流动有利于扩大通婚圈,使迁移者具有范围更广、数量更多的选择配偶的机会。

第二类主要关注女性的婚姻迁移的研究。[6] 现有的研究表明,婚姻迁移作为一种社会流动方式对女性的发展起着重要的作用,农村女性将婚姻迁移作为一种经济策略和生活策略,实现从落后地区向富裕地区的迁移,这种迁移可能会促进迁出地婚姻市场的挤压,导致大量大龄男青年

---

[1] 刘晓:《新型城镇化背景下新生代农民工婚恋观研究》,硕士学位论文,陕西师范大学,2015年。

[2] 莫玮俏:《人口流动、婚姻稳定性与生育研究》,博士学位论文,浙江大学,2016年。

[3] Danièle B. , "The Impact of Transnational Migration on Gender and Marriage in Sending Communities of Vietnam", *Current Sociology*, Vol. 59, No. 1, January 2011, pp. 59 - 77.

[4] 莫玮俏:《人口流动、婚姻稳定性与生育研究》,博士学位论文,浙江大学,2016年。

[5] Douglas S. M. , Emilio A. P. , "International Migration and Business Formation in Mexico", *Social Science Quarterly*, Vol. 79, No. 1, March 1998, pp. 1 - 20.

[6] Nicola P. , "Labor Migration, Trafficking and International Marriage: Female Cross-Border Movements into Japan", *Asian Journal of Women's Studies*, Vol. 5, No. 2, January 1999, pp. 69 - 99. C. C. F. , Youqin H, "Waves of Rural Brides: Female Marriage Migration in China", *Annals of the Association of American Geographers*, Vol. 88, No. 2, June 1998, pp. 227 - 251. Yuya K. , Youqin H. , "Female Migration for Marriage: Implications from the Land Reform in Rural Tanzania", *World Development*, Vol. 65, No. 2, January 2015, pp. 41 - 61.

择偶困难，这种现象在经济落后地区尤为明显。[①] 上述研究表明，国外关于流动人口婚育问题的研究已有长久的学术投入与丰厚的实践研究的积累，为国内的相关研究提供了较具代表性的理论与较好的研究范式。但是在西方学者的研究与理论分析中对我国农民工的应用研究甚少，大部分局限于国外，而且由于我国与西方国家社会背景与文化的显著差异，这些理论对于我国农民工婚恋变迁的解释的适用性还有待进一步验证与探讨。

二 国内新生代农民工的婚育模式的研究现状

相较于西方国家关于流动人口或移民的婚育模式研究，我国学者对农民工婚恋问题的研究起步较晚，最早开始于对女性农民工群体[②]，对于新生代农民工婚育模式是最近几年才兴起的，但研究成果还不多。例如，截至2020年1月，以农民工或流动人口为检索词，在期刊网上检索到相关文献近4000篇，而关于流动人口婚育问题研究的仅154篇，未达总量的4%。目前，国内关于新生代农民工的婚恋问题的研究主要集中于以下四个方面。

第一，对新生代农民工的婚恋观念的研究。婚恋观念是人们对待婚恋的主观看法与内在标准，包括了个体对恋爱、婚姻及性爱取向的基本看法，不仅会影响个人的婚恋行为，还会影响其价值观。个人婚恋观的形成过程在特定社会环境的影响下会呈现不同的变化趋势及特征。处于城市化进程中的农民工，既受到中国农村传统观念的影响，也会受到城市现代意识的影响，其婚恋观正处于从传统向现代的转变与过渡时期，主要体现在择偶观、婚恋自主性、性观念和生育观这些方面。早期相关研究开始于20世纪90年代，主要研究对象集中在女性农民工，研究结果发现，与传统的农村女性相比，女性农民工的婚姻观、择偶观具有城市的特点，她们对婚姻的期望和要求明显提高，在择偶标准上，由"为终

---

① 胡莹、李树苗：《中国当代女性跨省婚姻迁移模式变迁研究》，《妇女研究论丛》2015年第1期。

② 陈印陶：《广东省东莞市女性"民工潮"调查报告》，《中山大学学报》（社会科学版）1996年第1期。

生依靠"向"重视感情与品德"转变，结婚的目的转变为"为了家庭幸福和事业上的成功"。进入20世纪后期，陆续有学者对新生代农民工的婚恋观进行研究。例如，潘永和朱传耿2007年对528名新生代农民工进行调查，结果显示，新生代农民工在特殊的成长环境与成长经历的影响下，他们在择偶方面出现了择偶观念逆传统化、择偶年龄偏早化、婚期选择集中化等趋势。[1] 与此同时，其他学者也发现新生代农民工的婚恋观的现代化特征增强，主要表现追求婚恋自由、婚恋自主和婚恋理性化[2]，以媒人为中介的传统婚配观念逐渐向自由恋爱的现代婚恋观念转变；性观念适度开放，相关研究显示近50%的新生代农民工对婚前同居持肯定态度；超过70%的人对于结婚对象曾经有过婚前性行为持不在意态度[3]；生育观念趋于理性化，子女的养育费用、照看孩子的精力和计生政策是影响新生代农民工生育意愿的关键因素[4]；目前新生代农民工群体已形成其内部独特的婚恋观。

第二，对新生代农民工的婚恋行为的研究。新生代农民工的婚恋行为的总体取向已从单一的传统婚恋行为模式向多元化婚恋行为模式发展，但其变迁是一个长期的、潜移默化的过程。首先交友方式形式呈现多样化趋势，网络结交、工作地相识、亲戚朋友介绍等都是其体现[5]；其次新生代农民工的婚姻圈扩大，由以传统的地缘、血缘关系为主，逐步向业缘关系为主的方向转变[6]，有研究显示因亲缘、地缘进行婚恋的占49.7%，因业缘而进行婚恋的占43.7%。亲密关系向以业缘为主发展，是新生代农民工婚恋行为逐渐城市化、现代化的体现。现有研究还从不

---

[1] 潘永、朱传耿：《"80后"农民工择偶模式研究》，《西北人口》2007年第1期。
[2] 贺飞：《转型期青年农民工婚恋观念和行为的社会学分析》，《青年研究》2007年第4期。
[3] 靳小怡、任峰、悦中山：《农民工对婚前和婚外性行为的态度：基于社会网络的研究》，《人口研究》2008年第5期。
[4] 庄渝霞：《不同代别农民工生育意愿及其影响因素——基于厦门市912位农村流动人口的实证研究》，《社会》2008年第1期。
[5] 疏仁华：《青年农民工婚恋观的城市化走向》，《南通大学学报》（社会科学版）2011年第3期。
[6] 吴新慧：《传统与现代之间——新生代农民工的恋爱与婚姻》，《中国青年研究》2011年第1期。

同角度对新生代农民工的婚恋行为模式进行划分,例如从地理位置上,新生代农民工的婚恋行为可以划分为以下四种:(1)"家乡—家乡"模式,即婚恋双方都来自同一地方;(2)"家乡—外地"模式,即婚恋双方在同一地方打工,但其家乡来自不同地方;(3)"家乡—当地"模式,即婚恋一方来自外地农村,与另一方来自城市的当地人进行婚恋;(4)"两栖恋爱"模式,即一方在家乡有恋爱对象,但同时还与在同一个城市的外地打工者进行婚恋。从双方地位将新生代农民工的婚育模式分为"向上婚恋"模式,即女性在自身阶层以外择偶是常见的形态;"向下婚恋"模式,即男性在自身阶层以外择偶是常见的形态。从城市融合的角度将新生代农民工的婚恋行为划分为四种模式:(1)有融城意愿在城市婚恋;(2)有融城意愿返乡婚恋;(3)无融城意愿在城市婚恋;(4)无融城意愿返乡婚恋。最后,新生代农民工的婚恋行为还存在新生代农民工同时存在高未婚率现象。[1]

第三,对新生代农民工的婚恋困境进行研究。首先,新生代农民工"闪婚"的趋势越来越明显。闪婚主要是指新生代农民工利用回家的短暂时间,经他人介绍,以"彩礼"的形式迅速确定恋爱关系,随后一同外出打工、同居,在很短的时间内形成事实婚姻或结婚。闪婚形式使得农村传统的婚姻支持机制无法实现,新生代农民工婚姻关系并不能得到保障,进而出现"闪离"。其次,异地婚姻是新生代农民工中存在的另外一种婚姻困境,是指新生代农民工夫妻双方分属不同的地区。在新生代农民工群体中,异地婚姻发生的频率越来越高,这是其自由恋爱的表现。新生代农民工跨省婚姻发生的主客观基础主要因为他们打工生活所处的环境以及择偶观念的变化。跨省婚姻仪式简单且成本低,但是夫妻潜在的文化思想与生活习惯的冲突却不利于婚姻的稳定。例如,李磊认为,在法律、亲情、习俗三个因素的博弈中,跨省婚姻通常面临失衡,出现和谐与无序的现象。[2] 再次,新生代农民工同时存在高未婚率的现象。新

---

[1] 张庆宇、侯双:《新生代农民工婚恋模式探析——基于南漳县5村新生代农民工婚恋意识和行为的调查》,《长春理工大学学报》(社会科学版)2012年第10期。

[2] 李磊:《新生代农民工跨地区婚姻:法律、民俗与亲情的视角》,《中国青年研究》2012年第11期。

生代农民工职业限制、工作时间长、交际面窄成为其婚恋重大障碍。而非城非乡的身份、工作差、待遇低对于男性新生代农民工而言，成为其在婚恋市场中面临的重大障碍[①]，"男高女低"的婚配模式使得男性新生代农民工面临的压力不小。新生代女性农民工也同样面临窘境，这表现在出于工作原因她们与外界交往的机会小，并且在一些大城市中流动女性人口的数量接近或超过男性数量，女性的适婚年龄比男性短，寻找合适婚恋对象的机会不多，因而大城市中流动女性婚恋压力也较大。最后，新生代农民工工作流动性增强、社会约束力降低、家庭压力增大等因素使其婚姻出现失衡状态，离婚、婚外性行为、家庭暴力等婚姻问题的发生率不断上升。同时，生殖健康意识的缺乏使得婚前性行为和未婚先孕所引发的问题对新生代农民工，尤其是新生代农民工中的青年女性带来了巨大的生殖健康风险。

第四，新生代农民工婚育模式的影响因素。国内对农民工婚育模式的影响因素进行比较全面系统分析的研究并不多见，较多的研究侧重考察个体的社会人口学因素（性别、受教育程度、社会经济地位、流动特征等）对流动人口婚育模式的影响。[②]例如，叶妍、叶文振采用入户问卷访谈的形式对487名流动人口的择偶模式进行调查，发现收入水平与流出时间的影响相对比较微弱，而性别、年龄与教育的作用最大。[③]李昱在"新生代农民工融入城市"的研究中将新生代农民工婚恋问题的影响因素归结为行业男女比例失调、接触面较窄、上班时间长、工资收入低四个方面。[④]梁士坤对1590名新生代农民工进行问卷调查，发现新生代农民工的婚恋状况不容乐观，已婚新生代农民工占比较低，大部分处于未婚甚至没有恋爱对象的状态，其婚姻状况存在受教育程度递减、性别与区

[①] 袁兴意：《近年来新生代农民工婚恋问题综述》，《农业部管理干部学院学报》2013年第1期。

[②] 郭显超：《青年农民工的社会资本对择偶模式的影响研究》，博士学位论文，西南财经大学，2013年。罗小琴：《第一代独生子女择偶观初探》，《西北人口》2014年第5期。

[③] 叶妍、叶文振：《流动人口的择偶模式及其影响因素——以厦门市流动人口为例》，《人口学刊》2005年第3期。

[④] 李昱：《新生代农民工融入城市问题探析》，《求索》2010年第10期。

域非均衡的三重差异的特征。①此外，农民工的流动过程对婚育模式的影响也是研究的主要内容之一。主要表现在四个方面：（1）婚姻圈扩大；（2）婚姻习俗发生改变；（3）性观念发生改变，未婚同居增多；（4）认识途径发生变化，由媒人或亲戚介绍的机会增多。

随着研究的发展与深入，研究者开始探讨地区、户籍等制度与资本因素对婚育模式的影响。从制度因素来看，新生代农民工的婚姻问题存在由户籍制度引发的城乡男女通婚羁绊、婚姻不和谐、感情受挫及农民工婚姻家庭非常态化、离婚率居高不下、婚外情等不良婚姻现象时有发生等问题。此外，越来越多的研究发现，个体所有拥有的物质资本、文化资本、关系资本、人力资本与社会资本，均有可能对新生代农民工的婚育模式起着重要的直接或间接作用。农民工所拥有的资本越丰富，社会融合度越高，择偶范围越大，择偶难度越小，从而对其婚育模式会产生积极效应。而缺少资本将直接影响农民工的婚育模式，有可能引发一系列婚恋问题。

第四节 新生代农民工婚姻质量的实证研究述评

一 国内外有关婚姻质量的实证研究

西方关于婚姻质量的研究最早开始于1929年美国社会学者汉密尔顿对婚姻调适的实际度量，70年代该研究内容进入学术探讨的繁荣期，至今已有90多年的研究历史。②1973年科林提出用婚姻质量取代婚姻调适概念，随后婚姻质量的概念被广泛使用。我国学者对婚姻质量的研究起步较晚，20世纪90年代初才开始涉及，目前中外学者分别从人口学、心理学、经济学、社会学的视野对婚姻质量的测量与影响因素等方面进行了探讨和分析。

第一，有关婚姻质量的测量研究。从1929年汉密尔顿进行婚姻调适测试开始，婚姻质量的测量研究从最初维度列举到测量框架的建立至现在的

---

① 梁土坤：《可行能力视角下新生代农民工婚姻状况及影响因素研究》，《安徽师范大学学报》（人文社会科学版）2019年第3期。

② 许传新：《婚姻质量：国内研究成果回顾及评价》，《学习与实践》2008年第6期。

量表设计，可以说现有的婚姻质量测量方法日趋先进、测量内容日趋全面。主要有以下特点：(1) 问卷调查为主，客观观察为辅；(2) 测量婚姻质量的指标数不一致，多则高达 280 项，少则仅用满意度或幸福感一项指标；(3) 现有的婚姻质量量表大多是自评量表，并有信度和效度检验。国外学者洛克（Locke）于 1959 年编制了《婚姻调适测验量表》（Dyadic Adjustment Scale, DAS），包括情感、交流、价值观差异与性生活兼容性四个维度。斯帕尼尔（Spanier）认为婚姻质量测量的重点是夫妻关系，因而对这个量表进行了改进，编制了《配偶调适量表》，包括双方一致性、凝聚力、满意度与情感表达四个维度。奥尔森（Olson）等人认为婚姻质量包含的维度应该更多，编制了婚姻调查表，包含性格相容性、过分理想化、婚约满意度、解决冲突的方式、夫妻交流、业余活动、性生活等共 12 个维度。1993 年，他们又编制了简洁版的婚姻满意度问卷。总体来看，目前用来测量婚姻质量的量表主要有包括婚姻调适测验、婚姻调查表、婚姻满意度量表、双方调适量表和 Locke-Wallace 婚姻调适测定量表。后来，芬彻姆（Fincham）等以 MAT 和 DAS 为基础，根据感情体验划分为积极感情维度和消极感情维度，编制了积极和消极婚姻质量问卷。其中运用最广的就是多维度婚姻质量量表和奥尔森婚姻质量问卷。多维度婚姻质量量表共有 5 个分量表，分别是婚姻互动、婚姻冲突、婚姻问题、婚姻幸福感和婚姻不稳定性。婚姻幸福感与婚姻互动的得分越高表明婚姻越和谐、婚姻质量越高，而婚姻问题、婚姻冲突与婚姻不稳定性的得分越高则表明婚姻越不和谐、婚姻质量越低。该量表在美国和中国进行了大样本测试，信效度较好，能较好地判断婚姻质量高低。

国内目前多数婚姻质量研究使用的是国外的评估工具，也有少数人用自编问卷进行研究。徐安琪等人设计的"婚姻质量多维组合量表"是一个包括 6 个分量表、30 多个具体指标有机合成的全面、多元的评估体系。它以当事人对婚姻感受的主观评价为主要尺度，将夫妻调适的客观事实和结果纳入其中，来对主观评价进行补正；同时，基于我国国情，在性生活质量指标中增设了多项客观结果与具体事实和变量，并将物质、余暇生活满意度纳入考察。因素分析结果最终将 31 个具体指标聚类复合成"物质生活满意度""婚姻生活情趣""双方内聚力""性生活质量""夫妻关系满意度"和"夫妻调适结果"6 个方面，一方面表明量表具有良好的结构效度，另一方面也证实了婚姻质量具有丰富、复杂、多元的内涵。① 程灶火等人编制了中国人婚姻质量问卷（Chinese Marital Quality Inventory，CMIQ），问卷共 90 个条目，包括夫妻交流、情感与性、性格相容、化解冲突、业余活动、经济安排、子女与婚姻、家庭角色、生活观念和亲友关系 10 个维度。每个条目采用 1—5 级评分，评分越高说明婚姻质量越好。② 王宇中在调查研究的基础上，编制了婚姻主观感受（Marital Pereption Scale，MPS）量表，包括了夫妻冲突、夫妻互动与家庭关系三个维度。③ 总体上，关于婚姻质量的测量存在方案的多样性、指标项目的差异性特点。我国对于婚姻质量的测评的研究更多参照国外研究，本土化特点不明显。

第二，影响婚姻质量的相关因素研究。现有关于婚姻质量影响因素的研究主要集中在社会学和心理学两个学科领域中，以对婚姻质量的测量为基础，采用数理统计的方法建立有关婚姻质量影响因素的综合模型，来估计和揭示所感兴趣的因素对婚姻质量的影响强度和机制。目前国外相关综合模型主要包括婚姻质量的三段论模型和综合模型。其中"综合模型"认为，当事人社会及个人资源、夫妻间互动的收获以及对生活方式的满意度这三个因素对婚姻质量有直接影响，且均呈现出正相关的关系，若夫妻的资本越丰富、生活满意度越高，以及夫妻互动越积极，其婚姻质量也越高。④ 国内学者徐安琪依据我国实际情况，采用"多维模型"和"综合模型"相结合，从时间、婚际和外在因素上对婚姻质量的影响进行分析，认为结婚年数和婚姻质量呈 U 形状态。在不同的结婚年数中，结婚后 12—15 年间是夫妻婚姻质量最低点的所在范围⑤，受教育程度较高的夫妻婚姻质量相对较高；婚际因素对婚姻质量的影响上，主要探究的是夫妻间的期待、夫妻间的互动方式，及解决冲突的方式对婚

---

① 叶文振、徐安琪：《中国婚姻的稳定性及其影响因素》，《中国人口科学》1999 年第 6 期。

② 程灶火、谭林湘、杨英等：《中国人婚姻质量问卷的编制和信效度分析》，《中国临床心理学杂志》2004 年第 3 期。

③ 王宇中、王中杰、贾黎斋：《婚姻主观感受量表（MPS）的编制》，《中国健康心理学杂志》2009 年第 1 期。

④ 刘洋丽：《父母婚姻质量对幼儿焦虑的影响》，硕士学位论文，河南大学，2019 年。

⑤ 徐安琪、叶文振：《婚姻质量：婚姻稳定的主要预测指标》，《上海社会科学院学术季刊》，2002 年第 4 期。

姻质量的影响。积极的互动、更多水平的自我表露、性生活满意是亲密和提高婚姻质量的关键。对于外界因素对婚姻质量的影响，主要探究的是经济情况与父母、子女的关系对婚姻质量的影响。[1] 其中，个人收入水平与婚姻质量之间显著相关，同时，原生家庭（夫妻双方的父母家庭）和孩子对夫妻的婚姻满意度均有不同程度的影响。因此，在探讨夫妻婚姻满意度的干预措施时，须慎重考虑这两个因素的重要作用。在影响婚姻质量的诸多因素中，积极的夫妻互动是影响夫妻婚姻满意评价的重要因素，其中夫妻间的相知和默契是最重要的影响个体评价婚姻质量的最为关键性因素。[2] 还有研究发现，休闲方式也对夫妻的婚姻质量有影响，夫妻双方的共同的兴趣爱好，可以提高婚姻质量。[3] 程灶火等以年龄、性别、受教育年限、婚龄和EPQ个性四个维度以及婚姻动因4个维度等因素为自变量，以婚姻质量总分为因变量，进行逐步线性回归分析，结果表明婚龄因素、物质经济、自身方面、神经质精神质、人际情感对婚姻质量有影响作用。[4]

二 国内有关新生代农民工婚姻质量的实证研究

目前，关于新生代农民工婚姻质量的实证研究主要集中在三个方面。一是考察在流动背景下新生代农民工的婚姻变迁。[5] 以非农化为背景考察

---

[1] 张会平：《城市女性的相对收入与离婚风险：婚姻质量的调节作用》，《妇女研究论丛》2013年第3期。石林、张金峰：《夫妻收入差异与婚姻质量关系的调查研究》，《中华女子学院学报》2002年第3期。

[2] 佟新、戴地：《积极的夫妻互动与婚姻质量——2011年北京市婚姻家庭调查分析》，《学术探索》2013年第1期。

[3] 叶文振、徐安琪：《婚姻质量：西方学者的研究成果及其学术启示》，《人口研究》2000年第4期。肖妮：《夫妻休闲模式与婚姻满意度、稳定性的关系研究》，硕士学位论文，东北财经大学，2011年。

[4] 程灶火、周岱、杨英等：《中国人婚姻动因问卷的初步编制》，《中国心理卫生杂志》2005年第3期。

[5] 段爽园：《湖南地区新生代农民工婚姻观念变迁研究》，硕士学位论文，湘潭大学，2019年。冯虹、赵一凡、艾小青：《中国超大城市新生代农民工婚姻状况及其影响因素分析——基于2015年全国流动人口动态监测调查数据》，《北京联合大学学报》（人文社会科学版）2017年第1期。李卫东：《流动模式与农民工婚姻稳定性研究：基于性别和世代的视角》，《社会》2019年第6期。靳小怡、张露、杨婷：《社会性别视角下农民工的"跨户籍婚姻"研究——基于深圳P区的调查发现》，《妇女研究论丛》2016年第1期。

农民工的婚姻家庭的变迁,从1988年雷洁琼主持的"改革以来农村婚姻家庭的变化"课题开始涉及。[1] 随后,杨善华等人从城乡比较的角度研究了市场经济与非农化背景下,农民工婚姻家庭关系从男主女从到男女平权。[2] 研究发现,新生代农民工城市流动的频率和范围的扩大促使传统的婚姻制度受到影响和冲击,婚姻自主权提升[3]。一方面新生代农民外出务工使其家庭经济情况明显改善,婚姻质量上升,新生代女农民工家庭从属地位被打破。另一方面离散化使家庭在情感和性的满足、生产和抚育等诸种功能方面的障碍使其婚姻质量下降,并出现情感危机甚至破裂。二是对特定地区新生代农民工的婚姻质量状况的分析。主要对输出地和输入地的新生代农民工婚姻状况进行调研分析,如靳小怡等人对2082名深圳农民工的婚姻质量进行调查,结果显示跨户籍通婚并没有显著降低不同性别农民工婚姻质量。韦克难等人对四川省农村流动人口进行调查发现,流动人口对自己的婚姻满意度最高。[4] 三是从性别视角对新生代农民工中的婚姻质量状况的分析。城市化进程促使大量农村女性进城务工,在流动过程中女性农民工获得了更多的经济独立而减少了对丈夫和婚姻的依赖,婚姻自主性增强,并拥有更多的婚姻替代机会。[5] 现有的研究显示,女性农民工的婚姻不稳定比例要高于男性,其婚姻质量的多数指标得分位于农村留守女性和城市常住女性之间,但都低于男性,夫妻资源差、流动经历、结婚目的和维系因素、家庭权力模式、夫妻冲突、婚生孩子、多重角色冲突等对女性农民工婚姻质量都有显著影响。

---

[1] 雷洁琼:《新中国建立以来婚姻家庭制度的变革》,《北京大学学报》(哲学社会科学版)1988年第3期。

[2] 杨善华:《城市青年的婚姻观念》,《青年研究》1988年第4期。

[3] 陈莉、俞林伟:《代际视角下农民工婚育模式与婚姻满意度的关系研究》,《浙江社会科学》2018年第12期。

[4] 韦克难:《进城农民工子女教育困境的原因及其对策探讨》,《中共四川省委省级机关党校学报》2007年第1期。

[5] 李潇晓、徐水晶:《外出务工对农村人口婚姻满意度的影响》,《华南农业大学学报》(社会科学版)2018年第6期。李惟芳、郑亚:《新生代女性农民工婚恋观浅析》,《学理论》2014年第28期。

第五节　新生代农民工婚育模式和婚姻质量关系的研究述评

一　新生代农民工婚育模式与婚姻质量的关系研究述评

目前，有关婚育模式和婚姻质量的关系的研究非常少，主要集中在对于特定群体的探讨，如对于情侣、女性群体（年轻女性、留守妇女）以及新婚夫妻群体婚育模式和婚姻质量的关系梳理。[①] 本书将在上述研究的基础上进行整理、归纳和总结，从婚育模式的四个模式（择偶模式、婚姻模式、生育模式和性模式）与新生代农民工的婚姻质量的关系进行系统分析与述评，为探讨新生代农民工婚育模式的转变是否会影响其婚姻质量、分析与解决新生代农民工面临的婚恋问题提供参考，同时为进一步推动新生代农民工婚恋的未来研究指明方向。

首先，择偶模式与婚姻质量的关系。婚姻始于择偶，择偶不仅是缔结婚姻、建立家庭的前提，而且配偶是否能满足择偶标准会直接会影响婚姻质量。[②] 例如，闫锦等人选取京津地区 555 对夫妻作为样本，对其夫妻择偶标准及其与婚姻满意度的关系进行探讨，结果显示婚姻满意度与择偶期待满足正相关，与择偶期待未满足负相关；期待满足比期待未满足对于夫妻婚姻满意度的影响力更强。龙艳梅对 300 多名已婚人群进行问卷调查，结果发现调查对象的择偶标准中的心理、精神条件对婚姻质量的影响最为显著，经济、政治条件位列其后，生理条件则影响最小。[③] 可

[①] 王中杰：《夫妻生理资源要素匹配类型对婚姻质量的影响》，《中华行为医学与脑科学杂志》2011 年第 2 期。李昌俊、刘泓、贾东立等：《留守与非留守妇女的婚姻质量调查》，《中国心理卫生杂志》2014 年第 4 期。刘茂竹、杨建华：《二孩政策下夫妻再生育意愿与婚姻质量的相关性研究——以成都市为例》，《中国性科学》2018 年第 4 期。张萍、李春霖、郝申强：《城乡夫妻个体婚姻资源量对其婚姻质量及身心健康影响的对比》，《郑州大学学报》（医学版）2008 年第 6 期。

[②] 高玉春：《受高等教育青年择偶标准：社会变迁中稳定、相容、互惠的婚姻期待》，《中国青年研究》2019 年第 10 期。

[③] 龙艳梅：《择偶标准对婚姻质量的影响研究》，硕士学位论文，湖南师范大学，2008 年。

见，个体的择偶模式会影响其婚姻质量。[①] 尽管没有专门针对新生代农民工的择偶模式与婚姻质量的关系研究，但从相关研究中可以间接地发现该群体中两者的关系。[②] 在经历了改革开放、社会转型和人口转型等社会变迁后，农民工的择偶模式也跟着发生了变化，特别是新生代农民工群体。新生代农民工有了更大的择偶自主权，择偶标准由"同类匹配"理论到"资源交换"理论轨迹方向发生转变，其择偶诉求转向有"共同话题"。[③] 新生代农民工的择偶模式发生了变化，一方面择偶标准有所提高，另一方面却自身条件不足，在理想与现实之间存在差距。[④] 这种择偶期待与婚后配偶未满足程度落差会对其婚姻质量产生影响，影响婚姻稳定性。

其次，婚姻模式与婚姻质量的关系。婚姻模式分为婚姻观和婚姻行为两部分，婚姻观是指个人对婚姻及相关问题的态度和看法。现有的研究表明新生代农民工在城市化进程中，其婚姻观具有传统和现代的双重性特点。[⑤] 在初婚前期可能更偏于传统观念，使得婚姻稳定性较高。但随着时间的推移，尤其是外出务工，使其接触到了城市中新的婚姻观念，逐渐改变了个人对婚姻的传统观念，在一定程度上降低了婚姻稳定性。[⑥] 特别是女性农民工由于经济进一步独立，想在婚姻关系中获得更多的平等权益和地位，拥有更多的婚姻自主权，将情感的满足和自我价值的实现作为自己的婚姻追求[⑦]，上述婚姻观的变化也影响到新生代农民工对自

[①] 王云云：《社会转型期我国人口婚姻匹配结构与婚姻质量的实证研究》，硕士学位论文，首都经济贸易大学，2013 年。

[②] 许加明、魏然：《男性新生代农民工的择偶困境及结婚策略——基于苏北 C 村的调查与分析》，《中国青年研究》2018 年第 1 期。

[③] 吴海龙：《新生代农民工婚姻模式与家庭稳定性研究综述》，《铜陵学院学报》2013 年第 2 期。冷文娟：《新生代女性农民工的婚恋研究》，硕士学位论文，华东理工大学，2012 年。

[④] 刘晨菲：《新生代农民工择偶的影响因素研究》，硕士学位论文，华中师范大学，2018 年。

[⑤] 段爽园：《湖南地区新生代农民工婚姻观念变迁研究》，硕士学位论文，湘潭大学，2019 年。

[⑥] 彭大松、刘越：《流动人口的离婚风险：代际差异与影响因素》，《人口学刊》2019 年第 2 期。

[⑦] 封玲：《新生代女性农民工乡土观视域下的婚恋观调查及其教育研究》，硕士学位论文，南京师范大学，2011 年。刘晋：《简析新生代女性农民工的婚恋观》，《重庆科技学院学报》（社会科学版）2013 年第 9 期。

身婚姻质量的评价。根据社会公平理论，人们在评价自身生活状态时，倾向于选择一种平衡的观点使现存的社会认知结构保持公正，当人们发现自己进入一种不平等的状态时，他们会因此而愤怒。① 那么在现代婚姻中仍持有传统男性优势的婚姻观的个体，就容易让婚姻中的配偶感觉到不被尊重，使其在家庭中处于较低地位，对方对其婚姻满意度就会较低。② 婚姻行为是指是人们在婚姻关系中所表现出的行为。根据社会认知理论认为，个体的认知会影响其行为，而行为本身也会影响个人对其行为的评价。而婚姻质量从主观上分析就是个人对自身婚姻的一种主观认知和评价，这种评价必然也会因婚姻行为的不同而有显著差异。因此在新生代农民工群体中，不同的婚姻行为，其婚姻质量水平也不同。但目前从新生代农民工婚姻行为来分析婚姻质量的研究还较少，主要集中探讨新生代农民工的夫妻生活模式和婚姻持续时间这两个方面与婚姻质量的关系。

首先，从夫妻生活模式的角度来看，现有研究发现，农民工夫妻婚后共同流动能显著地抑制离婚风险的发生，且该抑制作用存在"代际"增强趋势，即农民工夫妻婚后一起流动对新生代流动人口的婚姻稳定性具有更大的作用。③ 从婚姻持续时间来看，新生代农民工的婚姻稳定性随着婚姻持续时间的推移经历了"风险上升—达到峰值—风险下降"的倒U形过程。④

其次，生育模式与婚姻质量的关系。生育模式包括生育观和生育行为。目前相关研究显示，尽管新生代农民工生育观念日趋现代化，但仍

---

① Benita J., Laura D. K., Rosalind J. W., "Linking Perceived Unfairness to Physical Health: The Perceived Unfairness Model", *Review of General Psychology*, Vol. 10, No. 1, March 2006, pp. 21 - 40.

② Laura S., Prabu D., Sterling M, "Sanctity of Marriage and Marital Quality", *Journal of Social and Personal Relationships*, Vol. 31, No. 1, December 2014, pp. 54 - 70.

③ 宋月萍、张龙龙、段成荣：《传统、冲击与嬗变——新生代农民工婚育行为探析》，《人口与经济》2012年第6期。李卫东：《流动模式与农民工婚姻稳定性研究：基于性别和世代的视角》，《社会》2019年第6期。

④ 彭大松、刘越：《流动人口的离婚风险：代际差异与影响因素》，《人口学刊》2019年第2期。

具有较强的男孩偏好特征。[①] 根据马斯洛的需要层次理论，当个体的需求获得满足会感到愉快，满意度高；反之则感到痛苦，满意度低。因此在新生代农民工群体中如果只有生育女孩，其个体需求没有得到满足，婚姻质量也会较低。另外，子女的数量与新生代农民工的婚姻质量存在显著相关，但结果并非一致。有研究显示，婚后生育孩子能负向预测新生代农民工的离婚风险。婚后生育孩子的新生代农民工的离婚风险率相较于婚后未生育孩子的新生代农民工平均下降85.63%。可见，在新生代农民的婚姻稳定性中，"子女因素"的促进作用不是在减弱，而是在不断加强。[②] 其他研究也认为在子女出生后，夫妻在家务、工作和闲暇等方面的时间分配会发生根本性变化，夫妻之间容易缺乏情感交流。随着子女数量越多，家庭成员的关系更为复杂，家庭聚合力降低，婚姻质量水平下降。[③]

最后，性生活模式与婚姻质量的关系。现有的关于性生活模式与婚姻质量的关系的研究主要可以分成两类。第一类为性认知、态度、婚内性生活质量与婚姻质量的关系。婚姻是情和性的混合体，为配偶提供情感上的支持与性的满足是婚姻最为基本也是最强烈的社会功能。个人对婚内感情生活与性生活质量的感受和评价在很大程度上决定了其对婚姻质量的感受和评价。例如，王厚亮等人随机调查已婚育龄妇女351例，结果发现婚姻满意度较高的已婚妇女，其性生活满意度显著高于婚姻满意度较低的已婚妇女。[④] 第二类为婚外性认知（如婚外关系的观念、态度等）、行为（如婚外性、婚外情等）与其婚姻质量的关系。例如，魏永峰基于"中国人民健康状况和家庭生活调查"的数据（1999—2000年），探索了不同性别个体的婚外性态度、性认知与其婚姻质量的联系，结果

[①] 吴新慧：《传统与现代之间——新生代农民工的恋爱与婚姻》，《中国青年研究》2011年第1期。梁如彦、周剑：《农民工生育意愿研究综述》，《淮海工学院学报》（人文社会科学版）2013年第24期。

[②] 彭大松、刘越：《流动人口的离婚风险：代际差异与影响因素》，《人口学刊》2019年第2期。

[③] 许琪、于健宁、邱泽奇：《子女因素对离婚风险的影响》，《社会学研究》2013年第4期。

[④] 王厚亮、曾秀珍、温盛霖等：《不同婚姻满意度育龄妇女性生活满意度个性特征、应对方式、社会支持比较》，《中华行为医学与脑科学杂志》2010年第1期。

发现女性的婚外性态度与其婚内感情生活质量呈显著负相关，与婚内性生活质量无关；而男性的婚外性态度与其婚内性生活质量呈显著正相关，与婚内感情生活质量和个人特点无关。[①] 新生代农民工从农村流动到城市后，其离散化的家庭结构容易导致其性压抑，这些问题会造成已婚夫妇之间的情感缺失、性爱缺位，导致家庭出现裂痕，例如农民工打工潮中不断出现的"临时夫妻"现象直接影响农民工的夫妻感情和家庭稳定。[②]

二 对相关研究的述评

整体上看，与国外有关移民研究相比，现有有关我国本土新生代农民工的婚恋的相关研究还处于起步阶段，对农民工的婚恋状况未形成清楚的认识。

首先，国内关于新生代农民工婚恋问题的研究较少，主要是单独围绕新生代农民工婚恋观或婚姻质量的某一个维度进行探讨，而对婚育模式和婚姻质量的整体状况，以及两者关系的探讨不多。现有的研究表明人口迁移或流动会改变新生代农民工的婚育模式，而多样化的婚育模式必定会影响其婚姻质量，同样，新生代农民工的婚姻满意度和稳定性也会改变其今后的婚育行为。并在此基础上分析这种相互机制对社会产生的积极和消极影响。

其次，现有研究大多将农民工作为一个整体群体来研究，缺少对农民工群体内部的代际差异进行分析。所谓代际差异，是指出生于不同的年代、具有不同的成长背景的各代群体在价值观念、个体偏好、态度以及行为等各个方面所表现出来的差异性特征[③]，这种差异使得新老两代农民工在对自身婚姻质量评价上也存在显著差异，但目前并没有统一的研究结论。例如，有学者认为与第一代农民工相比，新生代农民工更容易遭遇婚姻和情感方面的困扰，若这些困扰不能够得到及时的排解可能导

[①] 魏永峰：《婚姻质量与婚外性态度关系中的性别差异》，《妇女研究论丛》2015 年第 2 期。

[②] 陶自祥：《临时夫妻：青年农民工灰色夫妻关系及其连带风险》，《中国青年研究》2019 年第 7 期。

[③] 梁宏：《代际差异视角下的农民工精神健康状况》，《人口研究》2014 年第 4 期。

致其婚姻走向解体。① 也有个别研究得出相反的结论，认为新生代农民工受教育年限更长，同时通婚圈扩大使其拥有更多的婚姻资源，这种相对优势使新生代农民工在婚姻生活中获得更多的积极感受，对婚姻质量的评价更高。②

再次，从城乡差异的角度对新生代农民工和城市居民的婚恋问题的研究不多。新生代农民工融入城市的过程实质上也是其市民化的过程，这一过程不仅仅是生产方式的转变过程与生活空间的迁移过程，也是他们个人的婚育模式发生变迁的过程，即从传统乡土文明转向了现代城市文明。因此，可以做出假设，即新生代农民工融入城市的程度越高，"城市性"发育越充分，他们的婚恋价值观念与婚恋行为模式与城市居民的倾同化程度也就越高。③ 虽然已有研究将市民作为比较对象，对农民工和城市居民的婚恋问题进行比较考察，但主要是围绕婚育模式或者婚姻质量的某一维度进行分析，而缺少从城乡差异的角度系统考察农民工与城市居民在婚恋问题的异同性。

最后，对婚姻质量的整体关注相对缺乏。以往研究中，将婚姻质量所包含的内容进一步划分为消极与积极两个方面较为欠缺，主要集中在积极方面，特别是从婚姻满意状况或婚姻幸福状况来研究个体的婚姻质量，而缺乏对农民工婚姻的消极方面的研究，例如婚姻的不稳定性，婚姻暴力等方面。

综上所述，上述研究为本书提供了一定的理论和实证研究基础，本书将从代际和城乡视角，以新生代农民工为核心研究对象，以传统农民工和城市居民为比较对象，分别对其婚育模式和婚姻质量特点进行分析和比较，并重点剖析新生代农民工的婚育模式对婚姻质量的影响，以弥补上述研究的不足，其结论将有助于提高对新生代农民工婚姻问题的客观认识，改善其婚姻质量。

---

① 周伟文、侯建华：《新生代农民工阶层：城市化与婚姻的双重困境——S 市新生代农民工婚姻状况调查分析》，《社会科学论坛》2010 年第 18 期。

② 吴海龙：《新生代农民工婚姻模式与家庭稳定性研究综述》，《铜陵学院学报》2013 年第 2 期。

③ 许传新：《新生代农民工择偶标准及影响因素分析》，《南方人口》2013 年第 3 期。

第六节 本书的研究框架

本书将遵循提出问题、分析问题和解决问题的研究思路，在对国内外相关研究成果进行分析综述的基础上，提炼新生代农民工婚育模式和婚姻质量的理论基础和研究假设，再进行实证研究来获取数据对理论假设进行验证，最后归纳结论，提出对策建议。

第一，新生代农民工的婚育模式研究。在对以往研究梳理的基础上，从择偶模式、婚姻模式、生育模式以及性生活模式四个方面构成新生代农民工婚育模式的理论模型，并在此基础上运用定量分析的方法对新生代农民工婚育模式的现状、特点、影响因素及发展趋势进行分析，重点从代际视角和城乡视角，以新生代农民工为核心研究对象，以传统农民工和城市居民为比较对象，探讨新生代农民工从传统到现代的婚育模式的变迁。

第二，新生代农民工的婚姻质量研究。本书把婚姻质量的两个积极指标（婚姻幸福感、婚姻积极互动）、三个消极指标（婚姻冲突、婚姻不稳定性与婚姻问题）和一个核心指标（婚姻暴力）作为衡量婚姻质量的维度，以新生代农民工为核心研究对象，以传统农民工和城市居民为比较对象，来探讨新生代农民工的婚姻质量，结合宏观和微观视角共同探讨新生代农民工婚姻质量的影响因素。

第三，新生代农民工的婚育模式与婚姻质量的相关研究。在研究内容（1）和（2）的基础上，以社会认知行为模式为理论指导，对新生代农民工婚育模式与婚姻质量的关系进行研究，我们假设人口流动会改变新生代农民工的婚育模式，而多样化的婚育模式必定会影响其婚姻质量。并在此基础上分析这种影响机制对社会产生的积极和消极影响。

第四，改善新生代农民工婚育模式，提升婚姻质量的途径研究。首先，从个体层面，提出新生代农民工自身有效解决婚恋冲突、建立理想化婚育模式行为策略；其次，从政府层面，提出政府在新生代农民工融入城市社会中构建和谐家庭的激励政策和相关原则；最后，从整体观点出发，为社会各层面关注和支持新生代农民工提供建议。

具体研究思路见图2—1。

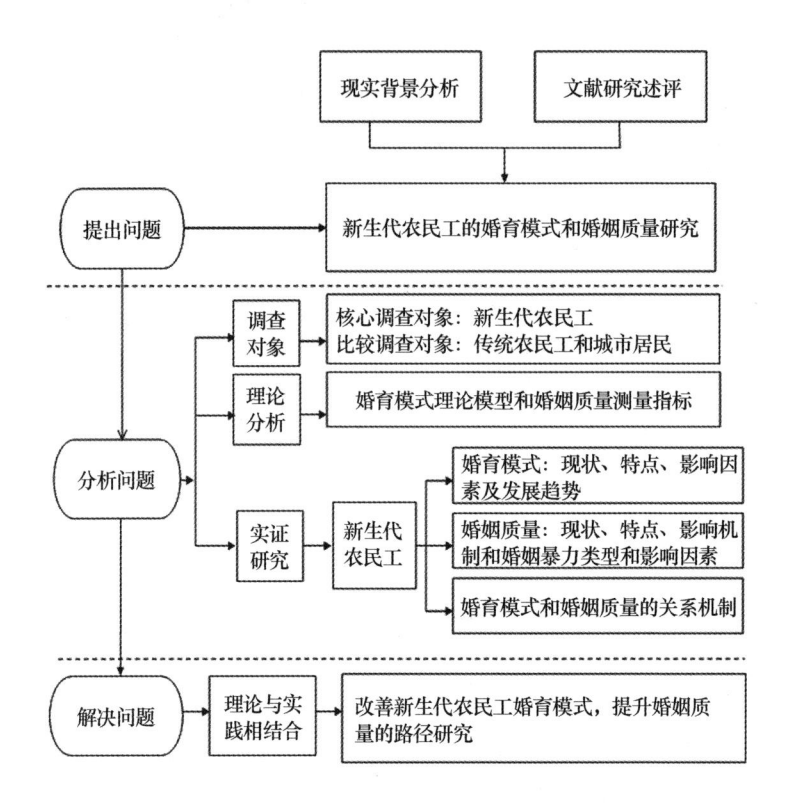

图2—1　研究思路

第三章

数据来源和研究方法

本书中的实证分析数据来自温州医科大学2016—2017年在长江三角洲和珠江三角洲7个城市进行的"新生代农民工婚育模式和婚姻质量状况"的大规模社会调查，笔者全程负责了这次调查。对新生代农民工婚育模式和婚姻质量进行正式分析之前，本书有必要对这次社会调查的基本情况、问卷内容、数据处理等进行说明。

第一节 数据来源与质量控制

一 数据来源

（一）调查对象界定

在本研究中，核心研究对象为新生代农民工，比较对象为第一代农民工和城市居民。其中新生代农民工界定为1980年及之后出生的、进城从事非农业生产6个月及以上的，常住地在城市，户籍地在农村的劳动力。第一代农民工定义为1980年之前出生的、进城从事非农业生产6个月及以上的，常住地在城市，户籍地在乡村的劳动力。城市居民界定为具有城市户籍并在城市居住的居民，同时为了更好地比较新生代农民工和城市居民的城乡差异，本研究将城乡居民界定为在1980年及之后出生的城市居民。

（二）调查方法

本次调查的抽样是不符合严格意义上的随机抽样要求的，但是大规模的样本在一定程度上保证了研究结果接近随机抽样所能获得样本的分析结果，因为随机抽样只是为了保证样本分析结果可以推广到总体。如果严格按照理论上的抽样原则获取调查样本,本次调查尚且存在一定误差。所以,如果抽取的样本大体能够反映总体的情况,则仍可被看作合适的。这成为本次抽样的总依据。

2016年7月至2017年10月,采取多阶段分层抽样方法对新生代农民工、第一代农民工和城市居民进行抽样调查。这种抽样方法把整个抽样过程分成几个阶段,每一阶段的具体抽样方法有所不同,即综合了各种抽样方法的使用。操作过程如下:第一阶段,将总体分为若干个一级抽样单位,从中抽选若干个一级抽样单位入样;第二阶段,将入样的每个一级单位分成若干个二级抽样单位,从入样的每个一级单位中各抽选若干个二级抽样单位入样,以此类推,获得最终样本。[①]

本课题组对新生代农民工抽样设计和实施过程如下。

第一阶段:选择长江三角洲经济区中沪、苏、浙三地中5个区域性中心城市,上海市、杭州市、宁波市、温州市、南京市和珠江三角洲经济区中的深圳市、东莞市等共7个城市作为样本区域,长江三角洲和珠江三角洲是中国经济发展总量最大、最活跃的区域,也是中国农民工最为集中的区域。[②] 通过对这两个区域的农民工的研究,可以形成对中国农民工婚恋模式和婚姻质量的整体性认识。

第二阶段:由于农民工群体的特殊性,其分布不均匀,很难构建完整的抽样框架。因此,在每个调查城市中,按照地理区位和流动人口分布状况选择5个街道。

第三阶段:再基于农民工的6个主要职业群进行配额抽样,以确保样本能代表所在城市的农民工人口。例如根据2015年国家统计局公布的数据,农民工在制造、批发零售、建筑、家政服务、交通运输、酒店和餐馆6个职业群的比例分别约为45%、13%、11%、9%、6%、4%。以工作场所为这6组职业群的抽样单位,在每一个抽样单位内依据职业类型比例再进行抽样选取被试。同时,在相同街道,抽取符合条件的城市

[①] 高嘉陵、刘启明:《"中国家庭经济与生育研究"抽样调查方案及目标量估计方法》,《数理统计与管理》1995年第4期。

[②] 张琼:《农民工工资性别差异的实证研究——基于珠江三角洲和长江三角洲的问卷调查》,《广东社会科学》2013年第3期。

居民和第一代农民工作为调研的比较对象。

第四阶段，筛选符合条件的被试的前提标准：（1）可以说或读汉字；（2）愿意参加研究，并签署知情同意书。

最终，本次调查共发放问卷 5300 份，回收问卷 4895 份，回收率为 92.36%，剔除无效问卷后，得到有效问卷 4674 份，有效率为 95.49%。其中，新生代农民工为 2093 人，占总数的 44.78%；第一代农民工为 1058 人，占总数的 22.64%；城市居民为 1523 人，占总数的 32.58%。

（三）施测程序

本研究包括以下两个步骤。首先，在试点研究中，预调查的是从目标人群中方便抽样得到 50 个农民工和 50 个城市居民来评估调查问卷的清晰性、全面性和可接受性，在预调查完成后，对调查问卷进行修改。其次，在正式调查中，调查对象充分了解研究的目的和过程后，在安静的环境内填写 20 分钟问卷（一次 1—6 名被试）。调查问卷由受过培训的调查员进行，包括温州医科大学的教师和研究生，他们在正式研究之前接受过系统的培训。问卷匿名，所有调查对象自愿参加研究。

（四）其他数据资料

除上述调查数据外，本研究还参考了国家流动人口数据平台的《2016 年中国农民工监测调查报告》《2017 年中国农民工监测调查报告》《流动人口卫生服务调查分析报告》《中国统计年鉴》等统计数据和各类报纸杂志、研究报告和互联网上的相关资料。这些二手资料，为本研究提供了更为详尽充分的论据支持。

二 质量控制

（一）研究设计

课题组邀请相关专家先后多次召开会议对调查方案进行反复论证，对调查方案、调查问卷和定性访谈提纲进行讨论和修改。

（二）调查员培训

在培训当中，问卷设计者和课题负责人对每一个问题的含义进行详细解答，统一调查口径，并对所有调查员进行模拟调查体验，针对出现的问题，课题组成员及时予以纠正。在调查中设立小组长和督导员，协调处理调查中出现的各种问题。

(三) 现场调查

调查员完成一次调查后,要求对填写的内容进行全面及时检查并要求访员间相互核查,对有疑义之处进行重新确认,对错误的地方要求及时更正,对遗漏的题目要求及时返工填补。同时,课题组成员和督导员带领不熟练的调查员一起帮助指导调查,确保他们能够熟练并独立完成调查任务。

(四) 问卷核对及复查回访

调查表填完以后,由课题组成员每天进行检查核对,对不符合要求的调查表通过电话回访和重新入户的方式进行及时更正。

(五) 资料整理和录入

定性访谈资料由访员根据现场记录和录用情况进行整理。调查问卷采用 Epidata 3.1 软件完成所有资料录入,调查问卷数据执行双录入原则,对已录入的数据通过异常值筛查进一步纠正录入错误。

第二节 研究方法和样本基本情况

一 研究方法

本研究主要是将定性分析与定量研究相互结合,对于定量资料利用现有的统计资料和调查数据进行定量分析;而对于那些定性资料,尤其只能通过一定的价值判断标准来反映,则进行定性分析。同时使用统计年鉴资料、问卷调查数据、深入访谈资料相互验证和补充,并通过数理统计方法对上述三种不同性质的数据资料进行定量研究。

(一) 文献研究法

搜集、鉴别、整理国内外学者相关文献成果,包括著作、论文、研究报告等资料。对这些文献进行细致、准确、全面的梳理和归纳,在系统分析和客观评价的前提下,掌握当前研究的理论发展、研究状况以及存在的不足之处。总结新生代农民工婚恋模式和婚姻质量的现状和特点,寻找具有借鉴意义的内容,为本研究提供有效的理论依据和研究思路,实现实践研究与理论研究相互结合,从而为本研究打开切入点,并明确研究主旨。

（二）问卷调查法

问卷调查是当前国内外社会调查领域中使用较为广泛的一种方法。它是以书面提出问题的形式搜集到可靠资料的一种方法。根据研究内容的实际需要，精心设计调查问卷，并在指定的场所发放调查问卷。问卷资料经过一定的整理汇总之后通过统计软件进行数据统计，并在此基础上归纳和提炼。问卷调查法能够得到第一手的原始信息，并为课题的深入研究提供了有力的数据保障。

（三）比较研究法

本研究采用比较研究法，以新生代农民工为核心研究对象，以第一代农民工和城市居民为比较对象，从代际角度和城乡角度，对新生代农民工与第一代农民工和城市居民的婚育模式和婚姻质量的状况及影响因素进行比较分析，探讨是否存在城乡差距和代际差异，三个群体婚育模式和婚姻质量的影响因素是否呈现出共性或差异性。

（四）统计分析法

本书使用 SPSS 23.0 和 AMOS 17.0 两个软件对样本数据进行统计分析，具体统计分析技术包括单变量描述统计、卡方分析、双变量相关分析、独立样本 T 检验、单因方差分析、多元回归分析、二元 Logistic 回归模型分析、中介模型和调节模型分析新生代农民工婚恋模式和婚姻质量现状、特点和关系。

二 样本基本情况

本次抽样调查的新生代农民工、传统农民工和城市居民基本情况见表3—1。由表3—1可知：

（1）样本构成方面。在整个调查样本中，被调查的新生代农民工共有2093名，占比44.78%；第一代农民工1058名，占比22.4%，城市居民1523名，占比32.58%；新生代农民工比第一代农民工、城市居民的调查对象数量多些，但本研究是以新生代农民工为主要研究对象，因此从研究的整体上看，样本量分布均衡。

表 3—1　　　　　　　　样本基本情况（N = 4674）

项目		新生代农民工 (n = 2093)		第一代农民工 (n = 1058)		城市居民 (n = 1523)		差异检验 卡方值/T 值
抽样城市	上海	317	15.15%	156	14.74%	198	13.00%	38.123***
	杭州	308	14.72%	123	11.63%	197	12.93%	
	宁波	318	15.19%	145	13.71%	218	14.31%	
	温州	324	15.48%	204	19.28%	259	17.01%	
	南京	249	11.90%	167	15.78%	226	14.84%	
	深圳	264	12.61%	139	13.14%	236	15.50%	
	东莞	313	14.95%	124	11.72%	189	12.41%	
性别	男	1098	52.46%	537	50.76%	714	46.88%	334.245***
	女	995	47.54%	521	49.24%	809	53.12%	
年龄		26.10 ± 5.21 岁		44.75 ± 5.05 岁		27.03 ± 6.65 岁		43.231***
受教育程度	初中及以下	842	40.23%	662	62.57%	127	8.34%	1584.724***
	高中或中专	997	47.63%	373	35.26%	538	35.33%	
	大专及以上	254	12.14%	23	2.17%	858	56.34%	
婚姻状况	未婚	1183	56.52%	6	0.57%	808	53.05%	1009.154***
	初婚	879	42.00%	982	92.82%	669	43.93%	
	丧偶/离异/再婚	31	1.48%	70	6.62%	46	3.02%	
月收入	少于 3000 元	829	39.61%	491	46.41%	552	36.24%	179.849***
	3000—4000 元	738	35.26%	367	34.69%	324	21.27%	
	4000 元以上	526	25.13%	200	18.90%	647	42.49%	
工作年限	1—6 年	1310	62.68%	80	7.56%	911	59.82%	1769.178***
	7—12 年	593	28.37%	202	19.09%	314	20.62%	
	13—19 年	177	8.46%	543	51.32%	272	17.86%	
	20 年及以上	10	0.49%	233	22.02%	26	1.71%	
工作城市数量	1—2 个	1503	71.72%	731	69.09%	1368	89.82%	60.839***
	3—4 个	433	20.59%	231	21.83%	91	5.97%	
	5 个及以上	157	7.41%	96	9.07%	64	4.21%	

注：*** 表示 $P < 0.001$；因存在缺省值，在"工作年限"这一栏中，新生代农民工人数总和为 2090 人。

(2) 抽样城市方面。抽样的地区来源于上海、杭州、宁波、温州、南京、深圳和东莞。新生代农民工在这 7 个城市的抽样中占比在 11%—16%，各市分布比例较为均衡，其中温州市占比 15.48%；第一代农民工的抽样比例中温州市占比 19.28%，其余 6 个城市的抽样中占比在 11%—16%；城市居民的抽样比例中温州市比例最高，为 17.01%，其余 6 个城市的抽样中占比在 12%—16%。在差异性方面，卡方分析发现，三个群体在抽样城市上的差异具有统计学上的意义。

(3) 性别方面。新生代农民工中男性有 1098 名，占比 52.46%，女性有 995 名，占比 47.54%，男性在数量上比女性多一些；第一代农民工男性数量仅比女性多 16 名，男性 537 名，占比 50.76%，女性 521 名，占比 49.24%；城市居民中，女性数量多于男性，女性共有 809 名，占比 53.12%，男性共有 714 名，占比 46.88%。总体来看，性别的比例很均衡。统计分析发现，三个群体在性别上的差异具有显著性。

(4) 年龄方面。新生代农民工的平均年龄为 26.10 ± 5.21 岁，第一代农民工的平均年龄为 44.75 ± 5.05 岁，城市居民的平均年龄为 27.03 ± 6.65 岁。

(5) 受教育程度。新生代农民工的受教育水平整体上高于第一代农民工的受教育水平，低于城市居民的受教育水平。其中，40.23% 的新生代农民工接受过初中及以下的教育，而 62.57% 的第一代农民工是处于初中及以下的受教育程度，仅有 8.34% 的城市居民处于初中及以下的学历；在高中与中专受教育水平上，新生代农民工所占比例最高，为 47.63%；一半以上的城市居民接受过大专及以上的教育，12.14% 的新生代农民工完成了大专及以上的教育，第一代农民工中接受过大专及以上教育的占比仅为 2.17%。卡方分析发现，受教育水平在三个群体上存在统计学上的差异。即城市居民受教育程度最高，其次为新生代农民工，第一代农民工最低。

(6) 婚姻状况。新生代农民工的婚姻状况与城市居民的婚姻情况较为相近，而老一代农民工的婚姻状况与他们完全不同，这与他们的年龄情况有所呼应。具体而言，新生代农民工与城市居民的未婚比例都在 50% 以上，分别为 56.52%、53.05%，而第一代农民工的未婚比例不到 1%，仅占 0.57%；在初婚上，42% 的新生代农民工为初婚，43.93% 的城市居民为初婚，而第一代农民工的初婚比例很高，占比92.82%；关于丧偶、离异与再婚，第一代农民工所占比例最高，为6.62%，其次为城市居民，占比3.02%；新生代农民工占比最低，为1.48%。经卡方检验表明，婚姻状况在三个群体上有显著性的差异。这种差异受到个体生命周期的影响。

（7）月收入水平。在3000元以下的收入水平上，39.61%的新生代农民工属于这一水平，36.24%的城市居民处于这一水平，第一代农民工在这一水平占比最高，为46.41%。35.26%的新生代农民工月收入处于3000—4000元，与第一代农民工占比差不多，第一代农民工占比为34.69%，城市居民占比最低，为21.27%。在月收入4000元以上方面，城市居民占比最高，为42.49%；其次为新生代农民工，占比24.18%；占比最低的为第一代农民工，比例为18.90%。统计分析发现，月收入水平在三个群体上的差异具有统计学上的意义。总体上来看，城市居民的月收入高于新生代农民工的月收入，而第一代农民工的月收入水平最低。

（8）工作年限方面，62.68%的新生代农民工工作年限为1—6年，59.82%的城市居民工作年限为1—6年，7.56%的第一代农民工工作年限为1—6年；在7—12年的工作时长上，28.37%的新生代农民工工作时长处于这一水平，19.09%的第一代农民工工作时长处于这一时长，20.62%的城市居民工作时长在此时间段；在13—19年这一工作时长上，新生代农民工占比为8.47%，第一代农民工占比为51.32%，城市居民占比为17.86%；而在工作年限为20年及以上，首先第一代农民工所占比最高，为22.02%，其次为城市居民，比例为1.71%，新生代农民工比例最低，为0.49%。总的来说，三个群体的工作年限与他们的年龄、生命周期相符，即年龄越大的工作年限更长，第一代农民工的工作年限比新生代农民工和城市居民的更长，而新生代农民工的工作年限又短于城市居民的工作年限，且这些差异具有统计学上的意义。

（9）工作城市的数量。城市居民的工作城市较为固定，工作流动性较小。新生代农民工与第一代农民工的工作城市数量相较而言更多一些，工作流动更大。而在工作地点最不固定上，即工作城市在5个及以上方面，第一代农民工占比最高，为9.07%；其次为新生代农民工，占比

7.41%；城市居民占比最低，为4.21%。因此，总的来说，三个群体的工作地点都较为固定，而第一代农民工由于其工作年限更长，相较而言工作流动性更大。经卡方分析发现，三个群体在工作城市的数量上存在显著性的差异。

第四章

新生代农民工的婚育模式

第一节 新生代农民工的择偶模式研究

一 引言

择偶是个体恋爱和婚姻的起点,是婚姻过程中重要的环节之一,是青年依据一定的标准和方式选择自己喜欢的对象的行为①,择偶对于个体来说,是一生中最重要的抉择之一,体现了个体的社会文化价值及其婚姻取向,并在一定程度上决定了个体婚姻的满意度及其持久度。

择偶模式主要包括择偶观和择偶行为,其中,择偶观体现的是个体的择偶意愿,其核心内容是对理想配偶的标准与评价,主要通过一定的择偶标准和择偶目的进行体现。对于未婚的群体,择偶观体现了个体对配偶的期望及其婚姻动机;对于已婚群体,则是个体在与社会结构、社会文化背景的不断互动中,对已经实施的择偶行为及其结果的再认识。②择偶行为是指社会成员选择配偶的行为,是对个人择偶观的实践,是实际操作的表现。它是缔结婚姻与建立家庭的前提,对家庭稳定性与婚姻质量有着直接的影响。③

关于择偶模式的实证研究最早是徐安琪学者采用分层多阶段概率抽样方法对3166个样本的择偶标准进行调查,结果发现个体在择偶标准中更重视心理取向,同时也指出影响择偶取向的因素是多元复杂的。随后,

---

① 蒋京川、宫玉洁:《未婚男性择偶偏好研究:特质、趋势与影响因素》,《青年研究》2015年第3期。
② 崔凤垣:《北京市已婚女性人口的婚姻与择偶》,《人口与经济》1994年第3期。
③ 管雷:《1978年以来我国青年择偶研究述评》,《中国青年研究》2004年第11期。

中国学者对中国人择偶标准的变迁、择偶偏好、择偶标准、择偶空间、择偶观念、择偶方式及其影响因素等相关内容进行了深入探究①，研究的群体主要集中在大学生群体、女青年、未婚群体等。

新生代农民工正处于婚恋的黄金时期，择偶作为婚恋的必经过程或表现形式，是新生代农民工社会化的重要任务。这不仅会影响到新生代农民工个人的身心健康，也对其日后的婚姻家庭的稳定与维系产生一定的影响。在城乡二元体制下，新生代农民工徘徊于农村和城市之间，一方面在生活方式和价值观上日渐与城市居民趋同；另一方面由于受到户籍制度和传统文化等的影响，新生代农民工的行为模式兼具典型的农村特点。这种现代性与传统性冲突与共生的特征也存在于新生代农民工的择偶模式之中②，主要集中在以下两个方面。

第一，主要是基于对新生代农民工的个案访谈与调查所获得的资料或数据进行择偶模式特征的描述性分析。例如，郭新平和刘蓉以晋北某村的13位新生代农民工作为访谈对象，对其择偶行为进行研究，结果发现，大多数新生代农民工最终会选择从城市择偶场域中退出，返回农村，在农村择偶场域中最大限度地发挥自主性，选择合适的本地村民形成婚姻关系。③ 许加明和魏然采用参与观察和无结构访谈的方法，对苏北某村的男性新生代农民工的择偶困境及其结婚策略展开调研，发现在性别失衡和人口流动的宏观背景之下，为了能够达成结婚的目的，男性新生代农民工采取了多种可能的结婚策略来突破择偶困境。④

第二，主要围绕新生代农民工择偶模式的影响因素进行定量分析。例如郭显超运用多元回归模型对543名新生代农民工的社会资本对择偶模式的影响进行探讨，研究结果显示相对于物质资本和人力资本，青年

---

① 高玉春：《受高等教育青年择偶标准：社会变迁中稳定、相容、互惠的婚姻期待》，《中国青年研究》2019年第10期。侯佳伟、黄四林、辛自强等：《中国人口生育意愿变迁：1980—2011》，《中国社会科学》2014年第4期。

② 吴新慧：《传统与现代之间——新生代农民工的恋爱与婚姻》，《中国青年研究》2011年第1期。

③ 郭新平、刘蓉：《实践理论下新生代农民工返乡择偶的行为机制——以晋北N村为例》，《社科纵横》2018年第3期。

④ 许加明、魏然：《男性新生代农民工的择偶困境及结婚策略——基于苏北C村的调查与分析》，《中国青年研究》2018年第1期。

农民工的社会资本对其择偶模式的影响更大。[1] 许传新对1318名新生代农民工的择偶标准的影响因素进行调研，结果显示家庭背景对择偶标准的影响减弱，但大众传媒却在一定程度上对新生代农民工的择偶标准产生了负面的影响。[2] 叶妍和叶文振的研究发现，择偶时更倾向于"老乡偏好"的农民工一般具有文化程度较低和年龄较大的特点，而择偶时更倾向"物质偏好"的农民工一般具有收入水平较高的特点，且多为女性。[3]

上述研究对了解新生代农民工的择偶模式现状、影响因素等方面提供了重要借鉴。然而，专门研究新生代农民工择偶模式还存在以下几方面的不足。一是抽样的地域范围不够广泛，只局限于某一地区甚至某村，样本量也较少，难以全面地反映整体新生代农民工择偶模式的特点，使得结论的推广范围受到限制。二是比较研究较少，现有关于新生代农民工择偶模式的研究主要是单独对其进行描述性的分析，缺少比较对象，有待进一步拓展范围并探索。

基于上述问题与分析，本研究以新生代农民工为主要调查对象，以第一代农民工和城市居民为比较对象，以分析新生代农民工择偶模式特点，探讨择偶模式的代际和城乡差异性，并在此基础上重点对新生代农民工的择偶模式的影响因素进行实证研究，以期能促进新生代农民工个体与家庭幸福，促进城乡社会的和谐发展。

二 数据来源、变量界定及方法

（一）数据来源

见第三章第一节的数据来源和第三章第二节样本基本情况。

（二）因变量

1. 择偶观

择偶观主要以择偶标准和择偶目的作为择偶观的评价指标。

---

[1] 郭显超：《青年农民工的社会资本对择偶模式的影响研究》，博士学位论文，西南财经大学，2013年。

[2] 许传新：《新生代农民工择偶标准及影响因素分析》，《南方人口》2013年第3期。

[3] 叶妍、叶文振：《流动人口的择偶模式及其影响因素——以厦门市流动人口为例》，《人口学刊》2005年第3期。

择偶标准包括为生理标准、社会标准和心理标准三大类，共17个项目。生理标准包括：身高相貌、身体健康、年龄；社会因素包括：学历、户口、家庭背景、经济条件、住房条件、职业状况、社会地位、生辰八字；心理标准包括：能力才华、性格品质、兴趣爱好、理想志向、两人感情、对自己好。为了测量被试的择偶标准的优先等级，我们通过下面两个问题进行测评，问题一为"依据重要性原则，您在选择配偶，请从下面17个条件中选择五项作为您最认为考虑的因素"；问题二为"如果只能选择一项，您在选择配偶，哪一个是您最在乎的因素？"。在建立新生代农民工择偶标准的影响因素的实证模型的时候，将择偶标准转为一个由生理标准、社会标准和心理标准的三分类变量，并对其进行赋值，生理标准=1，社会标准=2，心理标准=3。

择偶目的即选择配偶，结束独居生活的最终目的。主要包括搭伙过日子、生儿育女、延续爱情和改变命运四个目的（多选题）。在建立新生代农民工择偶目的的影响因素的实证模型的时候，将择偶目的转为一个由搭伙过日子、生儿育女、延续爱情和改变命运的四分类变量，并对其进行赋值，搭伙过日子=1，生儿育女=2，延续爱情=3，改变命运=4。

2. 择偶行为

择偶行为主要包括择偶次数、择偶时间与择偶途径三个方面。

择偶次数和择偶时间通过"你谈过几次恋爱"和"你与配偶恋爱时间"两个问题来进行测量。计算均值时，择偶次数和择偶时间这两个指标仍然采取原始变量数据，即连续性变量。在建立新生代农民工择偶次数和择偶时间的影响因素的实证模型的时候，基于研究目标与样本的实际情况，将择偶的次数和择偶的时间变量分别转化为二分类变量，其中将择偶次数为择偶次数少和择偶次数多两组；择偶时间分为短期（2年以下）和非短期（2年以上）。

择偶途径主要指的是被试通过何种方式选择配偶，主要包括通过自由恋爱、相亲和通过媒介（网恋、征婚等）形式进行择偶。在建立新生代农民工择偶途径的影响因素的实证模型的时候，将择偶途径转为二分类变量。

(三) 自变量

1. 个人特征因素

主要包括性别（0=女，1=男）、年龄和文化程度（1=初中及以下、2=高中、3=大专、本科及以上）。

2. 打工特征因素

主要包括打工月收入（少于3000元=1、3000—4000元=2、4000元以上=3）、打工时间、打工城市数量、打工后的人生规划（1=回农村、2=留城市、3=不确定）。

3. 婚姻特征因素

自己的婚姻状况（0=未婚、1=已婚）、自己的结婚时间、父母的婚姻状态（0=初婚、1=非初婚）、父母的婚姻满意度（1=满意、2=一般、3=不满意）。

4. 其他因素

在分析中，本文参考已有的实证研究，根据每个因变量的特点，将其他一些可能影响该因变量的因素选择作为该因变量的特定的自变量。

(四) 统计分析

数据采用SPSS20.0软件进行统计分析：首先，采用基本描述性统计方法对被试的基本特征进行分析，再利用卡方检验与第一代农民工和城市居民进行对比。其次，建立以新生代农民工择偶标准和择偶目的为因变量的无序多分类Logistic回归模型，和建立以择偶途径、择偶次数和择偶时间为因变量的二元Logistic回归模型，分别对其影响因素进行实证分析和理论解析。

三 研究结果

(一) 新生代农民工择偶观

1. 新生代农民工择偶标准

(1) 新生代农民工择偶标准的一般特点

从总体上来看，新生代农民工在各类择偶标准上选择次数最多的是两人感情（13.90%），其次是身体健康（12.86%）和性格品质（12.06%），再次是对自己好（11.33%）和身高相貌（10.9%），这5项选择次数都超过了10%，都属于生理因素和心理因素；而最不重视的是经济社会因素，其各个维度的选择次数最高不到5%。这表明新生代农民工的择偶标准已经具有明显的现代特征。进一步对新生代农民工在择偶过程中最在乎的因素，即排名第一的因素进行分析，身高外貌在一定程度上成为新生代农民工择偶的第一标准（26.14%），接下来依次为身体健康（18.28%）、性格品质（17.69%）、两人情感（15.33%）和对自己好（7.27%），其余的各个因素的选择次数最高不到4%。

从男女性别上看，不同性别的新生代农民工在生理因素、社会因素和心理因素三大类择偶类别上都存在显著差异。其中主要的差异体现在以下几点。首先，在身高相貌和年龄上，男性农民工（12.77%，7.15%）的重视程度显著高于女性农民工（8.89%，5.36%）。其次，在心理因素上，男性农民工更为在意是否对自己好（15.03%）和兴趣爱好（7.73%），该比例远高于女性（12.71%，4.51%）；而在能力才华和两人情感上，女性农民工（6.43%，12.71%）的重视程度显著高于男性农民工（3.76%，10.09%）。在经济和社会因素上，女性农民工对经济条件（7.72%）和住房条件（2.92%）的重视程度显著高于男性农民工（2.80%，1.36%）。

（2）与第一代农民工择偶标准的比较

总体上，在择偶过程中不论是新生代农民工还是第一代农民工都是重视配偶的生理因素和心理因素，但在具体的择偶标准上新生代农民工与第一代农民工还是呈现出显著的代际差异。其中主要的差异见表4—1，体现在以下几点。

首先，在生理因素上，第一代农民工选择次数最多的配偶标准为身体健康，这一比例远高于新生代农民工；而新生代农民工则比第一代农民工更在意身高外貌。其次，在心理因素上，与第一代农民工相比，新生代农民工则更加在意配偶的能力才华和兴趣爱好；而第一代农民工则更在意对方是否对自己好。在经济和社会地位因素上，新生代农民工比第一代农民工更在意经济条件，而第一代农民工在生辰八字上选择的比例显著高于新生代农民工。

表4—1　　新生代农民工和第一代农民工择偶标准的代际差异

类	择偶标准	新生代农民工 频次	%	第一代农民工 频次	%	差异检验 卡方值
生理因素	身高相貌	1099	10.92	475	9.28	9.714**
	身体健康	1295	12.86	848	16.58	38.580***
	年龄	636	6.32	388	7.58	8.659**
心理因素	能力才华	508	5.05	189	3.69	14.145***
	性格品质	1214	12.06	599	11.71	0.394
	兴趣爱好	622	6.18	249	4.87	10.781**
	理想志向	400	3.97	198	3.87	0.095
	两人感情	1399	13.90	742	14.50	1.035
	对自己好	1141	11.33	676	13.21	11.387**
经济和社会因素	学历	263	2.61	139	2.72	0.144
	户口	136	1.35	72	1.41	0.080
	家庭背景	249	2.47	126	2.46	0.002
	经济条件	520	5.16	166	3.24	28.994***
	住房条件	211	2.10	68	1.33	11.052**
	职业状况	234	2.32	91	1.78	4.819*
	社会地位	81	0.80	24	0.47	5.557*
	生辰八字	60	0.60	66	1.29	19.861***

注：*** $p<0.001$，** $p<0.01$，* $p<0.05$。下同。

(3) 与城市居民择偶标准的比较

总体来说，新生代农民工和城市居民的择偶标准较为接近，其差异性主要体现在城市居民在择偶标准上更在意配偶的经济和社会的外在因素，主要体现在家庭背景、经济条件和职业状况上。而新生代农民工则比城市居民更在意感情和是否对自己好，这些内在的因素具体见表4—2。

2. 新生代农民工择偶目的

(1) 新生代农民工择偶目的一般特点

从总体上看，新生代农民工择偶目的选择次数最多的是延续爱情 (36.43%)，其次是男大当婚女大当嫁 (26.46%) 和生儿育女 (26.32%)，最后是改变命运（10.78%）。

表4—2　　新生代农民工和城市居民择偶标准的城乡差异分析

类	择偶标准	新生代农民工 频次	%	城市居民 频次	%	差异检验 卡方值
生理因素	身高相貌	1099	10.92	878	11.70	2.661
	身体健康	1295	12.86	884	11.78	4.621*
	年龄	636	6.32	393	5.24	9.081**
心理因素	能力才华	508	5.05	419	5.58	2.497
	性格品质	1214	12.06	937	12.49	0.741
	兴趣爱好	622	6.18	424	5.65	2.132
	理想志向	400	3.97	254	3.39	4.143
	两人感情	1399	13.90	931	12.41	8.266**
	对自己好	1141	11.33	695	9.26	11.686**
经济社会因素	学历	263	2.61	245	3.27	6.532*
	户口	136	1.35	135	1.80	5.694*
	家庭背景	249	2.47	286	3.81	16.096***
	经济条件	520	5.16	491	6.54	14.827***
	住房条件	211	2.10	166	2.21	0.279
	职业状况	234	2.32	258	3.44	10.618**
	社会地位	81	0.80	61	0.81	0.004
	生辰八字	60	0.60	46	0.61	0.021

从男女性别来看，不同性别的新生代农民工择偶目的主要的差异体现在对于延续爱情（女=39.80%，男=33.45%，$\chi^2=12.181^{**}$）和改变命运的（女=13.87%，男=8.09%，$\chi^2=12.181^{**}$）目的上，均显示出女性的认可程度显著高于男性，而在生儿育女这样传统目的上男性的认可度高于女性（女=21.53%，男=30.55%，$\chi^2=29.267^{**}$）。

（2）与第一代农民工和城市居民择偶目的的比较

总体来说，新生代农民工和第一代农民工的择偶目的较为一致，只有在改变命运（新生代农民工=10.78%，第一代农民工=8.52%，$\chi^2=$

4.586*）这一目的上，新生代农民工的认可度更高。

新生代农民工与城市居民在择偶目的上还是呈现出显著的差异性，主要体现在对于延续爱情（新生代农民工＝36.43%，城市居民＝46.16%，χ^2＝45.37***）和男大当婚女大当嫁（新生代农民工＝26.46%，城市居民＝30.09%，χ^2＝7.547**）的目的上，均是新生代农民工的认可程度显著低于城市居民，而在生儿育女（新生代农民工＝26.32%，城市居民＝14.07%，χ^2＝103.25*）这样传统目的上新生代农民工的认可度高于城市居民。

（二）新生代农民工择偶行为

1. 新生代农民工择偶途径

（1）新生代农民工择偶途径的一般特点

从择偶途径看，本次调查显示908名已婚新生代农民工群体中有522名（57.49%）被调查者是通过自由恋爱的方式选择到自己的配偶，365名（40.20%）被调查者则通过相亲的方式择偶，而只有21名（2.31%）被试是通过媒介（网恋、征婚等）形式择偶。

再进一步从性别上对已婚新生代农民工的择偶途径进行分析，男女农民工在自由恋爱（女＝57.14%，男＝55.18%，χ^2＝1.37）、相亲（女＝40.76%，男＝41.45%，χ^2＝1.59）和选择媒介（女＝2.10%，男＝3.37%，χ^2＝2.18）上无显著差异，都超过半数通过自由恋爱的方式选择配偶。

（2）与第一代已婚农民工和城市已婚居民择偶途径的比较

新生代已婚农民工与第一代已婚农民工在择偶途径上呈现出显著的差异性，主要体现在新生代已婚农民工通过自由恋爱的方式（57.49%）选择配偶的比例显著高于第一代已婚农民工（41.56%），而在相亲这样传统的择偶方式上第一代已婚农民工的选择率（58.06%）显著高于新生代农民工（40.20%）。

新生代已婚农民工与城市已婚居民在择偶途径上也呈现出显著的差异性，主要体现在新生代已婚农民工通过自由恋爱的方式（57.49%）选择配偶的比例显著高于城市已婚居民（39.89%），而在相亲这样传统的择偶方式上城市已婚居民的选择率（57.71%）显著高于新生代农民工（40.20%）。

（3）新生代农民工择偶次数和择偶时间

本次调查通过"你谈过几次恋爱"和"你与配偶恋爱时间"两个问题来测量新生代已婚农民工择偶的次数和择偶的时间，同时与已婚农民工和城市已婚居民进行比较。调查结果显示，新生代已婚农民工不论在恋爱次数（新生代已婚农民工：1.96±1.55 次；第一代已婚农民工：1.54±1.21 次；$t=6.680^{***}$）和恋爱时间（新生代已婚农民工：2.38±2.04 年；第一代已婚农民工：1.54±1.21 年；$t=2.401^{**}$）都显著地多于第一代已婚农民工，但同时在恋爱次数（新生代已婚农民工：1.96±1.55 次；城市已婚居民：1.98±1.42 次；$t=-0.383$）和恋爱时间（新生代已婚农民工：2.38±2.04 年；第一代已婚农民工：2.45±2.17 年；$t=-1.086$）上与城市已婚居民较为一致，无显著差异。

（三）新生代农民工择偶观的影响因素分析

1. 新生代农民工择偶标准的影响因素分析

表 4—3 提供了新生代农民工择偶标准的多元 logistic 回归模型。由于因变量"择偶标准"是多分类变量，本研究将为新生代农民工择偶标准的生理因素参照比较模型，分别对新生代农民工择偶标准的社会因素和心理因素等影响因素进行分析。

表 4—3　新生代农民工择偶标准无序多分类 Logistic 回归模型

项目	社会因素标准 B	社会因素标准 EXP（B）	心理因素标准 B	心理因素标准 EXP（B）
个人特征因素				
年龄	0.023	1.023	-0.059**	0.943
性别（女）	-0.847***	0.429	-0.269*	0.764
受教育程度（大专及以上）				
初中及以下	-0.675*	0.509	-0.836***	0.433
高中或中专	-0.145	0.865	-0.484**	0.617
打工特征因素				
打工时间	0.015	1.015	0.056**	1.057

续表

项目	社会因素标准 B	社会因素标准 EXP（B）	心理因素标准 B	心理因素标准 EXP（B）
打工城市数量（5个及以上）				
1—2个	1.083*	2.952	0.709**	2.031
3—4个	1.090*	2.974	0.717**	2.048
打工后计划（不确定）				
回老家	0.308	1.361	0.377*	1.458
留城市	0.342	1.408	0.286*	1.332
打工月收入（4000元以上）				
少于3000元	-0.286	0.751	-0.061	0.940
3000—4000元	0.157	1.170	0.511***	1.667
婚姻特征因素				
结婚时间	0.010	1.010	-0.032	0.968
婚否（已婚）	0.407	1.503	-0.046	0.955
父母婚姻状态（初婚）	0.175	1.191	-0.002	0.998
父母婚姻满意度（不满意）				
满意	-0.125	0.883	-1.168***	0.311
一般	0.184	1.202	-0.046	0.955
择偶目的1：搭伙过日子（是）	-0.009	0.991	0.266*	1.305
择偶目的2：生儿育女（是）	-0.229	0.795	-0.025	0.975
择偶目的3：爱情（是）	-0.031	0.969	-0.121	0.886
择偶目的4：改变命运（是）	-0.440*	0.644	0.188	1.207
卡方值	\multicolumn{4}{c}{244.477***}
-2Log likelihood	\multicolumn{4}{c}{2871.796}
Cox&Snell R^2	\multicolumn{4}{c}{0.131}
Nagelkerke R^2	\multicolumn{4}{c}{0.157}

从参数的估计结果来看，个人特征因素、打工特征因素与婚姻特征因素均能显著影响新生代农民工的择偶标准。

首先，从个体特征来看，年龄、性别和受教育程度均能显著影响新生代农民工的择偶标准。[1] 男性新生代农民工在择偶时更在意对方的生理因素，而女性新生代农民工更在意对方的社会因素和心理因素。低文化水平的农民工更在意生理因素，而高文化水平的农民工更在意社会因素和心理因素。年长的农民工更注重配偶的生理因素，而年轻的农民工更在意对方的心理因素。

其次，从打工特征看，打工时间、打工城市数量、打工后计划和打工月收入均能显著影响新生代农民工择偶标准。务工城市频繁变动的新生代农民工更在意生理因素，而务工城市较为固定的农民工则更在意心理因素和社会因素。打工时间越长的个体越偏向心理因素。与今后人生规划不明确的农民工相比，有明确人生规划的农民工（不论是回老家还是留城市）更在意心理因素。收入水平较高的农民工也更在意心理因素。

最后，从婚姻特征看，那些认为择偶目的是改变命运的农民工在择偶时更在意对方的社会因素，而认为择偶目的是搭伙过日子的农民工在择偶时则会更在意对方的生理因素。值得一提的是，那些认为父母婚姻不满意的农民工在择偶时则会更在意对方的心理因素。

2. 新生代农民工择偶目的的影响因素分析

本研究分别对新生代农民工的搭伙过日子、生儿育女、延续爱情和改变命运四个目的的影响因素进行二元 logistic 回归分析。结果见表4—4。

表4—4　　新生代农民工择偶目的二元 Logistic 回归模型

项目	搭伙过日子 B	Exp（B）	生儿育女 B	Exp（B）	延续爱情 B	Exp（B）	改变命运 B	Exp（B）
个人特征因素								
性别（女）	0.345**	1.411	0.596***	1.814	-0.199*	0.819	-0.820***	0.440
年龄	-0.003	0.997	0.000	1.000	-0.002	0.998	0.015	1.015

---

[1] 吴新慧：《传统与现代之间——新生代农民工的恋爱与婚姻》，《中国青年研究》2011 第1期。许传新：《新生代农民工择偶标准及影响因素分析》，《南方人口》2013 年第3期。

续表

项目	搭伙过日子 B	Exp(B)	生儿育女 B	Exp(B)	延续爱情 B	Exp(B)	改变命运 B	Exp(B)
受教育程度（大专及以上）								
初中及以下	0.140	1.150	0.542***	1.720	-0.969***	0.379	0.192	1.211
高中或中专	0.025	1.025	0.362*	1.437	-0.490**	0.613	0.029	1.029
打工特征因素								
打工城市数量（5个及以上）								
1—2个	-0.182	0.834	0.277	1.319	-0.014	0.986	-0.289	0.749
3—4个	-0.270	0.763	0.313	1.367	-0.260	0.771	0.062	1.064
打工月收入（4000元以上）								
少于3000元	0.286*	1.330	-0.197	0.821	0.111	1.117	-0.208	0.812
3000—4000元	0.152	1.164	0.268*	1.307	-0.143	0.867	0.092	1.096
打工后计划（不确定）								
回老家	-0.145	0.865	0.359*	1.432	-0.351*	0.704	0.712**	2.037
留城市	0.134	1.144	0.232*	1.262	-0.391**	0.677	0.668***	1.950
打工时间	-0.011	0.989	-0.008	0.992	-0.011	0.989	-0.091**	0.913
婚姻特征因素								
婚否（已婚）	-0.144	0.866	0.012	1.012	-0.041	0.960	0.282	1.326
父母婚姻状态(初婚)	0.202	1.223	-0.031	0.970	-0.011	0.989	-0.172	0.842
父母婚姻满意度（不满意）								
满意	0.281	1.325	-0.933**	0.394	0.925***	2.523	-0.712*	0.491
一般	0.188	1.207	-0.315	0.730	0.475	1.607	-0.256	0.774

续表

项目	搭伙过日子		生儿育女		延续爱情		改变命运	
	B	Exp（B）	B	Exp（B）	B	Exp（B）	B	Exp（B）
结婚时间	-0.008	0.992	-0.054**	0.948	0.046**	1.047	0.008	1.008
择偶标准（心理因素）								
生理因素	0.289*	1.336	-0.023	0.977	-0.168	0.845	0.206	1.229
社会因素	0.304	1.356	0.259	1.296	-0.217	0.805	0.700**	2.013
常量	-0.939	0.391	-0.782	0.458	0.476	1.610	-1.286	0.276
卡方值	35.301**		168.411***		147.886***		102.710***	
-2 Log likelihood	2350.426		2231.866		2358.512		1446.751	
Cox&Snell R^2	0.019		0.089		0.078		0.057	
Nagelkerke R^2	0.026		0.121		0.105		0.097	

注：B：在其他条件不变的情况下，解释变量每改变一个单位，预测变量的平均变动量。

EXP（B）：在其他条件不变的情况下，解释变量（括号内变量）每改变一个单位，预测变量发生可能性的变化率。

从参数的估计结果来看，个人特征因素、打工特征因素与婚姻特征因素均能显著影响新生代农民工的择偶目的。

首先，从个体特征看，不同性别的新生代农民工在择偶目的有显著差异，女性更认为择偶的目的是延续爱情和改变命运，而男性更认为出于生儿育女和搭伙过日子这样传统目的。文化水平较低的新生代农民工对生儿育女这一目的认可度更高，对延续爱情这一目的的认可度则偏低；而文化水平高的新生代农民工的选择正好相反。

其次，从打工特征看，收入水平较低的新生代农民工更有可能择偶的目的是搭伙过日子。与今后人生规划不明确的农民工相比，有实际人生规划的农民工（不论是回老家还是留城市）更认可生儿育女或改变命运这类实际的择偶目的，而不认可是延续爱情这样的择偶目的。打工时间越短的个体越认可择偶可以改变命运。

最后，从婚姻特征看，那些认为父母婚姻满意的农民工更认可择偶是延续爱情，而那些认为父母婚姻不满意的农民工则更认可择偶生儿育女或改变命运这类实际的择偶目的。择偶标准也对择偶目的产生显著性的影响,认可生理因素标准的新生代农民工则认可择偶目的是搭伙过日子,而认可社会因素标准的新生代农民工则认可择偶目的是改变命运。

（四）新生代农民工择偶行为的影响因素分析

由于因变量择偶行为中的择偶途径、择偶次数和择偶时间是二分类变量,本研究分别对新生代农民工的择偶途径、择偶次数和择偶时间三个择偶行为的影响因素进行二元 logistic 回归分析。结果见表4—5。

表4—5　新生代农民工择偶行为的二元 Logistic 回归模型

项目	择偶时间 B	择偶时间 Exp（B）	择偶次数 B	择偶次数 Exp（B）	择偶途径 B	择偶途径 Exp（B）
个人特征因素						
性别（女）	-0.009	0.991	0.589**	1.803	0.014	1.014
年龄	0.038	1.039	-0.041	0.960	0.017	1.017
受教育程度（大专及以上）						
初中及以下	0.201	1.222	0.449*	1.566	-0.620***	0.538
高中或中专	0.441*	1.555	0.145	1.156	-0.311	0.733
打工特征因素						
打工城市数量（5个及以上）						
1—2个	0.304	1.355	-1.585***	0.205	0.240	1.271
3—4个	-0.217	0.805	-1.305***	0.271	0.671*	1.956
打工月收入（4000元以上）						
少于3000元	0.069	1.072	-0.340	0.711	0.206	1.228
3000—4000元	-0.180	0.836	-0.282	0.754	-0.138	0.871
打工后计划（不确定）						
回老家	-0.435*	0.647	0.281	1.325	0.087	1.090
留城市	0.219	1.245	0.239	1.270	-0.068	0.934

续表

项目	择偶时间 B	择偶时间 Exp（B）	择偶次数 B	择偶次数 Exp（B）	择偶途径 B	择偶途径 Exp（B）
打工时间	-0.022	0.978	-0.036	0.964	-0.010	0.990
婚姻特征因素						
父母婚姻状态（初婚）	0.641*	0.527	0.921*	0.398	0.225	1.252
父母婚姻满意度（不满意）						
满意	0.425	1.529	-0.830	0.436	-0.078	0.925
一般	0.433	1.541	-0.643	0.525	-0.106	0.899
常量	-1.313	0.269	1.947	7.010	-0.781	0.458
卡方值	50.525***		81.218***		35.341***	
-2 Log likelihood	1069.234		869.665		1185.035	
Cox&Snell R^2	0.060		0.087		0.039	
Nagelkerke R^2	0.081		0.133		0.052	

参数估计结果显示，个人特征因素、打工特征因素与婚姻特征因素均能显著影响新生代农民工的择偶行为。从个体特征看，与女性相比，男性新生代农民工更可能择偶次数更多。文化水平较低的新生代农民工不仅择偶次数更多，而且在择偶途径上更倾向自由恋爱；从打工特征看，务工城市较为固定的农民工择偶次数较少，在择偶途径上更倾向相亲或媒介；打算打工后准备回老家的新生代农民工在择偶时间上会更短；从父母的婚姻状态看，父母的婚姻状态不是初婚的，比如再婚或离异的，这些新生代农民工的择偶时间较长，同时择偶的次数会更多。

四　讨论

（一）新生代农民工择偶模式的特点的探讨

首先，在择偶标准中，心理因素和生理因素是新生代农民工在择偶时考虑的重点，而社会因素放在最后，该研究结果与以往的结果比较一致。① 这进一步说明流入城市对新生代农民工的择偶观起到了再社会化的作用。从性别角度看,新生代农民工择偶标准存在显著的性别差异。男性相对更看重身高相貌和年龄等外在条件以及是否对自己好等心理感受,而女性则相对更看重对方的能力才华等内在条件以及经济和住房等社会条件。这一点也在随后的回归分析中得到了验证,性别显著影响新生代农民工择偶标准。现有的研究表明,性别是影响新生代农民工择偶标准最重要的个人特征变量,女性农民工更在意对方是否拥有的实际资源和潜在资源,而男性农民工择偶标准会更在意自己的感受和女性拥有的外在吸引力。这在一定程度上说明新生代女性农民工阅历与社会经验的增长,其择偶观趋于成熟,务实性取向明显。从代际角度看,主要表现新生代农民工比第一代农民工更在乎身高相貌、性格品质和两人感情等,而第一代农民工更在乎身体健康和经济条件。这在一定程度上说明新生代农民工择偶过程中重视个人感受,择偶标准的现代性倾向比较明显。而年龄较大的第一代农民工择偶时则注重务实性,择偶标准的实用性倾向比较明显。同时,从城乡角度看,新生代农民工和城市居民的择偶标准较为接近,这一结果进一步验证了新生代农民工正从传统的择偶观向现代的择偶观转变,已具有一定的现代特征。

其次,从择偶目的看,新生代农民工依次选择为延续爱情、男大当婚女大当嫁、生儿育女和改变命运。上述结果表明"加深感情"在新生代农民工群体中得到了普遍赞同,体现了择偶目的的现代性特征比较强;同时"男大当婚,女大当嫁""生儿育女"等传统性色彩较浓的目的也约有1/4的群体选择,说明青年农民工的择偶目的呈现传统性和现代性双重特性。从性别角度看,不同性别的新生代农民工择偶目的存在差异,即女性对于加深感情和改变命运的目的的认可程度显著高于男性[2],而在生儿育女这样传统目的上男性的认可度高于女性,体现了男性的"家本位"的思想。这一点也在随后的回归分析中得到了验证。从代际角度看,

---

① 许传新:《新生代农民工择偶标准及影响因素分析》,《南方人口》2013年第3期。
② 郭显超:《青年农民工的社会资本对择偶模式的影响研究》,博士学位论文,西南财经大学,2013年。

新生代农民工和第一代农民工的择偶目的较为一致，只有在改变命运这一目的上，新生代农民工的认可度更高。说明新生代农民工的择偶目的主要还是延续了上一代的观念，这一点在城乡差异分析中进一步体现，新生代农民工与城市居民在择偶目的上呈现出显著的差异性，新生代农民工对于加深感情这一目的的认可程度显著低于城市居民，而在生儿育女这样传统目的上新生代农民工的认可度高于城市居民。上述结果说明在择偶目的上，传统观念仍在新生代农民工中占主导地位。

再次，从择偶途径分析，新生代农民工依次选择次数排行分别为自由恋爱、相亲和通过媒介（网恋、征婚等）形式进行择偶。男女农民工都超过半数通过自由恋爱的方式选择配偶。说明该群体在择偶方式上表现出较强的自主性和独立性。同时这一比例也显著高于第一代农民工，而在相亲这样传统的择偶方式上第一代已婚农民工的选择率显著高于新生代农民工。这一结果与新生代农民工易接受新的生活方式的特性密切相关。[1] 同时，本研究还发现新生代农民工通过自由恋爱的方式选择配偶的比例显著高于城市已婚居民，而在相亲这样传统的择偶方式上城市居民的选择率显著高于新生代农民工。对于新生代农民工而言，一方面，进入城市后所接受的以自由恋爱为主流价值观，已经深刻地影响了他们传统的婚恋观念和婚恋行为。另一方面，新生代农民工由于常年生活在城市里，已脱离了以婚姻介绍为依托的传统熟人婚恋场域，因此新生代农民工比城市居民更加倾向于将自由恋爱作为其择偶的主要方式。

最后，新生代已婚农民工不论在恋爱次数和恋爱时间上都显著的多于第一代已婚农民工，但同时与城市已婚居民较为一致，无显著差异。这一研究结果也进一步证明了新生代农民工的择偶行为具有一定的现代特征。

（二）新生代农民工择偶模式的影响因素的探讨

我们的研究结果发现，个人特征因素、打工因素、婚姻因素显著影响着新生代农民工的择偶模式。

---

[1] 王亚萍、毕兰凤：《妇女家庭角色认知与人口外出流动的相关性分析——以安徽省肥东县王村为例》，《辽宁行政学院学报》2012年第6期。

1. 个人特征因素、打工因素、婚姻因素影响新生代农民工择偶观

（1）个人特征因素、打工因素、婚姻因素影响新生代农民工择偶标准

首先，从个体特征看，年龄、性别和受教育程度显著影响新生代农民工择偶标准。低文化水平的农民工在择偶时更在意生理因素，而高文化水平的农民工更在意社会因素和心理因素。可见，文化水平在一定程度上影响着新生代农民工的择偶，文化水平越高，接触到的人和物越接近城市居民，其思想更加现代化，在择偶方面更多地考虑个人的情感需要和经济状况。在年龄因素方面，年长的农民工更注重配偶的生理因素，而年轻的农民工更在意对方的心理因素，这也进一步说明，随着城市化进程的发展，青年农民工思想更加现代化，与年纪较大的农民工相比，他们更加注重彼此是否合适和感情好不好，更加突出人品的吸引和共同志趣等心理因素。

其次，从打工特征看，务工城市频繁变动的新生代农民工更在意生理因素，而务工城市较为固定的农民工则更在意心理因素和社会因素。这也说明，随着务工城市慢慢固定的新生代农民工，生活也更加稳定，其在择偶时会受到周边环境的影响，相较于农村老家，其择偶观念逐渐向城市靠拢，与务工城市频繁变动的新生代农民工相比，他们在择偶时会考虑对方的经济状况、彼此感情这些更城市化的因素，也即更在意对方的心理和社会因素。打工时间越长、收入水平较高、有明确人生规划的农民工（不论是回老家还是留城市）越在意心理因素。以往研究也发现，外出务工时间长的新生代农民工择偶时更看重双方的相容性，也就是性格脾气相投、兴趣爱好相似、生活习惯相容与思想观念接近因素[①]，这与我们研究结果相似，即打工时间长者更偏向心理因素。这在一定程度上说明务工时间长的新生代农民工择偶标准更为现代，更考虑双方在一起的感情、兴趣爱好等因素。高收入和有明确人生规划的农民工更在意心理因素，这也说明了新生代农民工从农村走向城市务工的过程中，他们的经济条件有所提高，接触到了不同于农村的思维模式和文化习俗，思想也更加现代化，在择偶时开始注重彼此感情、性格等心理因素。

---

① 许传新：《新生代农民工择偶标准及影响因素分析》，《南方人口》2013年第3期。

最后,从婚姻特征看,那些认为择偶目的是改变命运的农民工在择偶时更在意对方的社会因素,而认为择偶目的是搭伙过日子的农民工在择偶时则会更在意对方的生理因素。可见,择偶目的会显著影响新生代农民工的择偶标准,为了改变命运而择偶的农民工,往往更需要经济支持,所以住房、职业、经济条件这些社会因素会是其首要考虑因素,而为了搭伙过日子的农民工,在择偶时更多受"男大当婚,女大当嫁"传统思想影响,当达到结婚年龄时,更多为了搭伙过日子,也相对更容易看重身高、年龄等这些生理条件,思想也更加传统化。值得一提的是,那些认为父母婚姻不满意的农民工在择偶时则会更在意对方的心理因素;那些认为父母婚姻满意的农民工更认可择偶是延续爱情。父母的婚姻在一定程度上会影响未来子女择偶的选择,父母婚姻幸福的家庭,氛围和谐,子女也相对更加幸福快乐,所以他们在择偶时受父母影响,更多是为了延续爱情。

(2) 个人特征因素、打工因素、婚姻因素影响新生代农民工择偶目的

首先,从个体特征看,文化水平较低的新生代农民工对生儿育女这一目的认可度更高,对延续爱情这一目的的认可度则偏低;而文化水平高的新生代农民工的选择正好相反。这一研究结论与之前相关研究结果一致,受教育程度高的个体,其择偶目的更倾向于相亲相爱、追求人间真情。[1] 文化水平的高低,在一定程度上决定了人们的思维方式和接触的人、物,文化水平较高的新生代农民工,在城市务工的过程中,相对来说地位更高、工作较好,接触的环境也较低文化水平的农民工更好,他们有自己的人生规划和追求,受现代化思想影响,他们更加渴望找个彼此聊得来、有感情的人,而不是传统的为了生儿育女去择偶。

其次,从打工特征看,收入水平较低的新生代农民工择偶的目的更有可能是搭伙过日子。收入水平较低的农民工,受自身思维和眼界的影响,他们的思想还较传统,更加认可传统的生儿育女、搭伙过日子这种目的。同时自身经济收入有限,存在自卑心理,对他们来说,

---

[1] 叶妍、叶文振:《流动人口的择偶模式及其影响因素——以厦门市流动人口为例》,《人口学刊》2005年第3期。

择偶是为了找个伴，为以后传宗接代、延续香火做准备。与今后人生规划不明确的农民工相比，有实际人生规划的农民工更认可生儿育女或改变命运这类实际的择偶目的。他们在择偶时会更加理性，而不是追求感性因素。打工时间越短的个体更认可择偶可以改变命运。打工时间较短的个体，他们离开过农村，到城市务工，接触到了新的环境和文化，择偶观念也受到了影响，但是由于务工时间短，自身社会地位和经济收入的不稳定，存在一定的认知偏差，认为找个好人家就能够改变自己的命运。

最后，从婚姻特征看，那些认为父母婚姻满意的农民工更认可择偶是延续爱情，而那些认为父母婚姻不满意的农民工则更认可生儿育女或改变命运这类实际的择偶目的。成长于父母婚姻不满意的家庭，从小在父母的教育下，这部分农民工的思想观念在很大程度上还会受到父母影响，受传统生儿育女婚姻观念影响，所以，他们在择偶时既想要找个对自己好的、性格合适的，同时受家庭教育影响，也会把生儿育女或改变命运当作自己的择偶目的。择偶标准也对择偶目的产生显著性的影响，认可生理因素标准的新生代农民工则认可择偶目的是搭伙过日子，而认可社会因素标准的新生代农民工则认可择偶目的是改变命运。在择偶时更多考虑经济、住房、工作等社会因素的农民工，婚恋有时候会成为他们获取社会地位、改善生活条件的捷径。在他们印象中，择偶就是为了过上更好的生活，从而改变自己的命运。对于比较看重身高外貌的这些农民工，他们的思想也更加传统化，更多是为了找个人过日子。

2. 个人特征因素、打工因素、婚姻因素影响新生代农民工择偶行为

从个体特征看，与女性相比，男性新生代农民工更可能在择偶次数上更多。上述结果在一定程度上由生理特征决定，男性的生理特征决定了其在交往过程中往往是主动和占据主动地位的；男女在性别上的失衡直接导致了男性在婚姻市场上的被动地位，找对象难的现实迫使他们更加努力争取，而女性选择余地较大，对待两性问题也更加谨慎和保守，所以男性相对来说择偶次数更多。文化水平较低的新生代农民工不仅择偶次数更多，而且在择偶途径上更倾向自由恋爱。文化水平较低的农民工，表现为更多的择偶次数和追求自由恋爱。这与之前文化水平更高的

农民工越追求择偶自主不太一致①，我们推测这一结果可能是因为，由农村走向城市务工的过程中，他们自身文化水平较低，择偶较为困难和恋爱短暂，并且受城市化自由恋爱为主流价值观影响，渴望向城市靠拢。同时，由于常年生活在城市里，他们已脱离了以婚姻介绍为依托的传统熟人婚恋场域，因此表现出更加追求自由恋爱和多次择偶的现代化观念。

从打工特征看，务工城市较为固定的农民工择偶次数较少，在择偶途径上更倾向相亲或媒介。务工城市较为固定的农民工，相对来说交际圈狭窄，接触到的人一般是务工中认识的或者是老乡；务工城市较为固定，也说明了他们思想相对保守，追求平稳的心态，这也体现在恋爱上。对于他们来说，也更倾向于相亲和媒介。打算打工后准备回老家的新生代农民工在择偶时间上会更短。这类农民工相对来说对家乡还比较依恋，在他们看来，城市可能不能给予太多的归属感，最后还是得回归家乡，在择偶上，他们也不倾向于长时间恋爱，可能合适就结婚，不合适就分手。

从父母的婚姻状态看，父母的婚姻状态不是初婚的，比如再婚或离异的，这些新生代农民工的择偶时间较长，同时择偶的次数会更多。从上述研究结果可以看出，父母婚姻状态在一定程度上影响着子女未来择偶选择，受父母再婚或离异的影响，子女在择偶次数上相较于稳定的家庭会呈现择偶次数更多、择偶时间长的特点，他们在择偶时会考虑较多因素，也会受家庭影响，担心对方不好，通过多次择偶来选择更适合自己的。

第二节 新生代农民工的婚姻模式研究

一 引言

成家和立业是个体青年时期最为重要的任务，而婚姻是家庭产生的基础。个体的婚姻模式的选择与其婚姻质量、家庭稳定性有着内在的逻辑联系。婚姻模式主要包括婚姻观和婚姻行为。其中婚姻观是指个人对

---

① 叶妍、叶文振：《流动人口的择偶模式及其影响因素——以厦门市流动人口为例》，《人口学刊》2005年第3期。

婚姻及相关问题的基本认识和主观看法，包含着认知、情感等成分，是一种具有评价性的内部心理倾向，且在长时间内不易发生。婚姻行为是指是人们在婚姻关系中所表现出的行为。婚姻观是内在的看法，婚姻行为是对婚姻观的外显表现。

农民工是中国社会急剧转型过程中产生的特殊群体，二元化的户籍制度、城市融入等因素改变着其传统意义上的婚姻模式，特别是对于正处于婚恋黄金时期的新生代农民工群体来说。现有有关新生代农民工婚姻模式的研究还不多，主要集中在对新生代农民工婚姻模式的特点和影响因素的研究上。研究表明新生代农民工在城市化进程中，其原有的传统婚姻观和婚姻行为也发生改变，其婚姻模式呈现出了由传统性向现代性过渡的特征[1]，例如由于受到户籍制度与城乡二元社会结构的影响，新生代农民工在城市务工并不能完全实现家庭化迁移，这就导致了新生代农民工的婚姻存在性别、代际与流动模式的差异，且婚姻存在较大的不稳定性。[2] 学者主要从新生代农民工的个人特征和家庭背景两个方面对新生代农民工婚姻模式的影响因素进行了探讨，其中，个人特征包括了年龄、性别、受教育程度等，家庭背景则包括了家庭经济条件、父母受教育程度等。例如吴瑞君研究发现，农民工的初婚年龄与性别、户籍属性、受教育程度存在显著相关性，具有较高文化程度，即受过高等教育的农民工群体的平均初婚年龄明显大于低文化程度者，呈现出明显的晚婚倾向。[3] 从光静等学者对336名新生代农民工的婚姻观进行调研，结果显示影响新生代未婚农民工婚恋观的因素受经济文化水平、社会保障意识等因素的影响。[4] 已有文献为进一步探索新生代农民工的婚恋提供了重要借

---

[1] 梁土坤：《可行能力视角下新生代农民工婚姻状况及影响因素研究》，《安徽师范大学学报》（人文社会科学版）2019年第3期。许传新：《新生代农民工择偶标准及影响因素分析》，《南方人口》2013年第3期。

[2] 李卫东：《人口流动背景下农民工婚姻稳定性的影响因素分析》，《人口与发展》2018年第6期。李卫东、罗志华：《人口流动背景下如何提升农民工婚姻稳定性》，《中国人口报》2019年1月10日第3版。

[3] 吴瑞君：《流动人口的婚姻模式及其影响因素——基于2012年上海流动人口动态监测数据的分析》，《中国城市研究》2015年第1期。

[4] 从光静、聂琴情、张大庆等：《新生代未婚农民工发展状况探讨——基于婚姻观及影响因素调查》，《江苏科技信息》2014年第10期。

鉴，有利于我们从动态上把握新生代农民工的婚姻模式的特征。然而，相关结论也并不一致，同时对于新生代农民工所特有因素，例如流动经历等对婚姻模式的影响还有待实证检验。

基于上述分析，本书以新生代农民工为主要调查对象，以第一代农民工和城市居民为比较对象，分析其婚姻模式现状，探讨新生代农民工婚姻观和婚姻行为的代际和城乡差异性，并在此基础上对新生代农民工的婚姻模式的影响因素进行重点探讨。

二 数据来源、变量界定及方法

（一）数据来源

见第三章第一节的数据来源和第三章第二节样本基本情况。

（二）因变量

1. 婚姻观

婚姻观是指个人对婚姻及相关问题的认识和看法。本研究从婚姻角色观、离婚观、婚姻自主观和婚外恋观对新生代农工的婚姻观进行调查。其中婚姻角色观是通过"您对于婚姻中角色的期望是①男主女辅，②女主男辅，③相辅相成，④无所谓"这一问题进行调查；离婚观是指个人对离婚的观念，本次调查主要通过"您对离婚的看法是①快乐就好，想离就离；②矛盾无法调解，可以接受离婚；③不管怎样，都不会离婚"这一问题进行调查；婚姻自主观主要指个体是否主张自主选择对象的自由，本次调查主要通过"您的婚姻大事是由①自己做主，②父母做主"这一问题进行调查。

对新生代农民工婚姻观的影响因素进行探讨时，重点对婚姻观的婚姻角色观和婚姻自主观进行分析。其中在建立新生代农民工婚姻自主观的影响因素的实证模型的时候，将婚姻自主观转为一个二分类变量，并对其进行赋值，自己做主＝0，父母做主＝1；在建立新生代农民工婚姻角色的影响因素的实证模型的时候，将婚姻角色观转为一个四分类变量，并对其进行赋值，男主女辅＝1，女主男辅＝2，相辅相成＝3，无所谓＝4。

2. 婚姻行为

本研究从婚姻状态、夫妻生活模式、婚姻持续时间、婚外恋行为和初婚年龄对新生代农工的婚姻行为进行调查。其中婚姻状态是通过"您目前的婚姻状态是①初婚，②非初婚"这一问题进行调查；夫妻生活模式是通过"您的生活模式是①两地分居，②在一起生活"这一问题进行调查；婚姻持续时间是通过"您目前结婚已有几年？①1—10年，②10年及以上"这一问题进行调查；婚外恋行为是通过"您是否有过婚外恋行为？①没有，②有"这一问题进行调查；初婚年龄是通过"您是什么时候结婚的？①22岁及以下，②23—27岁，③28岁及以上"这一问题进行调查。

本次对新生代农民工婚姻行为的影响因素进行探讨时，重点对夫妻生活模式和初婚年龄进行分析。其中在建立新生代农民工夫妻生活模式的影响因素的实证模型的时候，将夫妻生活模式转为一个二分类变量，两地分居＝1，在一起生活＝0。在建立新生代农民工初婚年龄的影响因素的实证模型的时候，将初婚年龄转为一个三分类变量，并对其进行赋值，22岁及以下＝1，23—27岁＝2，28岁及以上＝3。

（三）自变量

1. 个人特征因素

主要包括性别（0＝女，1＝男）、年龄和文化程度（1＝初中及以下，2＝高中，3＝大专、本科及以上）。

2. 打工特征因素

主要包括打工月收入（少于3000元＝1，3000—4000元＝2，4000元以上＝3）、打工时间、打工城市数量、打工后的人生规划（1＝回农村，2＝留城市，3＝不确定）。

3. 婚姻特征因素

父母的婚姻状态（0＝初婚，1＝非初婚）、父母的婚姻满意度（1＝满意，2＝一般，3＝不满意）。

4. 其他因素

在分析中，本节参考已有的实证研究，根据每个因变量的特点，将其他一些可能影响该因变量的因素选择作为该因变量的特定的自变量。

（四）质量控制和统计分析

首先，采用基本描述性统计方法对被试的基本特征进行分析，再利用卡方检验分别与第一代农民工和城市居民进行对比，揭示新生代农民工婚姻模式的变化趋势及具体特征。其次，基于上述理论假设，建立以新生代农民工婚姻角色观、初婚年龄为因变量的无序多分类 Logistic 回归模型，和建立以婚姻自主观和夫妻生活模式的为因变量的二元 Logistic 回归模型，分别对其影响因素进行实证分析和理论解析。

三 研究结果

(一) 新生代农民工婚姻观

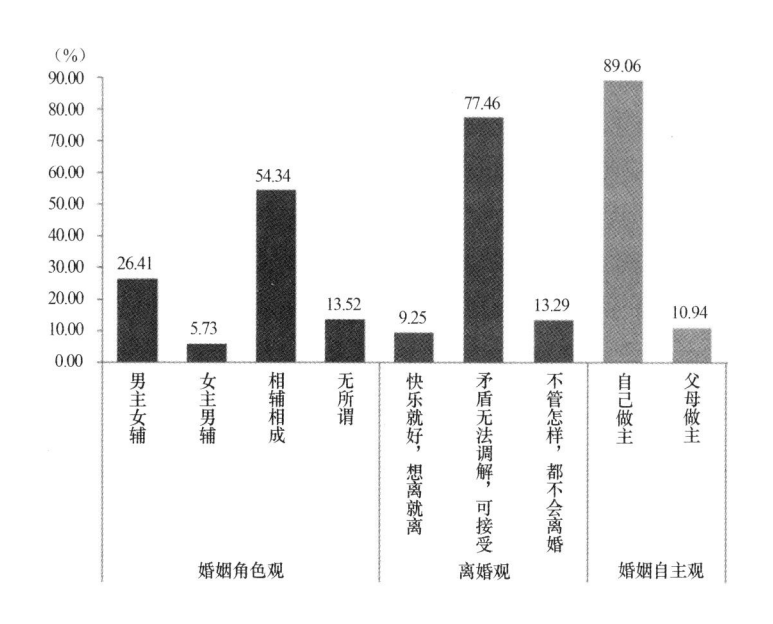

1. 新生代农民工婚姻观的一般特点

从总体上看（具体见图 4—1），首先，超过半数的新生代农民工赞成在婚姻中夫妻双方应"相辅相成"。其次，在离婚观上，大多数新生代农民工持理智离婚观，即认为若夫妻矛盾无法调解，可以接受离婚。最后，在婚姻自主观上，绝大多数新生代农民工主张自己在婚姻选择上拥有自主权。

各项数据：男主女辅 26.41%，女主男辅 5.73%，相辅相成 54.34%，无所谓 13.52%（婚姻角色观）；快乐就好，想离就离 9.25%，矛盾无法调解，可接受 77.46%，不管怎样，都不会离婚 13.29%（离婚观）；自己做主 89.06%，父母做主 10.94%（婚姻自主观）。

图 4—1 新生代农民工婚姻观的一般特点

从男女性别上看（具体见表 4—6），超过 1/3 的男性持"男主女辅"的婚姻角色观，赞成"女主男辅"观点的比重显著小于女性新生代农民工的比重，仅为4.02%。在离婚观上，女性持理智离婚观的比例显著高于男性，而高达16.81%的男性农民工持有坚决不离婚的观念。

表4—6　　新生代农民工婚姻观的性别差异分析

婚姻观		女农民工 n(%)		男农民工 n(%)		差异检验 卡方值
婚姻角色观	男主女辅	179	18.47%	355	33.94%	61.773***
	女主男辅	74	7.64%	42	4.02%	12.159**
	相辅相成	599	61.82%	493	47.13%	43.694***
	无所谓	117	12.07%	156	14.91%	3.463
离婚观	快乐就好，想离就离	84	8.69%	104	9.88%	0.846
	矛盾无法调解，可接受	792	81.90%	772	73.31%	21.273***
	不管怎样，都不会离婚	91	9.41%	177	16.81%	23.979***
婚姻自主观	自己做主	834	86.51%	962	91.36%	12.101*
	父母做主	130	13.49%	91	8.64%	

注：因存在缺省值，表格中总人数与样本总数不等，百分比以表中实际人数为准，下同。

从婚姻状态看（具体见表4—7），已婚新生代农民工和未婚新生代农民工在婚姻观上的差异主要体现在婚姻自主观上，高达92.06%的未婚农民工主张婚姻应自己做主，这一比例显著高于已婚农民工。

表4—7　　新生代已婚农民工和新生代未婚农民工在婚姻观的差异分析

婚姻观		未婚农民工 n(%)		已婚农民工 n(%)		差异检验 卡方值
婚姻角色观	男主女辅	324	28.50%	211	23.73%	5.820
	女主男辅	64	5.63%	52	5.85%	0.045
	相辅相成	588	51.72%	513	57.71%	7.215*
	无所谓	161	14.16%	113	12.71%	0.896

续表

婚姻观		未婚农民工		已婚农民工		差异检验
		n	(%)	n	(%)	卡方值
离婚观	快乐就好，想离就离	101	8.86%	87	9.75%	0.476
	矛盾无法调解，可接受	888	77.89%	686	76.91%	0.280
	不管怎样，都不会离婚	151	13.25%	119	13.34%	0.004
婚姻自主观	自己做主	1032	92.06%	775	85.35%	23.168***
	父母做主	89	7.94%	133	14.65%	

2. 与第一代已婚农民工的婚姻观比较

表4—8展示了两代农民工在婚姻观上的差异。首先，第一代农民工持赞成"女主男辅"观点的比重显著小于新生代农民工的比重，仅为3.14%。其次，在离婚观上，高达26.81%的第一代农民工仍支持传统离婚观，表示坚决不离婚。再次，在婚姻自主观上，新生代农民工更主张自己在婚姻选择上拥有自主权，而第一代农民工持保守态度，更加主张传统的家长式包办婚姻方式。

表4—8　新生代农民工和第一代农民工在婚姻观的差异分析

婚姻观		新生代农民工		第一代农民工		差异检验
		n	(%)	n	(%)	卡方值
婚姻角色观	男主女辅	535	26.41%	240	22.86%	4.623*
	女主男辅	116	5.73%	33	3.14%	10.008**
	相辅相成	1101	54.34%	578	55.05%	0.138
	无所谓	274	13.52%	199	18.95%	15.660***
离婚观	快乐就好，想离就离	188	9.25%	66	6.27%	8.135**
	矛盾无法调解，可接受	1574	77.46%	704	66.92%	39.892***
	不管怎样，都不会离婚	270	13.29%	282	26.81%	86.202***
婚姻自主观	自己做主	1807	89.06%	828	76.81%	81.992***
	父母做主	222	10.94%	250	23.19%	

3. 与城市居民的婚姻观比较

表4—9展示了新生代农民工与城市居民在婚姻观上的差异。从表中明显看出，在婚姻角色观、离婚观和婚姻自主观上，新生代农民工与城市居民无显著差异。

表4—9　新生代农民工和城市居民在婚姻观的差异分析

婚姻观		新生代农民工		城市居民		差异检验
		n	(%)	n	(%)	卡方值
婚姻角色观	男主女辅	535	26.41%	423	28.03%	1.156
	女主男辅	116	5.73%	69	4.57%	2.318
	相辅相成	1101	54.34%	856	56.73%	1.987
	无所谓	274	13.52%	161	10.67%	6.532*
离婚观	快乐就好，想离就离	188	9.25%	128	8.52%	0.565
	矛盾无法调解，可接受	1574	77.46%	1203	80.09%	3.556
	不管怎样，都不会离婚	270	13.29%	171	11.38%	2.862
婚姻自主观	自己做主	1807	89.06%	1320	87.13%	3.112
	父母做主	222	10.94%	195	12.87%	

（二）新生代农民工婚姻行为

1. 已婚新生代农民工婚姻行为的一般特点

从婚姻行为看（具体见图4—2），首先，本次调查的新生代农民工群体非初婚率为3.41%，其中，离婚率为2.95%，离婚率总体水平较高。其次，在夫妻生活模式上，约80%农民工选择家庭化流动，即与配偶一起流动并生活在一起。再次，新生代农民工存在一定比例婚外恋行为，约为8%。最后，超一半已婚新生代农民工初婚年龄集中在23—27岁之间。

2. 与第一代已婚农民工的婚姻行为的比较

表4—10展示了两代农民工在婚姻行为上的差异。在非初婚比例和婚姻持续时间上，新生代已婚农民工显著低于第一代已婚农民工，这与两代人的年龄差异是紧密相连的。值得一提的是，在初婚年龄上，低于22岁结婚的第一代已婚农民工的比例显著高于新生代已婚农民工的比例。

第四章 新生代农民工的婚育模式 / 79

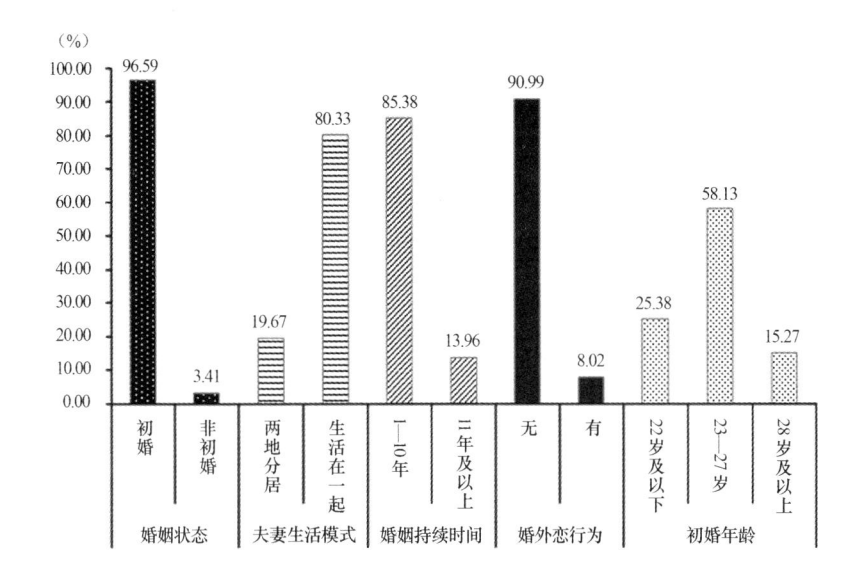

图4—2 新生代农民工婚姻行为的一般特点

表4—10　新生代已婚农民工和第一代已婚农民工在婚姻行为的差异分析

婚姻行为		新生代农民工 n (%)	第一代农民工 n (%)	差异检验 卡方值
婚姻状态	初婚	879　96.59%	982　92.82%	13.572**
	非初婚	31　3.41%	76　7.18%	
夫妻生活模式	两地分居	179　19.67%	224　21.17%	0.677
	在一起生活	731　80.33%	834　78.83%	
婚姻持续时间	1—10年	777　85.38%	129　12.19%	1054.932***
	11年及以上	127　13.96%	916　86.58%	
婚外恋行为	没有	828　90.99%	976　92.25%	1.018
	有	73　8.02%	61　5.77%	
初婚年龄	22岁及以下	231　25.38%	337　31.85%	9.968**
	23—27岁	529　58.13%	556　52.55%	6.158**
	28岁及以上	139　15.27%	141　13.33%	1.521

3. 与城市居民的婚姻行为的比较

表4—11展示了新生代农民工与城市居民在婚姻观上的差异。从表中明显看出，新生代已婚农民工两地分居的比例显著高于城市居民，而低于22岁结婚的新生代已婚农民工的比例显著高于城市已婚居民的比例。

表4—11　新生代已婚农民工和与城市居民在婚姻行为的差异分析

婚姻行为		新生代农民工		城市居民		差异检验
		n	(%)	n	(%)	卡方值
婚姻状态	初婚	879	96.59%	669	93.57%	8.127**
	非初婚	31	3.41%	46	6.43%	
夫妻生活模式	两地分居	179	19.67%	52	7.27%	50.466***
	在一起生活	731	80.33%	658	92.03%	
婚姻持续时间	1—10年	777	85.38%	411	57.48%	158.554***
	11年及以上	127	13.96%	304	42.52%	
婚外恋行为	没有	828	90.99%	662	92.59%	1.343
	有	73	8.02%	53	7.41%	
初婚年龄	22岁及以下	231	25.38%	52	7.27%	91.325***
	23—27岁	529	58.13%	521	72.87%	38.024***
	28岁及以上	139	15.27%	130	18.18%	2.450

（四）新生代农民工婚姻角色观的影响因素分析

1. 新生代农民工婚姻角色观的影响因素分析

表4—12提供了新生代农民工婚姻角色观的多元Logistic回归模型。由于因变量"婚姻角色观"是多分类变量，本书将为新生代农民工婚姻角色观的"无所谓"作为参照比较模型，分别对新生代农民工婚姻角色观的男主女辅、女主男辅和相辅相成影响因素进行分析。

从参数的估计结果看，个人特征因素、打工特征因素和婚姻特征因素对新生代农民工的婚姻角色观有显著影响。

首先，从个体特征看，年龄、性别对新生代农民工婚姻角色观都有显著的影响。具体分析如下，男性新生代农民工对女主男辅和相辅相成的婚姻角色观倾向否定的态度。这一点也体现在年长的农民工身上，他们也更为赞成男主女辅的婚姻角色观。

表4—12　　　　新生代农民工婚姻角色观无序多分类 Logistic 回归模型

项目	男主女辅 B	男主女辅 Exp（B）	女主男辅 B	女主男辅 Exp（B）	相辅相成 B	相辅相成 Exp（B）
个人特征因素						
年龄	0.056*	1.058	0.079	1.082	0.018	1.018
性别（女）	0.261	1.299	-1.057***	0.348	-0.0613***	0.542
受教育程度（大专及以上）						
初中及以下	0.373	1.452	0.498	1.645	-0.159	0.853
高中或中专	0.135	1.145	0.232	1.261	-0.198	0.820
打工特征因素						
打工时间	-0.043	0.958	-0.004	0.996	0.158***	0.854
打工城市数量（5个及以上）						
1—2个	0.128	1.137	-0.177	0.838	0.019	1.019
3—4个	0.273	1.314	0.238	1.269	0.035	1.036
打工月收入（4000元以上）						
少于3000元	0.483*	0.617	-0.570	0.566	-0.067	0.935
3000—4000元	-0.211	0.810	0.080	1.083	-0.349	0.706
打工后计划（不确定）						
回老家	0.332	1.394	0.984**	2.674	0.397*	1.488
留城市	0.471*	1.602	0.886**	2.425	0.197	1.218
婚姻特征因素						
结婚时间	-0.066**	0.936	-0.049	0.952	-0.070**	0.933
婚否（已婚）	-0.115	0.891	-0.523	0.593	-0.518*	0.596
父母婚姻状态（初婚）	0.357	1.430	0.710*	2.034	-0.207	0.813
父母婚姻满意度（不满意）						
满意	0.501	1.650	-0.001	0.999	0.545	1.725
一般	0.386	1.471	0.648	1.911	0.431	1.539
择偶标准（心理因素）						

续表

项目	男主女辅 B	男主女辅 Exp（B）	女主男辅 B	女主男辅 Exp（B）	相辅相成 B	相辅相成 Exp（B）
生理因素	-0.264	0.768	0.321	1.379	-0.588***	0.555
社会因素	-0.106	0.900	-0.075	0.928	-1.337**	0.263
卡方值	\multicolumn{6}{c}{282.439}
-2 Log likelihood	\multicolumn{6}{c}{3853.390}
Cox&Snell R^2	\multicolumn{6}{c}{0.141}
Nagelkerke R^2	\multicolumn{6}{c}{0.157}

其次，从打工特征看，打工时间、打工月收入和打工后计划对新生代农民婚姻角色观都有显著的影响。具体分析如下，打工时间越长的个体越倾向夫妻之间相辅相成。与今后人生规划不明确的农民工相比，有明确人生规划的农民工（不论是回老家还是留城市）更支持女主男辅。收入水平较高的农民工也更倾向男主女辅。

最后，从婚姻特征看，已婚群体更支持夫妻之间相辅相成，结婚时间越长的越支持男主女辅或相辅相成的婚姻角色观；同时那些认为择偶标准在意心理因素的个体在婚姻角色观上则会更倾向于相辅相成的夫妻角色。

2. 新生代农民工婚姻自主观的影响因素分析

由于因变量婚姻自主观是二分类变量，本研究对其影响因素进行二元 Logistic 回归分析。结果见表4—13。

表4—13　新生代农民工婚姻自主观的二元 Logistic 回归模型

项目	B	Exp（B）
个人特征因素		
性别（女）	-0.421**	0.657
年龄	0.012	1.012
受教育程度（大专及以上）		
初中及以下	0.085	1.089

续表

项目	B	Exp（B）
高中或中专	−0.116	0.891
打工特征因素		
打工时间	−0.022	0.978
打工月收入（4000元以上）		
少于3000元	0.011	1.011
3000—4000元	0.107	1.112
打工后计划（不确定）		
回老家	0.017	1.017
留城市	−0.570**	0.565
打工城市数量（5个及以上）		
1—2个	−0.005	0.995
3—4个	−0.149	0.862
婚姻特征因素		
父母婚姻状态（初婚）	0.367	1.443
父母婚姻满意度（不满意）		
满意	0.064	1.066
一般	0.082	1.085
婚否（已婚）	−0.596**	0.551
择偶标准（心理因素）		
生理因素	0.523**	1.687
社会因素	1.097***	2.996
卡方值		69.137***
−2 Log likelihood		1239.859
Cox&Snell R^2		0.036
Nagelkerke R^2		0.072

从参数的估计结果来看，与女性相比，男性新生代农民工更赞成婚姻自己做主。从打工特征看，有意向留在城市的新生代农民工更赞成婚姻自己做主。从婚姻特征因素看，未婚的新生代农民工也倾向婚姻自主，

这一倾向也体现在那些在择偶标准上重视心理因素的个体。

3. 新生代农民工初婚年龄的影响因素分析

表4—14提供了新生代农民工初婚年龄的多元Logistic回归模型。本研究将新生代农民工初婚年龄27岁以上的作为参照比较模型，分别对新生代农民工初婚年龄在22岁及以下和23—27岁两个年龄段影响因素进行分析。

表4—14　新生代农民工初婚年龄的多元Logistic回归模型

项目	22岁及以下 B	22岁及以下 EXP（B）	23—27岁 B	23—27岁 EXP（B）
个人特征因素				
年龄	−0.411***	0.663	−0.239***	0.787
性别（女）	−1.800***	0.165	−1.147***	0.318
受教育程度（大专及以上）				
初中及以下	3.324***	27.776	1.689***	5.415
高中或中专	2.138***	8.479	0.994**	2.701
打工特征因素				
打工城市数量（5个及以上）				
1—2个	0.278	1.320	0.425	1.529
3—4个	1.236*	3.441	1.128**	3.090
打工时间	0.159***	1.172	0.044	1.045
打工后计划（不确定）				
回老家	0.116	1.123	0.125	1.134
留城市	−0.290	0.748	0.158	1.171
打工月收入（4000元以上）				
少于3000元	1.338***	3.811	0.970**	2.639
3000—4000元	1.668***	5.302	1.435***	4.200
婚姻特征因素				
父母婚姻状态（初婚）	0.845	2.329	−0.047	0.954
父母婚姻满意度（不满意）				
满意	1.433*	4.190	1.851**	6.365
一般	1.761*	5.818	2.227**	9.271

续表

项目	22 岁及以下		23—27 岁	
	B	EXP（B）	B	EXP（B）
卡方值	368.002			
-2 Log likelihood	1290.768			
Cox&Snell R^2	0.341			
Nagelkerke R^2	0.401			

从参数的估计结果看，个人特征因素、打工因素和婚姻因素对新生代农民工的初婚年龄有显著影响。首先，从个人特征看，年龄、性别和受教育程度对新生代农民工初婚年龄都有显著的影响。具体分析如下：与女性农民工相比，男性初婚的年龄偏晚；受教育程度也与初婚年龄紧密联系，文化水平越低的新生代农民工越倾向早结婚。其次，从打工特征看，务工城市处于3—4个的新生代农民工倾向在适龄年龄阶段结婚，而务工城市更换较为频繁的新生代农民工则倾向晚婚。打工收入水平处于中低水平的新生代农民工倾向早婚或适龄阶段结婚。最后从婚姻特征看，父母婚姻满意度较高或一般的农民工也倾向早婚或适龄阶段结婚。

4. 新生代农民工夫妻生活模式的影响因素分析

本研究分别对新生代农民工的夫妻生活模式的影响因素进行二元Logistic回归分析。结果见表4—15。

表4—15　新生代农民工夫妻生活模式的二元Logistic回归模型

项目	B	Exp（B）
个人特征因素		
性别（女）	0.391*	1.478
年龄	-0.001	0.999
受教育程度（大专及以上）		
初中及以下	0.406	1.500
高中或中专	0.199	1.220
打工特征因素		

续表

项目	B	Exp（B）
打工时间	-0.032	0.968
打工城市数量（5个及以上）		
1—2个	-0.216	0.806
3—4个	-0.030	0.971
打工后计划（不确定）		
回老家	0.524	1.689
留城市	0.236	1.266
打工月收入（4000元以上）		
少于3000元	0.322	1.379
3000—4000元	0.027	1.028
婚姻特征因素		
父母婚姻状态（初婚）	1.253***	3.500
父母婚姻满意度（不满意）		
满意	0.753	2.123
一般	0.753	2.124
结婚时间	-0.039	0.962
自己婚姻满意度（不满意）		
满意	-1.967***	0.140
一般	-1.148**	0.317
择偶途径	0.535**	1.707
卡方值		83.224
-2 Log likelihood		790.172
Cox&Snell R^2		0.089
Nagelkerke R^2		0.143

从上述参数的估计结果来看，与女性农民工相比，男性农民工更倾向选择两地分居，同时父母婚姻是非初婚的新生代农民工也更倾向选择两地分居，但那些自己婚姻满意度较高或一般的农民工则更倾向和配偶一起流动，生活在一起。

四 讨论

(一) 新生代农民工婚姻模式的特点的探讨

在婚姻观上,超过半数的新生代农民工赞成在婚姻中夫妻双方应"相辅相成"、持理智离婚观、主张婚姻自主权。这一研究结果和以往的研究结果一致。[①] 例如,张静对 285 名广东佛山女性农民工的婚姻观进行的问卷调查结果显示,超过 80% 的调查对象认为婚恋对象应由自己决定。上述研究结果说明了从整体上看新生代农民工的婚姻观可以说是积极的,其婚姻角色观正从传统的男性优势角色模式向现代的男女平等角色模式转换,同时婚姻观现代性增强,追求婚姻自主的愿望不断增强。从性别角度看,新生代农民工婚姻观存在显著的性别差异,男性农民工的婚姻观更为男权主义,无法接受女性主导的婚姻角色观念。女性的婚姻观则具有现代性和理性,例如其持理智离婚观的比例显著高于男性。婚姻观是一个群体价值观的侧面反映,在城镇化进程中,女性农民工的收入提高、经济条件改善、在家庭和社会中的经济地位提升,完成了从"女农民"到"女农民工"身份的转变。这就促使原来家庭阶层认同和个人阶层认同较低的女性更多地倾向于选择"男女平等"的现代婚姻观,而家庭阶层认同和个人阶层认同较高的男性农民工仍更多地倾向于选择以男性为主导地位的传统婚姻观。从婚姻状态看,未婚新生代农民工更加主张婚姻自主性,说明越年轻的新生代农民工追求婚姻自主的愿望越强烈,这也反映了更新一代的农民工对于实现婚姻自由以及命运自主的人生观的认同[②]。从代际角度看,新生代农民工与第一代农民工在婚姻观上呈现出显著的代际差异。在婚姻角色观、离婚观和婚姻自主观上,第一代农民工更为保守和传统,而新生代农民工则具有现代性。上述研究结果证实了新生代农民工婚姻观正经历从传统向现代转变,婚姻观的现代性增强。而从城乡角度看,新生代农民工和城市居民的婚姻观并无显著差异。

---

① 张静:《80 后女性农民工的婚恋观及其教育研究》,硕士学位论文,湖南师范大学,2010 年。郭立场:《新生代农民工婚恋问题及对策》,《宜宾学院学报》2013 年第 1 期。

② 曹锐:《现代性与传统影响下的当代青年婚恋观——基于阶层认同的解释》,《青年探索》2015 年第 3 期。

这一结果表明长期在城镇务工的现状使新生代农民工的婚姻观与城市居民更为接近。

从婚姻行为看,已婚新生代农民工的整体婚姻稳定性明显低于全国平均水平。第六次人口普查数据显示,我国城市居民和农村居民2016年离婚率分别为2.9%和1.39%。本次调查的新生代农民工群体非初婚率为3.41%,其中离婚率为2.95%,远高于上述群体。现有的研究一致表明,由于在人口流动的背景下,农民工比城市居民面临多层次和多类型威胁婚姻不稳定的因素,其婚姻存在较高的不稳定性。值得一提的是在夫妻生活模式上,约80%新生代农民工选择家庭化流动,即与配偶一起流动并生活在一起,这一比例与陶然等学者在12个城市对1953名农民工的调查结果较为接近,该调查结果表明约78%的农民工是夫妻或恋人生活在一起的。[①] 与第一代农民工相比,新生代农民工的流动模式发生变化,从单独流动转向夫妻共同流动模式。例如2015年中国家庭发展报告显示流动家庭平均户规模为2.59人。2人户中夫妻共同流动的占81.7%,3人户中夫妻携子女共同流动的占84.7%。从代际角度上看,在非初婚比例、婚姻持续时间和初婚年龄上,新生代已婚农民工都显著低于第一代已婚农民工,这与两代人的年龄差异是紧密相连的。同时也说明与第一代农民工相比,新生代农民工结婚时间后移。从城乡角度看,新生代已婚农民工两地分居的比例显著高于城市居民,而低于22岁结婚的新生代已婚农民工的比例显著高于城市居民的比例。这与农民工自身的流动性和婚姻观念仍具有的传统性是紧密相连的。

(二)新生代农民工婚姻模式的影响因素的探讨

我们的研究结果发现,个人特征因素、打工因素、婚姻因素显著影响着新生代农民工的择偶模式。这些因素具体分为:个人特征因素主要包括性别、年龄和受教育程度;打工特征因素主要包括打工月收入、打工时间、打工城市数量、打工后的人生规划;婚姻特征因素包括父母婚姻状态、父母婚姻满意度。

[①] 廖庆忠、曹广忠、陶然:《流动人口生育意愿、性别偏好及其决定因素——来自全国四个主要城市化地区12城市大样本调查的证据》,《人口与发展》2012年第1期。

1. 新生代农民工婚姻观相关因素分析

(1) 新生代农民工婚姻角色观相关因素分析

首先，从个体特征看，男性新生代农民工对女主男辅和相辅相成的婚姻角色观倾向持否定态度，年长的农民工也更加赞成男主女辅的婚姻角色观。这一结论与婚姻角色观的性别差异结果一致，说明与女性农民工相比，男性农民工的婚姻角色观更为传统，不太能接受女性主导的婚姻角色观念。

其次，从打工特征看，打工时间越长的个体越倾向夫妻之间相辅相成，这说明打工时间较长的农民工，受城市化进程影响较大，流动经历使得他们的思想更加现代化，也更赞成夫妻之间相互扶持。有明确人生规划的农民工更支持女主男辅，思想也更加现代化，较易接受女主男辅这种思想。

最后，从婚姻特征看，已婚群体、结婚时间越长、认为择偶标准在意心理因素的个体在婚姻角色观上则会更倾向于相辅相成的夫妻角色。已婚群体和结婚时间较长的，对于他们来说，已经经历了婚姻生活的磨合，会更加明白夫妻之间的相处之道，知道夫妻之间需要相辅相成、互帮互助。而在择偶时更在意心理因素的群体，更加认可双方互帮互助、相辅相成。可见，新生代农民工的婚姻角色观正从传统的男性优势角色模式向现代的男女平等角色模式转换。

(2) 新生代农民工婚姻自主观相关因素分析

在婚姻自主观上，与女性相比，男性新生代农民工更赞成婚姻自己做主。女性较多受传统思想影响，因此婚姻大事更多听从父母。有意向留在城市、未婚、在择偶时注重心理因素的新生代农民工也更赞成婚姻自己做主。受现代化思想的影响，具有这些特征的农民工，受流动经历影响，思想更加现代化，更加追求城市的自由恋爱和自由婚姻，更愿意选择和自己合得来、感情好的配偶，而不是传统上仅仅考虑金钱、家庭这些方面选择的配偶，也更愿意自己去找，而不是听从父母安排。

2. 新生代农民工婚姻行为相关因素分析

(1) 新生代农民工初婚年龄相关因素分析

首先，从个人特征看，与女性农民工相比，男性初婚的年龄偏晚，一是受国家法律规定影响，国家规定男性结婚年龄不得早于22周岁，女性不得早于20周岁；二是也间接说明了婚姻挤压问题存在于新生代农民工群体中。相关研究也表明，相较于新生代男性农民工，女性农民工已婚概率显著高于男性。① 值得一提的是文化水平越低的新生代农民工越倾向早结婚，其平均初婚年龄低于文化程度较高的农民工群体，也就是说，接受过高等教育的农民工群体具有明显的晚婚倾向。② 研究显示，教育使受教育者进入婚姻市场的时间得以延迟，但也降低了其婚姻匹配失败的概率。③

其次，从打工特征看，务工城市处于3—4个的新生代农民工倾向在适龄年龄阶段结婚，而务工城市更换较为频繁的新生代农民工则倾向晚婚。这与之前的研究结果相一致④，有研究也发现，打工城市越多的农民工结婚年龄越晚。务工城市的频繁变动，使农民工眼界更加宽广，见识到不同的人和物，思想更加现代化，家乡观念淡薄，也更倾向于晚婚。打工收入水平处于中低水平的新生代农民工倾向早婚或适龄阶段结婚。收入水平较低的农民工，受经济条件差、社会地位低的影响，对自己相对没自信，存在自卑感，倾向于传统"男大当婚，女大当嫁"的思想，更加认同在合适的年纪找个人过日子。

最后，从婚姻特征看，父母婚姻满意度较高或一般的农民工倾向早婚或适龄阶段结婚。父母的婚姻在一定程度上会影响到未来子女婚姻的选择，而父母婚姻满意度较高，在这种家庭氛围下成长起来的孩子，相对比较幸福，对婚姻也更加认同，所以受父母影响，他们可能倾向于选择早婚或者合适年龄阶段结婚。

（2）新生代农民工夫妻生活模式相关因素分析

在夫妻生活模式上，父母婚姻是非初婚的新生代农民工更倾向选择两地分居，但那些自己婚姻满意度较高或一般的农民工则更倾向和配偶一起流动，生活在一起。这说明，父母婚姻也在一定程度上影响子女，父母婚姻不幸福的家庭，子女容易受家庭氛围影响，对待感情没有那么重视，也更易选择两地分居。但那些自己婚姻满意度较高或一般的农民

---

① 于潇、祝颖润、阚兴龙：《中国男性婚姻挤压城乡差异研究》，《人口研究》2019年第4期。

② 吴瑞君：《流动人口的婚姻模式及其影响因素——基于2012年上海流动人口动态监测数据的分析》，《中国城市研究》2015年第1期。

③ 梁土坤：《可行能力视角下新生代农民工婚姻状况及影响因素研究》，《安徽师范大学学报》（人文社会科学版）2019年第3期。

④ 曹锐：《新生代农民工婚恋模式初探》，《南方人口》2010年第5期。

工则更倾向和配偶一起流动，生活在一起。新生代农民工由于外出务工，其经济水平大幅度提升，其婚姻期待的满足度高于城市居民，对婚姻较为积极，与伴侣一起生活较为满意，因此也更喜欢和配偶一起活动。

第三节　新生代农民工的生育模式研究

一　引言

生育，是个体繁衍和抚育的结合，是家庭功能的完善和家族的延续，同时也是社会结构的完整和继替。作为农民工主力的新生代农民工现正处于婚恋和生育的高峰期，其生育模式不仅会影响到流入地城市的人口规模、人口结构、经济发展等，也会对"全面二孩"政策的实施、中国城镇化的发展质量以及人口的可持续发展产生重要的影响。①

生育模式主要包括生育观、生育态度和生育行为。② 生育观是一种人们应对生育问题的主观观念，其核心内容就是生育意愿，主要包括对生育数量的看法和有关子女性别的看法。宏观上，生育观反映了社会的生育文化；微观上，体现出个体在生育行为上的主观选择。个体的生育行为是其生育观的外在表现，包含着个体的生育选择、生育决定乃至生育的结果。

新生代农民工从农村流入城市的过程，实际上就是一个城市适应的过程。面对着城市现代文化的冲击，新生代农民工的文化适应随着流入时间的推移而逐步提高，其生育模式也随之发生了改变。现有关于新生代农民工的研究大多是对其生育意愿或生育行为的特点进行描述性的分析，研究结果并不一致。例如，梁如彦和马宏宇在2014年对515名合肥地区的农民工的生育意愿和生育行为进行调查，结果显示农民工的生育意愿不够强烈、生育行为不够积极，性别偏好弱化，他们更加重视自身的生存和发展的需要。③ 又如梁土坤等人对1590名新生代农民工的生育意愿进行调研，研究结果显示，新生代农民工的生育意愿趋近于新生代城—城流动人口，相比

---

① 梁土坤：《二律背反：新生代农民工生育意愿的变化趋势及其政策启示》，《北京理工大学学报》（社会科学版）2019年第3期。
② 郭亚楠：《生育意愿视角下的生育政策分析》，《黑河学刊》2011年第12期。
③ 梁如彦、马宏宇：《农民工生育意愿与生育行为研究——基于合肥市调查数据》，《山西农业大学学报》（社会科学版）2015年第6期。

于老一代农民工显著降低。而其他学者研究得出不同的结果，认为新生代农民工的生育意愿还是普遍较强，男孩偏好表现仍然明显。廖庆忠等学者以国内12个大、中、小型城市中的2397名农民工群体为调查样本，对其生育意愿进行调查研究，发现在城市与农村生育观的双重影响之下，农民工群体的生育意愿表现出双向特征，且其与城市居民并不存在生育数量上的差异。[1] 也有一些学者从农民工的性别、年龄、经济收入、文化水平等个人特征因素对新生代农民工的生育模式的影响因素进行了研究。[2] 但这些研究中还存在需要完善的地方，例如绝大部分研究的数据样本量较少，且具有浓厚的地域色彩，主要是由于这些研究的取样基本来源于某一区域、某一城市或某一省份[3]，同时也缺少比较的对象，难以全面地反映中国新生代农民工生育模式的全貌。其次，对于影响新生代农民工影响因素主要是对其个人的人口学因素的分析，而且新生代农民工的流动性特征和家庭特征的探讨较少，有待进一步拓展范围和探索。

基于上述分析，本研究以新生代农民工为调查对象，以第一代农民工和城市居民为比较对象，分析其生育模式现状，探讨新生代农民工生育观和生育行为的代际和城乡差异性，并在此基础上，重点对新生代农民工生育模式的影响因素进行实证分析。

二 数据来源、变量界定及方法

（一）数据来源

见第三章第二节数据来源。

（二）因变量

1. 生育观

生育观是指个人对生育及相关问题的认识和看法。本研究从意愿生

---

[1] 廖庆忠、曹广忠、陶然：《流动人口生育意愿、性别偏好及其决定因素——来自全国四个主要城市化地区12城市大样本调查的证据》，《人口与发展》2012年第1期。

[2] 于爱华、刘华：《全面二孩新政下新生代农民工二孩生育意愿及影响因素分析》，《黑龙江农业科学》2019年第8期。张露露：《新生代农民工"二孩"生育意愿与生育行为研究——基于河南省南阳市H镇的调研分析》，《河南理工大学学报》（社会科学版）2016年第3期。

[3] 梁土坤：《二律背反：新生代农民工生育意愿的变化趋势及其政策启示》，《北京理工大学学报》（社会科学版）2019年第3期。

育子女性别、意愿生育子女数量和生育性别偏好对生育观进行调查。其中意愿生育子女性别是通过"如果不考虑生育政策和其他条件，您认为您想生①儿子，②女儿，③儿女双全"这一问题进行调查；意愿生育子女数量是通过"如果不考虑生育政策和其他条件，您认为您想生①1个孩子及以下，②2个孩子，③3个及以上的孩子"这一问题进行调查；生育性别偏好是"通过如果只允许生育1个孩子，您希望孩子的性别是①男孩，②女孩，③无所谓"这一问题进行调查。

本次对新生代农民工生育观的影响因素进行探讨时，其中在建立意愿生育子女性别的影响因素的实证模型的时候，将该因变量转为一个3分类变量，并对其进行赋值，儿子＝1，女儿＝2，儿女双全＝3；在建立意愿生育子女数量的影响因素的实证模型的时候，将该因变量转为一个3分类变量，并对其进行赋值，1个孩子及以下＝1，2个孩子＝2，3个及以上的孩子＝3。在建立生育性别偏好的影响因素的实证模型的时候，将该因变量转为一个3分类变量，并对其进行赋值，儿子＝1，女儿＝2，无所谓＝3。

2. 生育行为

本研究从实际生育子女性别、实际生育子女数量和实际初育年龄三个方面对新生代农工的生育行为进行调查。其中实际生育子女性别是通过"您现在孩子的性别是①没有生育，②女孩，③男孩，④有儿有女"这一问题进行调查；实际生育子女数量是通过"您现在有①没有生育孩子，②1个孩子，③2个孩子，④3个及以上的孩子"这一问题进行调查；实际初育年龄是通过"您生第一个孩子的年龄是①22岁以下，②22—27岁，③28岁及以上"这一问题进行调查。

本次对新生代农民工婚姻行为的影响因素进行探讨时，重点对实际生育子女数量和实际初育年龄进行分析。其中在建立新生代农民工实际生育子女数量影响因素的实证模型的时候，将该因变量转为一个三分类变量，并对其进行赋值，没有生育孩子＝1，1个孩子＝2，2个及以上的孩子＝3；在建立新生代农民工实际初育年龄影响因素的实证模型的时候，将该因变量转为一个三分类变量，并对其进行赋值，22岁以下＝1，22—27岁＝2，28岁及以上＝3。

（三）自变量

1. 个人特征因素

主要包括性别（0＝女，1＝男）、年龄和文化程度（1＝初中及以下，2＝高中，3＝大专、本科及以上）。

2. 打工特征因素

主要包括打工月收入（少于3000元＝1，3000—4000元＝2，4000元以上＝3）、打工时间、打工城市数量、打工后的人生规划（1＝回农村，2＝留城市，3＝不确定）。

3. 婚姻特征因素

父母的婚姻状态（0＝初婚，1＝非初婚）、父母的婚姻满意度（1＝满意，2＝一般，3＝不满意）。

4. 其他因素

在分析中，本节参考已有的实证研究，根据每个因变量的特点，将其他一些可能影响该因变量的因素选择作为该因变量的特定的自变量。

（四）统计分析

首先，采用基本描述性统计方法对被试的基本特征进行分析，再利用卡方检验与第一代农民工和城市居民进行对比，揭示新生代农民工生育模式的变化趋势及具体特征。其次，利用无序多分类 Logistic 回归模型和二元 Logistic 回归模型，对新生代农民工的生育模式的影响因素进行实证分析和理论解析。

三　研究结果

（一）新生代农民工生育观

1. 新生代农民工生育观的一般特点

首先，在不限制生育数量的前提下，接近90%的新生代农民工希望儿女双全。其次，约81%的农民工认为生育两个孩子比较理想。最后，在如果只能生一个孩子的前提下，超半数新生代农民工无明显生育性别偏好，不过生育男孩的偏好比重仍显著高于女孩。

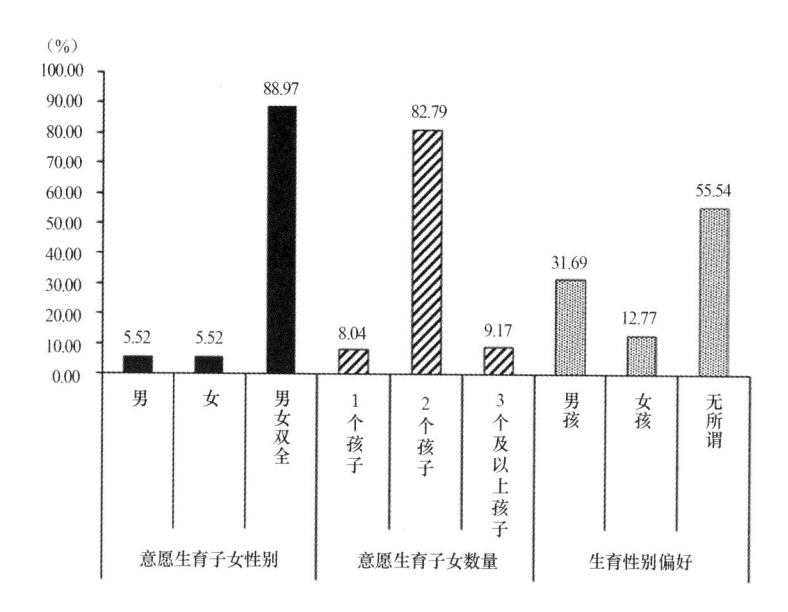

图4—3　新生代农民工生育观的一般特点

2. 与第一代农民工的生育观比较

表4—16展示了两代农民工在生育观上的差异。首先，在不限制生育数量的前提下，大多数调查对象希望儿女双全，值得一提的是新生代农民工希望只是女孩的比例显著高于第一代农民工。其次，在意愿生育子女数量上，第一代农民工想生3个及以上的孩子的个体比例显著高于新生代农民工。最后，从生育性别偏好来看，新生代农民工对女孩的偏好比例显著高于第一代农民工。

表4—16　新生代农民工和第一代农民工在生育观的差异分析

生育观		新生代农民工		第一代农民工		差异检验
		n	（%）	n	（%）	卡方值
意愿生育子女性别	男孩	114	5.52%	63	5.81%	0.118
	女孩	114	5.52%	33	3.04%	9.762*
	有儿有女	1839	88.97%	988	91.14%	3.642

续表

生育观		新生代农民工 n (%)		第一代农民工 n (%)		差异检验 卡方值
意愿生育子女数量	1个及以下孩子	163	8.04%	78	7.20%	0.480
	2个孩子	1679	82.79%	859	79.24%	1.789
	3个及以上孩子	186	9.17%	147	13.56%	15.662***
生育性别偏好	男孩	655	31.69%	354	32.66%	0.306
	女孩	264	12.77%	65	6.00%	34.913***
	无所谓	1148	55.54%	665	61.35%	9.816*

3. 与城市居民的生育观比较

表4—17展示了新生代农民工与城市居民在生育观上的差异。首先，在不限制生育数量的前提下，城市居民希望只是男孩的比例显著高于新生代农民工。其次，在意愿生育子女数量上，新生代农民工想生3个及以上的孩子的个体比例显著高于城市居民，城市居民希望只生1个或不生的比例约为14%，显著高于新生代农民工。最后，从生育性别偏好看，在如果只能生1个孩子的前提下，城市居民对女孩的偏好比例显著高于新生代农民工。

表4—17　新生代农民工和城市居民在生育观的差异分析

生育观		新生代农民工 n (%)		城市居民 n (%)		差异检验 卡方值
意愿生育子女性别	男孩	114	5.52%	150	8.67%	13.648***
	女孩	114	5.52%	87	5.71%	0.064
	有儿有女	1839	88.97%	1286	85.62%	9.022*
意愿生育子女数量	1个及以下孩子	163	8.04%	213	13.99%	34.795***
	2个孩子	1679	82.79%	1250	82.07%	0.418
	3个及以上孩子	186	9.17%	60	3.94%	35.161***

续表

生育观		新生代农民工 n (%)		城市居民 n (%)		差异检验 卡方值
生育性别偏好	男孩	655	31.69%	411	26.99%	9.287*
	女孩	264	12.77%	294	19.30%	28.500***
	无所谓	1148	55.54%	818	53.71%	1.185

(二) 新生代农民工生育行为

1. 新生代农民工生育行为的一般特点

首先，新生代农民工仍主要生育了1个孩子，这主要与新生代农民工的年龄差异密不可分。其次，新生代农民工仅有男孩的比重最大。最后，约40%的新生代农民工生育年龄集中在23—27岁。

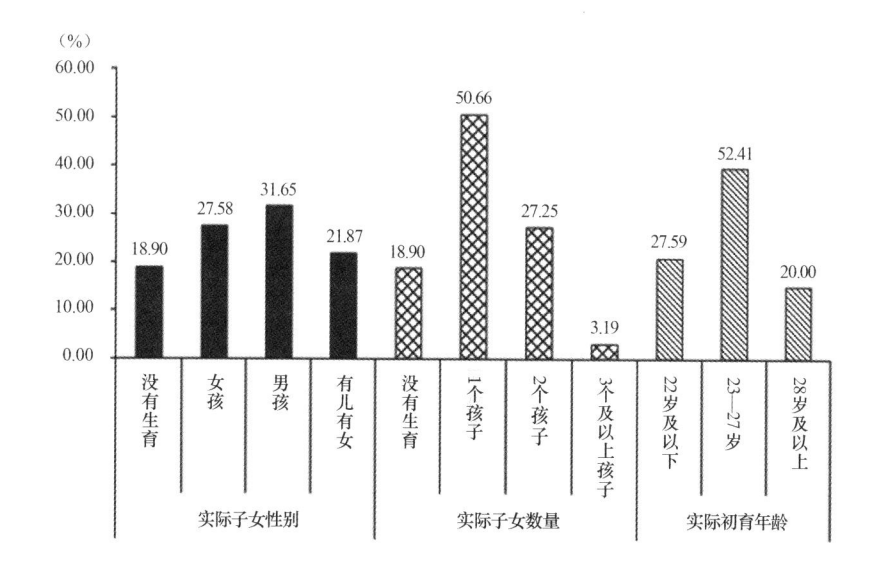

图4—4 新生代农民工生育行为的一般特点

2. 与第一代农民工的生育行为比较

表4—18展示了两代农民工在生育观上的差异。首先，第一代农民工大多已生育了2个或以上的孩子，而新生代农民工仍主要生育了

1个孩子，这种差异与两代农民工的年龄差异密不可分。其次，第一代农民工中有儿有女的比重最大，而仅有女孩的比重最小；新生代农民工仅有男孩的比重最大。最后，大多数农民工生育年龄集中在23—27岁。

表4—18　新生代农民工和第一代农民工生育行为的差异分析

生育行为		新生代农民工		第一代农民工		差异检验
		n	(%)	n	(%)	卡方值
实际生育子女性别	没有生育	172	18.90%	17	1.61%	168.547***
	女孩	251	27.58%	192	18.15%	24.967***
	男孩	288	31.65%	346	32.70%	0.249
	有儿有女	199	21.87%	503	47.54%	140.534***
实际生育子女数量	没有生育	172	18.90%	17	1.61%	168.547***
	1个孩子	461	50.66%	382	36.11%	42.316***
	2个孩子	248	27.25%	554	52.36%	127.756***
	3个及以上孩子	29	3.19%	105	9.92%	34.999***
实际初育年龄	22岁及以下	189	27.59%	200	21.05%	1.074
	23—27岁	359	52.41%	583	61.37%	61.37***
	28岁及以上	137	20.00%	167	17.58%	0.199

3. 与城市居民的生育行为比较

表4—19展示了新生代农民工的生育行为与城市居民生育行为的差异。首先，新生代农民工儿女双全的比例显著高于城市居民。其次，在实际生育子女数量上，新生代农民工生3个及以上孩子的比例显著高于城市居民，城市居民生1个孩子的比例最高，约为63%，显著高于新生代农民工。最后，从实际初育年龄来看，城市居民的实际初育年龄为23岁以上的比例比新生代农民工要高。

表4—19　　　新生代农民工和城市居民生育行为的差异分析

生育行为		新生代农民工 n（%）		城市居民 n（%）		差异检验 卡方值
实际生育子女性别	没有生育	172	18.90%	130	18.18%	0.137
	女孩	251	27.58%	209	29.23%	0.536
	男孩	288	31.65%	275	38.46%	8.209*
	有儿有女	199	21.87%	101	14.13%	15.944***
实际生育子女数量	没有生育	172	18.90%	130	18.18%	0.137
	1个孩子	461	50.66%	449	62.80%	23.941***
	2个孩子	248	27.25%	124	17.34%	22.277***
	3个及以上孩子	29	3.19%	12	1.68%	3.705
实际初育年龄	22岁及以下	189	27.59%	29	5.40%	96.288***
	23—27岁	359	52.41%	363	67.60%	20.776***
	28岁及以上	137	20.06%	145	27.00%	7.621*

（三）新生代农民工生育观的影响因素分析

表4—20提供了新生代农民工生育观的多元Logistic回归模型。其中因变量"意愿生育子女性别"是多分类变量，本研究将为新生代农民工意愿生育子女性别的"儿女双全"作为参照比较模型，分别对新生代农民工意愿生育子女性别的男孩和女孩的影响因素进行分析；因变量"意愿生育子女数量"是多分类变量，本研究将为新生代农民工意愿生育子女数量的"3个及以上"作为参照比较模型，分别对新生代农民工意愿生育子女数量的1个及以下和2个孩子的影响因素进行分析；因变量"生育性别偏好"是多分类变量，本研究将为新生代农民工生育性别偏好的"无所谓"作为参照比较模型，分别对新生代农民工生育性别偏好的男孩和女孩的影响因素进行分析。

从参数的估计结果来看，个人特征因素、打工因素和婚姻因素对新生代农民工的生育观有显著影响。

首先，对新生代农民工的意愿生育子女性别的影响因素进行分析，与追求儿女双全的农民工相比，那些年长的、收入水平较高的、择偶目的是生儿育女的、结婚较晚的新生代农民工则更愿意生男孩；女性、打算留在城市的新生代农民工则更愿意生女孩。

表4-20　新生代农民工生育观多分类 Logistic 回归模型

项目	意愿生育子女性别 男孩 B	Exp(B)	女孩 B	Exp(B)	意愿生育子女数量 1个及以下 B	Exp(B)	2个 B	Exp(B)	生育性别偏好 男孩 B	Exp(B)	女孩 B	Exp(B)
个人特征因素												
年龄	0.253**	0.776	-0.129	0.879	-0.251**	0.778	-0.077	0.926	0.016	1.016	-0.018	0.982
性别（女）	0.678*	1.970	-0.999**	0.368	-1.033*	0.356	-0.875**	0.417	0.684***	1.202	-0.659**	0.517
受教育程度（大专以上）												
初中及以下	0.650	1.916	0.043	1.043	-0.460	0.631	-0.358	0.699	0.379	1.461	-0.446	0.640
高中或中专	0.670*	1.954	0.154	1.167	0.191	1.210	0.278	1.320	0.271	1.311	-0.588*	0.555
打工时间	0.138	1.148	0.050	1.051	0.100	1.105	0.010	1.010	-0.034	0.966	-0.001	0.999
打工城市数量（5个及以上）												
1~2个	1.026	2.790	1.712	5.537	1.396*	4.040	0.618**	1.856	0.050	1.051	-0.106	0.900
3~4个	1.053	2.865	1.847	6.344	0.861	2.366	0.174	1.191	0.141	1.152	-0.748**	0.473
打工月收入（4000元以上）												
少于3000元	-0.122	0.885	0.715	2.044	-0.237	0.789	-0.284	0.753	-0.692**	0.500	0.168	1.183
3000~4000元	-1.683*	0.186	0.462	1.588	-0.664	0.515	-0.443	0.642	-0.768**	0.464	-0.245	0.783
打工后计划（不确定）												

续表

项目	意愿生育子女性别 男孩 B	意愿生育子女性别 男孩 Exp(B)	意愿生育子女性别 女孩 B	意愿生育子女性别 女孩 Exp(B)	意愿生育子女数量 1个及以下 B	意愿生育子女数量 1个及以下 Exp(B)	意愿生育子女数量 2个 B	意愿生育子女数量 2个 Exp(B)	生育性别偏好 男孩 B	生育性别偏好 男孩 Exp(B)	生育性别偏好 女孩 B	生育性别偏好 女孩 Exp(B)
回老家	-0.567	0.567	0.428	1.535	-0.396	0.673	-0.104	0.901	-0.147	0.863	0.490	1.994
留城市	-0.010	0.990	0.761*	2.140	0.383	1.466	-0.049	0.952	0.120	1.127	0.942**	2.566
婚姻特征因素												
结婚时间	0.025	1.025	0.039	1.040	-0.017	0.983	0.007	1.007	0.034	1.034	-0.078	0.925
父母婚姻状态（初婚）	1.243*	3.464	0.294	1.342	0.529	1.697	0.096	1.100	0.201	1.223	0.497	1.643
择偶目的1：搭伙过日子（是）	-0.664	0.515	0.083	1.087	-0.305	0.737	0.119	1.127	-0.482**	0.618	-0.255	0.775
择偶目的2：生儿育女（是）	0.910*	2.485	0.405	1.499	0.805*	2.237	0.113	1.120	0.485**	0.616	0.186	1.204
择偶目的3：爱情（是）	0.684	1.983	-0.207	0.813	-0.070	0.932	-0.355	0.701	0.362	1.437	-0.326	0.722

续表

项目	意愿生育子女性别				意愿生育子女数量						生育性别偏好			
	男孩		女孩		1个及以下		2个				男孩		女孩	
	B	Exp (B)	B	Exp (B)	B	Exp (B)	B	Exp (B)			B	Exp (B)	B	Exp (B)
择偶目的4: 改变命运(是)	0.101	1.107	0.602	1.826	-0.463	0.630	-0.704	0.495			0.198	1.219	0.224	1.251
初婚年龄(27岁以上)															
22岁及以下	-1.857*	0.156	-2.014**	0.134	-2.603**	0.074	-1.432*	0.239			0.186	1.205	0.976*	2.655
23—27岁	-0.532	0.588	-1.144*	0.319	-1.515*	0.220	-0.987*	0.373			0.082	1.085	0.637	1.891

其次,对新生代农民工的意愿生育子女数量的影响因素进行分析,从具体变量来看,性别、年龄、打工城市的数量、择偶目的和初婚年龄对新生代流动人口的期望生育数量都具有显著影响。年长的、男性、流动地区数越多、择偶目的是生儿育女的、结婚较晚的有较多的生育数量期望。

最后,对新生代农民工的生育性别偏好的影响因素进行分析,从具体变量看,性别、文化水平、打工城市的数量、打工后计划、择偶目的和初婚年龄对新生代流动人口的生育性别偏好都具有显著影响。在只能生一个的条件下,男性、收入水平较高、择偶目的是生儿育女的有更大的男孩偏好;女性、受教育年限越高的、流动地区数越多、打算留在城市的新生代农民工有越大的女孩偏好。

(四)新生代农民工生育行为的影响因素分析

1. 新生代农民工初育年龄的影响因素分析

表4—21提供了新生代农民工初育年龄的多元Logistic回归模型。由于因变量"初育年龄"是多分类变量,本研究将新生代农民工初育年龄的27岁及以上作为参照比较模型,分别对新生代农民工初育年龄在22岁及以下和23—27岁两个年龄段的影响因素进行分析。

表4—21　　新生代农民工初育年龄多分类Logistic回归模型

项目	22岁及以下		23—27岁	
	B	EXP(B)	B	EXP(B)
个人特征因素				
年龄	-0.507***	0.602	-0.382***	0.682
性别(女)	-0.713*	0.490	-0.141	0.868
受教育程度(大专及以上)				
初中及以下	2.479***	11.933	1.272**	3.570
高中或中专	2.052***	7.782	1.254**	3.504
打工特征因素				
打工时间	0.002	1.002	0.046	1.047
打工月收入(4000元以上)				

续表

项目	22岁及以下 B	22岁及以下 EXP（B）	23—27岁 B	23—27岁 EXP（B）
少于3000元	-0.342	0.710	-0.430	0.650
3000—4000元	-0.028	0.973	-0.199	0.820
打工城市数量（5个及以上）				
1—2个	0.288	1.334	0.585	1.795
3—4个	0.298	1.348	0.472	1.603
打工后计划（不确定）				
回老家	0.363	1.438	-0.100	0.905
留城市	-0.486	0.615	-1.006*	0.366
婚姻特征因素				
结婚时间	0.128	1.136	0.157**	1.170
父母婚姻状态（初婚）	0.736	2.088	0.315	1.371
初婚年龄（27岁以上）				
22岁及以下	4.358***	78.108	3.780***	43.798
23—27岁	0.642	1.900	3.101***	22.230
生育特征因素				
意愿生育子女数量（3个及以上孩子）				
1个及以下孩子	-0.317	0.728	0.218	1.243
2个孩子	-1.473*	0.229	-0.765	0.465
意愿生育子女性别（儿女双全）				
男孩	-1.244	0.288	-1.290	0.083
女孩	-0.058	0.943	-1.253	0.286
生育性别偏好（无所谓）				
男孩	0.258	1.295	0.213	1.237
女孩	-0.830	0.436	-0.178	0.837

从参数的估计结果来看，个人特征因素、婚姻因素和生育特征因素对新生代农民工的初婚年龄有显著影响。首先，从个人特征看，新生代农民工的性别、年龄和受教育程度对其初育年龄均有显著的影响。具体

分析如下：与女性农民工相比，男性初育的年龄偏晚；受教育程度也与初育年龄紧密联系，文化水平越低的新生代农民工越倾向早生育。其次，从婚姻特征来看，初婚年龄越小的，其初育年龄也越小。从生育特征因素看，有较多的生育数量期望的新生代农民工则倾向早生育。

2. 新生代农民工生育数量的影响因素分析

表4—22提供了新生代农民工生育数量的多元Logistic回归模型。因变量"生育数量"是多分类变量，本研究将新生代农民工生育数量为"1个孩子"的作为参照比较模型，分别对新生代农民工生育数量为"没有孩子"和"2个以上孩子"的影响因素进行分析。

表4—22　新生代农民工生育数量多分类Logistic回归模型

项目	没有孩子 B	没有孩子 EXP（B）	2个及以上孩子 B	2个及以上孩子 EXP（B）
个人特征因素				
年龄	-0.233***	0.792	0.091**	1.095
性别（女）	0.451*	1.570	0.101	1.106
受教育程度（大专及以上）				
初中及以下	-0.870**	0.419	0.657*	1.928
高中或中专	-0.525	0.592	0.244	1.277
打工特征因素				
打工时间	-0.040	0.961	-0.029	0.972
打工城市数量（5个及以上）				
1—2个	-0.521	0.594	-0.681*	0.506
3—4个	-0.116	0.891	-0.658*	0.518
打工月收入（4000元以上）				
少于3000元	0.033	1.033	0.074	1.077
3000—4000元	0.136	1.145	-0.045	0.956
打工后计划（不确定）				
回老家	-0.040	0.961	0.021	1.022
留城市	-0.119	0.888	-0.183	0.833

续表

项目	没有孩子		2 个及以上孩子	
	B	EXP（B）	B	EXP（B）
婚姻特征因素				
结婚时间	−0.204***	0.815	0.070**	1.073
父母婚姻状态（初婚）	0.608	1.836	0.523	1.687
初婚年龄（27 岁以上）				
22 岁及以下	−1.027*	0.358	0.929**	2.533
23—27 岁	−0.313	0.731	−0.009	0.991
生育特征因素				
意愿生育子女数量（3 个及以上孩子）				
1 个及以下孩子	0.774	2.168	−3.283***	0.038
2 个孩子	0.130	1.138	−0.897**	0.408
意愿生育子女性别（儿女双全）				
男孩	0.813	2.254	0.204	1.227
女孩	−0.126	0.881	1.126	3.084
生育性别偏好（无所谓）				
男孩	0.277	1.319	0.280	1.324
女孩	0.531	1.701	−0.170	0.844

从参数的估计结果来看，个人特征因素、打工因素、婚姻因素和生育特征对新生代农民工的生育数量有显著影响。目前没有孩子的男性、新生代农民工具有年龄越小、受教育年限越长、晚结婚或结婚时间越短的特点，而拥有 2 个及以上孩子的新生代农民工具有年龄越大、受教育年限较短、打工城市较为频繁、结婚时间较长、初婚年龄较小、有较多的生育数量期望的特点。

四 讨论

（一）新生代农民工生育模式的特点的探讨

在生育观上，绝大多数新生代农民工希望生育 2 个孩子，有儿有女。同时超半数新生代农民工无明显生育性别偏好，不过生育男孩的偏好比重仍显著高于女孩。从代际和城乡差异的角度看,新生代农民工对女孩的偏好比例显著高于第一代农民工,但同时又显著低于城市居民。在意愿生育子女数量上,新生代农民工想生 3 个及以上孩子的个体比例显著高于城市居民,但又显著低于第一代农民工。随着城市化进程的加速,进城务工的农民工面对着生活、工作与文化环境的变化,其在与城市生育文化不断接触的过程中,一方面逐渐地与农村传统生育文化趋于分离,另一方面城市与农村这两种新旧生育观念发生了碰撞与融合,导致新的生育文化观念的形成[①],新生代农民工在生育孩子的问题上,逐渐表现出较为开放的观点,养儿防老和传宗接代的传统生育观正在弱化,"少生优生"的观念逐渐影响着他们的生育观。

在生育行为上,新生代农民工总体仍主要生育了一个孩子,生育年龄集中在 23—27 岁。从代际和城乡的差异的角度看,在子女数量上,新生代农民工生育子女数量介于第一代农民工和城市居民之间,第一代农民工大多已生育了 2 个或以上的孩子,而新生代农民工仍主要生育了 1 个孩子,但新生代农民工生 3 个及以上孩子的个体比例显著高于城市居民,城市居民生 1 个孩子的比例最高。在子女性别上,新生代农民工儿女双全的比例显著低于第一代农民工,但又显著高于城市居民,同时新生代农民工的儿子的比重最大。实际初育年龄上,新生代农民工的实际初育年龄为在 22 岁以上的比例比第一代农民工要低,但显著高于城市居民。

(二) 新生代农民工生育模式的影响因素探讨

1. 新生代农民工生育观的影响因素分析

在新生代农民工意愿生育子女性别的影响因素上,通过调查研究结果,我们发现,与追求儿女双全的新生代农民工相比,那些年长的、收入水平较高的或择偶目的是生儿育女的新生代农民工更愿意生男孩,这可能是因为自身年纪较大、结婚较晚的个体,对子女性别相对较在意,更加希望有个儿子为自己传宗接代。同时也可能是自身还存在传统生儿育女、传宗接代的思想,所以也更加期望生育男孩。但研究也发现女性或打算留在城市的新生代农民工则更愿意生女孩。对于女性农民工来说,

---

[①] 朱安琪:《中小城市新生代农民工生育意愿研究》,硕士学位论文,安徽工业大学,2017年。

在进城务工流动经历推动下,越有机会接触城市的生活方式和社会文化,个体也越来越追求独立,在生育问题上拥有更多自主权利[1];而那些更愿意留在城市的农民工则主动使其观念和行为逐渐趋近于流入地居民[2],对于这些群体,生养男孩的经济投入远远高于获得的收益,抚养男孩既需要投入必要的生活与教育支出,还需要为其结婚投入高额成本。

在新生代农民工意愿生育子女数量的影响因素上,年长的、男性、择偶目的是生儿育女的农民工有较多的生育数量期望。相关研究也有发现,女性流动人口理想子女数明显降低[3],而男性期望更多的子女数量,也说明了其受传统观念的影响较深,一方面希望事业有成,得到城市认可;另一方面也希望能够传宗接代[4],同时研究发现,对于年龄偏大的人来讲,其生育观念也就较为传统。[5]

在新生代农民工生育性别偏好的影响因素上,在只能生一个的条件下,男性、收入水平较高、较择偶目的是生儿育女的则有更大的男孩偏好。男性的男孩性别偏好更为明显,这在一定程度上反映了社会性别意识对男性赋予的角色期望,他们承担着传宗接代、延续香火的重任,多生、早生、生男孩才能得到长辈与邻里的认可。[6]沈毅在2005年的研究也发现,在性别偏好方面,流动人口中女性倾向于生育男孩的比例仅为9.7%,而男性则高达22.8%。[7]对于收入高水平的农民工来说,在经济上生男孩的压力并不大,自身也存在传统生儿育女、传宗接代的思想,所以也更加偏好男孩。在中国传统的生育观念中一直存在性别偏好,重男轻女,而这与特定社会经济文化及政治因素有关。目前相关研究也显

---

[1] 朱安琪:《中小城市新生代农民工生育意愿研究》,硕士学位论文,安徽工业大学,2017年。
[2] 何兴邦:《城市融入对农民工生育意愿的影响机制》,《华南农业大学学报》(社会科学版)2020年第3期。
[3] 沈毅:《苏南流动人口生育意愿研究——以吴江流动人口为例》,《市场与人口分析》2005年第5期。
[4] 曹锐:《新生代流动人口的生育期望及其影响因素》,《西北人口》2012年第2期。
[5] 沈笛:《生育意愿与生育行为的影响因素研究》,博士学位论文,吉林大学,2019年。
[6] 曹锐:《新生代流动人口的生育期望及其影响因素》,《西北人口》2012年第2期。
[7] 沈毅:《苏南流动人口生育意愿研究——以吴江流动人口为例》,《市场与人口分析》2005年第5期。

示，尽管农民工生育观念日趋现代化，但仍具有较强的男孩偏好特征。在中国小农经济发展模式的影响下，人们生育心理上男孩偏好的产生，也是基于传统农村家庭对男性劳动力的需求量大。[①] 但本研究也发现文化水平较高、流动经历丰富，未来打算留在城市的新生代农民工则具有女孩偏好。这也说明新生代农民工群体在子女性别偏好上开始出现分歧，有部分新生代农民工群体开始注重男女平等，思想更加现代化和文明。

由以上结果可见，新生代农民工群体的生育意愿深受农村与城市生育观念的双重影响，但仍存在一些群体想要生男孩、重男轻女的观念仍然存在。

2. 新生代农民工生育行为的影响因素分析

在新生代农民工的初育年龄影响因素上，个人特征因素、婚姻因素和生育特征因素都对其有显著影响。首先，从个人特征看，年龄、性别和受教育程度对新生代农民工初育年龄都有显著的影响。与女性农民工相比，男性初育的年龄偏晚；相较于女性，男性的法定结婚年龄本来就晚于女性，而女性在生理上也需要比男性早生育，这也影响着后续的生育年龄。受教育程度也与初育年龄紧密联系，文化水平越低的新生代农民工越倾向早生育。这一研究结果与之前相关研究结果一致，即文化水平越低的个体相较于高文化水平者更易早育。[②] 通常基于受教育程度对新生代农民工的阶层进行划分，受教育程度不仅会影响农民工的工作岗位，也会影响到他们的经济收入，并影响着其生育观念和生育行为。[③] 文化水平较低的农民工，其接触到的知识范围比较狭窄，生活圈子也相对封闭，封建思想更加浓厚，也更加倾向传统早婚早育思想。其次，从婚姻特征看，初婚年龄越小的，其初育年龄也越小，这是显而易见的。再次，从生育特征因素看，有较多的生育数量期望的新生代农民工则倾向早生育。由于外出打工推迟了新生代农民工的结婚年龄，那些希望生育较多数量子女的新生代农民工，只有婚后早早生育，才能避免生理和心理上的落差。

在新生代农民工生育数量影响因素上，个人特征因素、打工因素、

---

① 梁雪萍、崔永军、杨姗姗：《新生代农民工早婚早育现象研究》，《科教文汇》（中旬刊）2013年第10期。
② 曹锐：《新生代流动人口的生育期望及其影响因素》，《西北人口》2012年第2期。
③ 朱安琪：《中小城市新生代农民工生育意愿研究》，硕士学位论文，安徽工业大学，2017年。

婚姻因素和生育特征对其有显著影响。目前没有孩子的新生代农民工具有年龄越小、男性、受教育年限越长，晚结婚或结婚时间越短的特点，而拥有2个及以上孩子的新生代农民工具有年龄越大、受教育年限较短、打工城市较为频繁、结婚时间较长、初婚年龄较小、有较多的生育数量期望的特点。新生代农民工由于受到主观因素如早点致富、减轻负担、利于孩子健康和教育等，以及客观因素如工作时间限制、经济限制的影响，尤其是年纪小的、文化水平高的、结婚晚的新生代农民工，他们的思想更加现代化，有自己的人生追求和规划，秉承少生优生原则，不再追求多子多福，逐渐减少生育数量。

第四节　新生代农民工的性生活模式研究

一　引言

两性关系是生活中最基本的关系，性生活模式主要包括性观念和性行为。性观念是一种个体对性关系的主观观念，主要包括贞操观、婚前性行为观、婚外性行为观以及随意性行为观。性观念是一定时期人的性心理固定化、系统化的思想反映，是个体对性所持有的评价和行为倾向。性观念形成之后，对个人的性行为产生重要的作用，性行为是个人的性观念的外在体现。

目前有关性生活模式的研究主要集中在大学生、城市居民这些群体中，研究的问题主要聚焦在性行为和性认知上。[1] 近年来，随着中国城镇化的进程，新生代农民工逐渐成为农民工群体的主体力量，并有力地推动了中国城镇化的发展，这一群体的性生活模式也日益引起研究者的关注。新生代已婚农民工正处于性需求旺盛的青壮年阶段，他们的总人数约为未婚农民工的2倍，在农民工群体重占据了相当大的比例。同时，

---

[1]　张沛超、迟新丽、吴明霞：《中国大学生性健康知识、性态度及性相关行为特点及关系研究》，《中国临床心理学杂志》2012年第6期。彭彧华、沈莉、沃建中等：《当代大学生性行为和性态度、性知识的特点及关系》，《人口研究》2009年第6期。张雪红、胡佩诚：《女性的性认知状况及其地区差异分析》，《中国性科学》2005年第3期。邓欣媚、林佳：《广州、香港两地大学生性观念调查——性态度、性知识、性行为发生可能性及双重标准》，《中国健康心理学杂志》2009年第2期。

新生代农民工的城市化进程伴随着封闭向开放、传统向现代的转变，在这一过程中，该群体由于其流动性和地理位置环境的特殊性，脱离了原来封闭的生活圈子，受到开放性观念的影响，新生代农民工传统的性道德观念逐渐淡化，性态度更为开放，性行为表现出新的特点，其性生活模式正发生潜移默化的变化。

现有的研究表明，大部分新生代农民工在小学和初中阶段缺乏正规的性教育，而接受过青春期教育的比例也较低，因而他们的性知识比较缺乏。[1] 同时农民工的性认知出现一定的偏差，例如，他们对性的商品化与多个性伴侣持认同的态度，对婚前性行为持接受态度，这在一定程度上增大了个体出现危险行为的可能性。[2] 研究也显示，在性行为上，大多数农民工存在不同程度的性压抑、性烦躁、性痛苦。其性交易、婚外情性行为、性贿赂、性侵犯等非婚性行为频发，其中以性服务最为常见，占36.5%；婚外情性行为次之，占30.6%。然而，已有研究相关结论并不一致，文献数量也不多，有待进一步研究。[3]

基于上述分析，本研究以新生代农民工为调查对象，以第一代农民工和城市居民为比较对象。首先，分析新生代农民工性生活模式现状，探讨新生代农民工性观念和性行为的代际和城乡差异性。其次，重点分析新生代农民工性观念和性行为的影响因素，其结论将有助于提高对新生代农民工性生活模式问题的客观认识，改善其性生活质量。

二 数据来源、变量界定及方法

（一）数据来源

见第三章第一节的数据来源和第三章第二节样本基本情况。

（二）因变量

1. 性观念

性观念是指个体对性的总的认识和看法。本节对性观念的评定主要

---

[1] 董丽军：《绍兴市未婚青年农民工性教育经历调查与性行为认知的对照性研究》，《中国妇幼保健》2011年第5期。

[2] 杨子贤、王旭、刁瑞雪等：《农民工非婚性行为问题综述》，《中国性科学》2014年第8期。

[3] 许世航、贺伯晓：《深圳特区流动人群非婚性行为浅探》，《中国性科学》2005年第2期。

包括贞操观、婚前性行为观、婚外性行为观以及随意性行为观4方面。其中贞操观是通过"您是否在意配偶是处女还是处男？①在意，②不在意"这一问题进行调查；婚前性行为观是通过"您是否赞成婚前性行为？①不赞成，②无所谓，③赞成"这一问题进行调查；婚外性行为观是通过"您是否赞成婚外性行为？①不赞成，②无所谓，③赞成"这一问题进行调查；随意性行为观是通过"您是否认为随意性行为可以接受的？①不接受，②无所谓，③接受"这一问题进行调查。

本次重点探讨了贞操观和婚外性行为观两个观念。其中在建立新生代农民工贞操观的影响因素的实证模型的时候，将该因变量转为一个二分类变量，并对其进行赋值，在意=1，不在意=0；在建立新生代农民工婚外性行为观的影响因素的实证模型的时候，将该因变量转为一个三分类变量，并对其进行赋值，不赞成=1，无所谓=2，赞成=3。

2. 性行为

本次研究通过调查是否存在婚前性行为、是否存在婚外性行为和随意性行为三个方面考察被试的性行为情况。其中婚前性行为是通过"您是否有过婚前性行为？①是，②否"这一问题进行调查；婚外性行为观是通过"除配偶外，您是否有固定性伴侣或临时夫妻？①有，1位固定性伴侣，②有，2位，③有，3位及以上"这一问题进行调查；随意性行为是通过"最近6个月内，您与几个临时性伙伴或娱乐场所服务小姐或男士发生过性关系"这一问题进行调查。

本次对新生代农民工性行为的影响因素进行探讨时，其中在建立新生代农民工是否存在婚前性行为的影响因素的实证模型的时候，将该因变量转为一个二分类变量，并对其进行赋值，否=0，是=1；在建立新生代农民工是否存在婚外性行为的影响因素的实证模型的时候，将该因变量转为一个二分类变量，并对其进行赋值，否=0，是=1；在建立新生代农民工是否存在随意性行为的影响因素的实证模型的时候，将该因变量转为一个二分类变量，并对其进行赋值，否=0，是=1。

(三) 自变量

1. 个人特征因素

主要包括性别（0=女，1=男）、年龄和文化程度（1=初中及以下，

2 = 高中，3 = 大专、本科及以上）。

2. 打工特征因素

主要包括打工月收入（少于 3000 元 = 1，3000—4000 元 = 2，4000 元以上 = 3）、打工时间、打工城市数量、打工后的人生规划（1 = 回农村，2 = 留城市，3 = 不确定）。

3. 婚姻特征因素

父母的婚姻状态（0 = 初婚，1 = 非初婚）、父母的婚姻满意度（1 = 满意，2 = 一般，3 = 不满意）。

4. 其他因素

在分析中，本节参考已有的实证研究，根据每个因变量的特点，将其他一些可能影响该因变量的因素选择作为该因变量的特定的自变量。

（四）统计分析

首先，对被试的基本特征进行基本描述性统计，再通过卡方检验将新生代农民工的性生活模式分别与城市居民和第一代农民工进行对比，揭示新生代农民工性生活模式的具体特征及其变化趋势。其次，分别建立新生代农民工婚前性行为观、婚外性行为观以及随意性行为观的影响因素的无序多分类 Logistic 回归模型，以及对贞操观、性态度、婚前性行为、婚外性行为和随意性行为对其影响因素进行实证分析和理论解析。

三 研究结果

（一）新生代农民工性观念

1. 新生代农民工性观念的一般特点

从总体上看（具体见图 4—5），首先，超过半数的新生代农民工对贞操观持不在意的态度，显著高于肯定群体。其次，对婚前性行为，只有 23.98% 的个体持否定态度，而高达约 45% 的调查被试持肯定态度。再次，在婚外性行为和随意性行为上，绝大多数新生代农民工持反对态度。

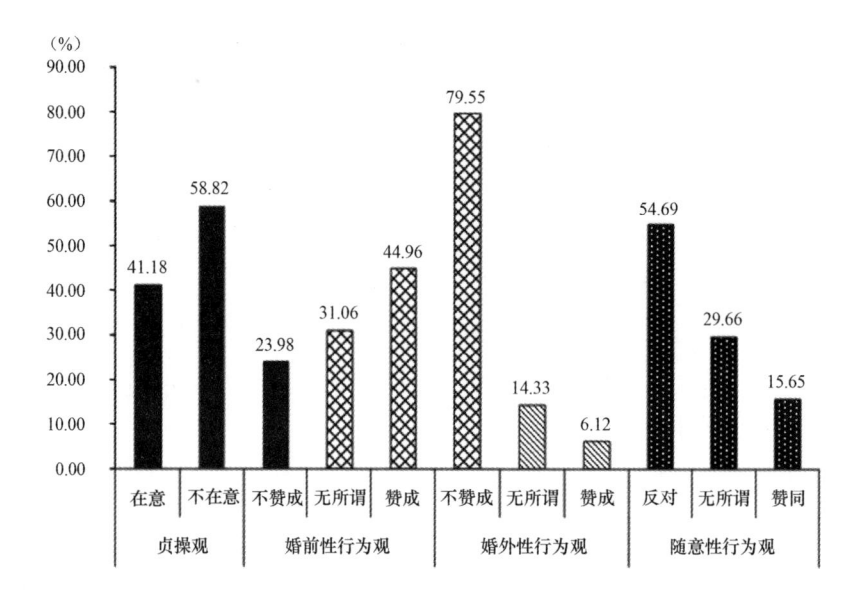

图 4—5　新生代农民工性观念的一般特点

从男女性别看（具体见表 4—23），不同性别的农民工在性观念上存在显著的差异，其中差异主要体现在以下几个方面：男性对贞操观持在意的态度的比例显著高于女性，但在婚前性行为观、婚外性行为观和随意性行为观上，女性持否定态度的比例显著高于男性农民工。

表 4—23　　　　　新生代农民工性观念的性别差异分析

婚姻观		女农民工		男农民工		差异检验
		n	(%)	n	(%)	卡方值
贞操观	在意	382	38.94%	467	43.36%	4.414*
	不在意	599	61.06%	610	56.64%	4.414*
婚前性行为观	不赞成	298	30.01%	199	18.29%	39.229***
	无所谓	330	33.23%	317	29.14%	4.067*
	赞成	365	36.76%	572	52.57%	52.468***
婚外性行为观	不赞成	862	86.81%	791	72.70%	63.228***
	无所谓	100	10.07%	200	18.38%	29.071***
	赞成	31	3.12%	97	8.92%	30.118***

续表

婚姻观		女农民工		男农民工		差异检验
		n	(%)	n	(%)	卡方值
随意性行为观	反对	594	60.12%	533	49.49%	23.497***
	无所谓	264	26.72%	350	32.50%	8.231**
	赞同	130	13.16%	194	18.01%	9.138**

从婚姻状态看（具体见表4—24），已婚新生代农民工和未婚新生代农民工在性观念上的差异主要体现在婚前性行为观、婚外性行为观和随意性行为观上，高达82.20%和62.15%的已婚农民工反对婚外性行为和随意性行为，这一比例显著高于未婚农民工，另外对婚前性行为，已婚农民工持反对态度的比例也显著高于未婚农民工。

表4—24 已婚新生代农民工和未婚新生代农民工性观念的差异分析

性观念		未婚农民工		已婚农民工		差异检验
		n	(%)	n	(%)	卡方值
贞操观	在意	473	40.43%	379	42.16%	0.629
	不在意	697	59.57%	520	57.84%	0.629
婚前性行为观	不赞成	248	20.96%	254	27.91%	13.621***
	无所谓	364	30.77%	286	31.43%	0.147
	赞成	571	48.27%	370	40.66%	12.030**
婚外性行为观	不赞成	917	77.51%	748	82.20%	6.934**
	无所谓	181	15.30%	119	13.08%	2.070
	赞成	85	7.19%	43	4.73%	5.420*
随意性行为观	反对	576	48.98%	560	62.15%	35.728***
	无所谓	374	31.80%	242	26.86%	5.976*
	赞同	226	19.22%	99	10.99%	26.178***

2. 与第一代农民工的性观念比较

表4—25展示了两代农民工在性观念上的差异。首先，新生代农民工的贞操观念逐渐淡化，而第一代农民工否定贞操价值的人数比例显著低

于肯定者。其次，对婚前性行为观，第一代农民工的观念同样更为传统，不赞成的比例为40.83%，而仅为23.98%新生代农民工持反对态度。再次，在婚外性行为观和随意性行为观上，第一代农民工对婚外性行为和随意性行为持反对态度的比例显著高于新生代农民工。

表4—25　新生代农民工和第一代农民工性观念的差异分析

性观念		新生代农民工		第一代农民工		差异检验
		n	（%）	n	（%）	卡方值
贞操观	在意	852	41.18%	634	61.02%	109.121***
	不在意	1217	58.82%	405	38.98%	109.121***
婚前性行为观	不赞成	502	23.98%	432	40.83%	95.640***
	无所谓	650	31.06%	283	26.75%	6.256*
	赞成	941	44.96%	343	32.42%	45.767***
婚外性行为观	不赞成	1665	79.55%	902	85.26%	15.145***
	无所谓	300	14.33%	110	10.40%	9.621*
	赞成	128	6.12%	46	4.35%	4.121*
随意性行为观	反对	1136	54.69%	608	59.09%	5.391*
	无所谓	616	29.66%	266	25.85%	4.097*
	赞同	325	15.65%	155	15.06%	0.187

表4—26　新生代农民工和城市居民性观念的差异分析

性观念		新生代农民工		城市居民		差异检验
		n	（%）	n	（%）	卡方值
贞操观	在意	852	41.18%	747	49.24%	23.028***
	不在意	1217	58.82%	770	54.76%	23.028***
婚前性行为观	不赞成	502	23.98%	496	33.13%	36.391***
	无所谓	650	31.06%	453	30.26%	0.258
	赞成	941	44.96%	548	36.61%	25.086***

续表

性观念		新生代农民工		城市居民		差异检验
		n	(%)	n	(%)	卡方值
婚外性行为观	不赞成	1665	79.55%	1316	89.65%	64.488***
	无所谓	300	14.33%	117	7.97%	33.794***
	赞成	128	6.12%	35	2.38%	27.505***
随意性行为观	反对	1136	54.69%	1005	66.21%	48.247***
	无所谓	616	29.66%	366	24.11%	13.594***
	赞同	325	15.65%	147	9.68%	27.349***

3. 与城市居民的性观念比较

表4—26展示了新生代农民工与城市居民在性观念上的差异。从表中明显看出，在婚前性行为观、婚外性行为观和随意性行为观上，新生代农民工赞成的比例都显著高于城市居民，只有在贞操观上，城市居民持在意的态度的比例显著高于新生代农民工。

（二）新生代农民工性行为

1. 已婚新生代农民工性行为的一般特点

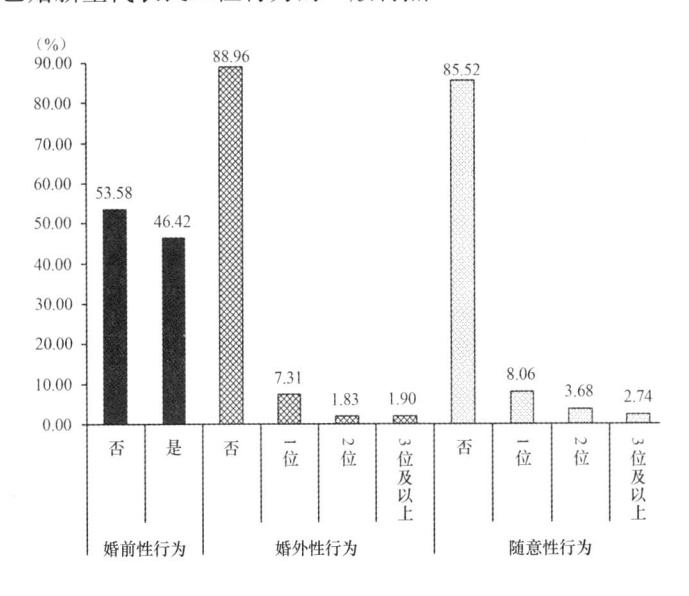

图4—6 已婚新生代农民工性行为的一般特点

从总体上看（具体见图4—6），首先，46.42%的新生代农民工有过婚前性行为，这与45%的调查被试在婚前性行为持肯定态度的结果一致。其次，新生代农民工婚外性行为和随意性行为的发生率为12%—15%。

2. 与第一代农民工的性行为的比较

表4—27展示了两代农民工性行为的差异。在婚前性行为发生率上，新生代农民工的发生率显著高于第一代农民工。值得一提的是，在随意性行为上，新生代农民工的发生率显著高于第一代农民工。

表4—27　　新生代农民工和第一代农民工性行为的差异分析

性行为		新生代农民工		第一代农民工		差异检验
		n	(%)	n	(%)	卡方值
婚前性行为	有	415	46.42%	231	22.25%	126.034***
	无	479	53.58%	807	77.75%	126.034***
婚外性行为	无	1168	88.96%	538	87.48%	0.897
	1位固定性伴侣	96	7.31%	56	9.11%	1.857
	2位固定性伴侣	24	1.83%	15	2.44%	0.789
	3位及以上固定性伴侣	25	1.90%	6	0.97%	2.282
随意性行为	无	1719	85.52%	927	95.27%	62.194***
	1位临时性伴侣	162	8.06%	24	2.47%	35.088***
	2位临时性伴侣	74	3.68%	12	1.23%	14.036***
	3位及以上临时性伴侣	55	2.74%	10	1.03%	8.979**

3. 与城市居民的性行为的比较

表4—28展示了新生代农民工与城市居民性行为的差异。从表中明显看出，在婚前性行为发生率和在随意行为上，新生代农民工的发生率显著高于城市居民。

（三）新生代农民工性观念的影响因素分析

1. 新生代农民工贞操观的影响因素分析

表4—29提供了新生代农民工贞操观的二元Logistic回归模型。本研究将为新生代农民工贞操观的"不在意"作为参照比较模型，对新生代农民工贞操观"在意"的影响因素进行分析。

表4—28　新生代农民工和城市居民性行为的差异分析

性行为		新生代农民工		城市居民		差异检验
		n	（%）	n	（%）	卡方值
婚前性行为	有	415	46.42%	264	36.92%	14.691***
	无	479	53.58%	451	63.08%	14.691***
婚外性行为	无	1168	88.96%	754	90.52%	1.326
	1位固定性伴侣	96	7.31%	54	6.48%	0.539
	2位固定性伴侣	24	1.83%	16	1.92%	0.024
	3位及以上固定性伴侣	25	1.90%	9	1.08%	2.217
随意性行为	无	1719	85.52%	1390	94.82%	77.529***
	1位临时性伴侣	162	8.06%	33	2.25%	54.016***
	2位临时性伴侣	74	3.68%	19	1.30%	18.527***
	3位及以上临时性伴侣	55	2.74%	24	1.63%	4.612*

表4—29　新生代农民工贞操观二元 Logistic 回归模型（在意）

项目	B	Exp（B）
个人特征因素		
婚否（已婚）	-0.180	0.835
性别（女）	0.397***	1.487
年龄	-0.020	0.981
受教育程度（大专及以上）		
初中及以下	0.101	1.107
高中或中专	0.085	1.088
打工特征因素		
打工时间	-0.007	0.993
打工城市数量（5个及以上）		
1—2个	0.344*	1.410
3—4个	0.015	1.015
打工月收入（4000元以上）		

续表

项目	B	Exp（B）
少于 3000 元	0.639***	1.895
3000—4000 元	0.230	1.258
打工后计划（不确定）		
回老家	-0.306	0.736
留城市	-0.042	0.959
婚姻特征因素		
父母婚姻状态（初婚）	-0.058	0.944
父母婚姻满意度（不满意）		
满意	1.039***	2.826
一般	0.333	1.395
婚外恋观（无所谓）		
不赞成	0.740	2.096
赞成	0.355	1.426
婚姻角色观（无所谓）		
男主女辅	0.617*	1.854
女主男辅	0.428	1.873
相辅相成	0.053	1.055
常量	-2.150	0.116
卡方值	\multicolumn{2}{c}{174.819***}
-2 Log likelihood	\multicolumn{2}{c}{2374.228}
Cox&Snell R^2	\multicolumn{2}{c}{0.089}
Nagelkerke R^2	\multicolumn{2}{c}{0.026}

从上述参数的估计结果来看，个人特征因素、打工特征因素和婚姻特征因素对新生代农民工的贞操观有显著影响。首先，从个人特征因素看，与女性农民工相比较，男性农民工对配偶保持贞操的要求程度更高。其次，从打工因素看，与高收入水平的农民工相比，低收入水平的农民工更加在意配偶的贞操。最后，从婚姻特征因素看，那些父母婚姻满意度较高或持有男主女辅这样传统的婚姻角色观的新生代农民工对配偶的

贞操观念看得更重。

2. 新生代农民工婚外性行为观的影响因素分析

表4—30提供了新生代农民工婚外性行为观的多元Logistic回归模型。本研究以新生代农民工婚外性行为观的"不赞成"作为参照比较模型，分别对新生代农民工婚外性行为观的"赞成"和"无所谓"两种观点的影响因素进行分析。

表4—30　新生代农民工婚外性行为观无序多分类Logistic回归模型

项目	无所谓 B	无所谓 EXP（B）	赞成 B	赞成 EXP（B）
个人特征因素				
年龄	−0.038	0.963	−0.089	0.915
性别（女）	0.701**	2.016	1.254***	3.503
受教育程度（大专及以上）				
初中及以下	0.500	1.649	0.267	1.305
高中或中专	0.372	1.450	0.178	1.195
打工特征因素				
打工时间	−0.044	0.957	0.019	1.020
打工月收入（4000元以上）				
少于3000元	0.038	1.038	−0.154	0.857
3000—4000元	−0.154	0.857	−0.154	0.858
打工后计划（不确定）				
回老家	−0.012	0.988	0.134	1.143
留城市	0.232	1.261	−0.029	0.971
打工城市数量（5个及以上）				
1—2个	−0.587	0.503	−0.169	0.845
3—4个	−0.512	0.599	−0.099	0.905
婚姻特征因素				
父母婚姻状态（初婚）	−0.620	0.538	−0.158	0.854
父母婚姻满意度（不满意）				
满意	−0.844	0.430	0.071	1.074

续表

项目	无所谓		赞成	
	B	EXP（B）	B	EXP（B）
一般	-0.296	0.744	-0.101	0.904
夫妻生活模式（一起生活）	0.968***	0.380	0.846*	0.429
卡方值	71.122***			
-2 Log likelihood	193.782			
Cox&Snell R^2	0.112			
Nagelkerke R^2	0.076			

从上述参数的估计结果来看，婚外性行为观的影响因素主要集中在性别和夫妻生活模式，和女性农民工相比较，男性农民工对于婚外性行为更倾向持有"无所谓"和"赞成"观点。同时值得一提的是，与夫妻一起生活的新生代农民工相比，那些两地分居的新生代农民工明显更倾向持有"无所谓"和"赞成"观点。

（四）新生代农民工性行为的影响因素分析

1. 新生代农民工婚前性行为的影响因素分析

本书分别对新生代农民工的婚前行为的影响因素进行二元 Logistic 回归分析。结果见表4—31。

表4—31　　新生代农民工婚前性行为二元 Logistic 回归模型

项目	B	Exp（B）
个人特征因素		
性别（女）	0.895***	2.447
年龄	-0.025	0.975
受教育程度（大专及以上）		
初中及以下	-0.454	0.635
高中或中专	-0.063	0.939
打工特征因素		
打工时间	-0.053*	0.949

续表

项目	B	Exp（B）
打工月收入（4000 元以上）		
少于 3000 元	-0.633	0.531
3000—4000 元	-0.283	0.753
打工后计划（不确定）		
回老家	0.106	1.112
留城市	0.273	1.314
打工城市数量（5 个及以上）		
1—2 个	-0.203	0.817
3—4 个	-0.043	0.958
婚姻特征因素		
父母婚姻状态（初婚）	-0.005	0.995
父母婚姻满意度（不满意）		
满意	-0.442	0.643
一般	-0.398	0.671
婚姻态度	0.035	1.036
贞操观（在意）	0.540**	1.716
婚前性行为观（赞成）		
不赞成	-1.218***	0.296
无所谓	-0.326	0.722
随意性行为（有）	-3.166**	0.042
婚外性行为（有）	-1.010**	0.364
卡方值	\multicolumn{2}{c}{652.956***}
-2 Log likelihood	\multicolumn{2}{c}{146.779}
Cox&Snell R^2	\multicolumn{2}{c}{0.256}
Nagelkerke R^2	\multicolumn{2}{c}{0.244}

从上述参数的估计结果来看，个人特征因素、打工特征因素和婚姻特征因素对新生代农民工的婚前性行为有显著影响。首先，从个人特征因素看，男性新生代农民工发生婚前性行为的可能性更高。其次，从打

工特征因素看，打工时间较短的新生代农民工发生婚前性行为的可能性更低。最后，从婚姻特征因素来看，贞操观越强、反对婚前性行为、无随意性行为和婚外性行为的新生代农民工发生婚前性行为的可能性越低。

2. 新生代农民工婚外性行为的影响因素分析

本研究分别对新生代农民工的婚外性行为的影响因素进行二元 Logistic 回归分析。结果见表 4—32。

表 4—32　新生代农民工婚外性行为二元 Logistic 回归模型

项目	B	Exp（B）
个人特征因素		
性别（女）	-0.238	0.788
年龄	0.131*	1.139
受教育程度（大专及以上）		
初中及以下	0.289	1.336
高中或中专	-0.132	0.876
打工特征因素		
打工时间	-0.128*	0.880
打工月收入（4000 元以上）		
少于 3000 元	-0.043	0.958
3000—4000 元	0.865*	2.374
打工后计划（不确定）		
回老家	-0.433	0.649
留城市	0.136	1.146
打工城市数量（5 个及以上）		
1—2 个	-0.637	0.529
3—4 个	-0.073	0.930
婚姻特征因素		
父母婚姻状态（初婚）	2.035**	7.651
父母婚姻满意度（不满意）		
满意	1.893	6.641
一般	1.620	5.052

续表

项目	B	Exp（B）
婚姻态度	-0.107**	1.113
贞操观（在意）	0.972*	0.378
婚前性行为（有）	-0.946*	0.388
随意性行为分类（有）	-3.769***	0.023
婚外性行为观（赞成）		
不赞成	-0.564*	1.758
无所谓	0.113	1.042
卡方值	139.086***	
-2 Log likelihood	210.575	
Cox&Snell R^2	0.201	
Nagelkerke R^2	0.187	

从上述参数的估计结果来看，个人特征因素、打工特征因素和婚姻特征因素对新生代农民工的婚外性行为有显著影响。首先，从个人特征因素看，年长新生代农民工发生婚外性行为的可能性更高。其次，从打工特征因素看，打工时间较短的新生代农民工发生婚外性行为的可能性越低；收入水平处于中等的新生代农民工发生婚外性行为的可能性更高。最后，从婚姻特征因素看，父母婚姻曾破裂的、对婚姻持消极态度的、贞操观越弱的新生代农民工发生婚外性行为的可能性更高；相反，那些反对婚外性行为、无随意性行为和婚前性行为的新生代农民工发生婚外性行为的可能性更低。

3. 新生代农民工随意性行为的影响因素分析

本研究分别对新生代农民工的随意性行为的影响因素进行二元Logistic回归分析。结果见表4—33。

从上述参数的估计结果看，打工城市数量相对比较固定的新生代农民工发生随意性行为的可能性较低。从婚姻特征因素看，父母婚姻不满意的、对婚姻持消极态度的、贞操观越弱的新生代农民工发生随意性行为的可能性更高；相反，那些无婚外性行为和婚前性行为的新生代农民工发生随意性行为的可能性更低。

表4—33　　新生代农民工随意性行为二元 Logistic 回归模型

项目	B	Exp（B）
个人特征因素		
性别（女）	0.561	1.753
年龄	-0.075	0.928
受教育程度（大专及以上）		
初中及以下	0.556	1.743
高中或中专	-0.704	0.495
打工特征因素		
打工时间	-0.016	0.984
打工月收入（4000元以上）		
少于3000元	-0.004	0.996
3000—4000元	-0.369	0.254
打工后计划（不确定）		
回老家	0.420	1.522
留城市	0.202	1.224
打工城市数量（5个及以上）		
1—2个	-1.390*	0.249
3—4个	-1.098	0.334
婚姻特征因素		
父母婚姻状态（初婚）	-0.107	0.899
父母婚姻满意度（不满意）		
满意	-3.307**	0.037
一般	-2.764**	0.063
婚姻态度	-0.040	0.961
贞操观（在意）	0.583	1.792
婚前性行为（有）	-3.920**	0.020
随意观（赞成）		
不赞成	-0.544	1.236
无所谓	-0.237	0.968
婚外性行为（有）	-4.044***	57.045

续表

项目	B	Exp（B）
卡方值	137.623***	
−2 Log likelihood	110.005	
Cox&Snell R^2	0.211	
Nagelkerke R^2	0.134	

四 讨论

本研究以新生代农民工为主体研究对象，以第一代农民工和城市居民为比较对象，从性观念和性行为这两个维度对新生代农民工性生活模式的现状进行全方位的描述，进而分别把新生代农民工与第一代农民工和城市居民的性生活模式进行比较，最后对新生代农民工性生活模式的总体状况做出评价。

（一）新生代农民工性生活模式的特点的探讨

首先，在性观念上，超过半数的新生代农民工对贞操观持不在意的态度，约45%的调查被试对婚前性行为持肯定态度。但对婚外性行为和随意性行为，绝大多数新生代农民工持反对态度。该结果与国内的相关研究结果比较接近。[1] 例如，毕微红等人对402名新生代农民工的性观念进行的问卷调查结果显示，对"一夜情的看法"选择"非常同意"和"比较同意"的比率仅为8.7%，而对于"婚前同居的看法"选择"非常同意"和"比较同意"的比率达47.2%。[2] 上述研究结果说明了从整体上，新生代农民工由于长期受城市现代文明和现代生活方式的影响，性观念日趋开放，但对于婚外性行为和随意性行为等非法或违反道德的方式以追求性满足，大部分新生代农民工是持反对态度的。

从性别角度看，不同性别的农民工性观念存在显著的差异。男性对贞操观持在意态度的比例显著高于女性，但对婚前性行为观、婚外性行

---

[1] 毕红微：《新生代农民工的婚恋观研究》，硕士学位论文，华中农业大学，2014年。杨立、疏仁华：《新生代农民工婚恋观的现代性研究》，《山西农业大学学报》（社会科学版）2010年第3期。

[2] 毕红微：《新生代农民工的婚恋观研究》，硕士学位论文，华中农业大学，2014年。

为观和随意性行为观，女性持否定态度的比例显著高于男性农民工。这种差异可以用"性的双重标准"来解释，该理论认为男女都对女性的婚前性行为持不认同的态度，却对男性过早从事性活动持有宽容的态度。[1]

从代际角度和城乡角度看，新生代农民工与第一代农民工和城市居民在性观念上呈现出显著的代际和城乡差异。在性观念的四个维度，贞操观、婚前性行为观、婚外性行为观和随意性行为观上，第一代农民工和城市居民更为保守和传统，而新生代农民工则具更开放性。在城乡二元体制下，新生代农民工游离于农村和城市之间，一方面进城务工的经历使其性观念发生了显著改变，现代性有所增强；另一方面，初婚年龄的推后与性成熟年龄的提前导致了"性待业期"延长，新生代农民工表现出较强的生活自主性，主张按照自己所认可的行为方式去生活，他们抱有更开放、更宽容的性态度。[2] 同时由于工作的流动性、远离原有的生活圈，流动务工过程中社会监督和约束力等社会控制减弱，新生代农民工的道德感有所降低，对性观念持更为开放的态度。

其次，在性行为上，46.42%的新生代农民工有过婚前性行为。从代际角度和城乡角度看，在婚前性行为和随意性行为发生率上，新生代农民工的发生率显著高于第一代农民工和城市居民。这一结果与新生代农民工性观念和性态度的开放程度是密切相关的，说明其日趋开放的性观念指导了开放的性行为。

(二) 新生代农民工性生活模式的影响因素的探讨

1. 新生代农民工性观念影响因素分析

在贞操观上，首先，与女性农民工相比较，男性农民工对配偶保持贞操的要求程度更高。相较于女性，男性更看重女性的贞操，这也是受中国传统思想影响。其次，打算今后留在城市、高收入水平的新生代农民工的性开放程度更高。在城市务工的过程中，新生代农民工不断接受城市化思想的碰撞，那些收入水平较高的群体，相对来说，思想更加现

---

[1] 邓欣媚、林佳：《广州、香港两地大学生性观念调查——性态度、性知识、行为发生可能性及双重标准》，《中国健康心理学杂志》2009年第2期。

[2] 吴新慧：《传统与现代之间——新生代农民工的恋爱与婚姻》，《中国青年研究》2011第1期。

代化，对传统的贞操意识慢慢淡化，对待性也更加开放。而收入水平较低的农民工，更多时候社会地位较低下，工作较差，思想观念也更加传统，所以更在意对方的贞操，对性的认识也相对比较保守。最后，从婚姻特征因素看，那些父母婚姻满意度较高或持有男主女辅这样传统的婚姻角色观的新生代农民工对配偶的贞操观念看得更重。同时，比较认同男主女辅观念的农民工，也相对较传统，因此这类新生代农民工贞操意识可能更强。

婚外性行为观的影响因素主要集中在性别和夫妻生活模式上。和女性农民工相比较，男性农民工对于婚外性行为更倾向持有"无所谓"和"赞成"观点。在之前的贞操观上，我们已经发现，男性农民工对配偶保持贞操的要求程度更高，加之社会对男性性行为持有更加包容的态度，这都在一定程度上造成了男性对婚外性行为的无所谓或赞成态度。这与以往的研究结果是一致的，例如韩全芳等人通过访谈发现，对于女性的婚外性关系容许度低于对于男性的婚外性关系的容许度。[1] 2008年一项基于成都市的调查显示，已婚的青年农民工群体中，存在婚外恋的比例达到了16.94%，其中，女性占11.56%，男性占37.01%[2]，可见，男性较于女性发生婚外性行为的可能性更高，这也是受其性观念开放的影响。

同时值得一提的是，与夫妻一起生活的新生代农民工相比，那些两地分居的新生代农民工明显更倾向持有"无所谓"和"赞成"观点。也有研究提到，农民工群体出现较高婚外性行为的重要原因之一为夫妻两地分居。[3] 在城乡二元体制下，一方面，进城务工的经历使其性观念发生了显著地改变，现代性有所增强，对婚外恋更加宽容；另一方面，由于工作的流动性，两地分居的农民工因长时间不能与伴侣和家人相处，在外务工，难免心生孤寂落寞，加上正值壮年，生理需求旺盛，"性待业期"延长，以及远离原有的生活圈，流动务工过程中社会监督和约束力等控制减弱，同时促使其道德感有所降低，对性观念持更为开放和宽容

---

[1] 韩全芳、骆华松、韩吉全：《人口流动过程中的越轨性行为分析》，《云南师范大学学报》（哲学社会科学版）2005年第4期。

[2] 杨子贤、张跃飞、王旭：《女性农民工非婚性行为问题文献综述》，《中国性科学》2015年第6期。

[3] 陈午晴：《流动人口的婚姻焦虑》，《探索与争鸣》2013年第5期。

的态度。

2. 新生代农民工性行为影响因素分析

在婚前性行为上，首先，男性新生代农民工发生婚前行为的可能性更高。在中国现代化进程的影响下，性生活、生育、家庭生活三位一体的传统两性模式已逐渐被打破。[①] 男性对于自身婚前性行为、婚前同居与婚外恋等持有普遍的宽容，一项有关新生代农民工性行为的调查显示，有超过70%的人对于结婚对象曾经有婚前性行为的态度是"不会再追究，但婚后不允许"，近50%的人对婚前同居持肯定态度。对于婚外情，大部分人认为"只要回心转意，可以既往不咎"[②]。其次，从打工因素看，打工时间较短的新生代农民工发生婚前行为的可能性更低。打工时间较短的新生代农民工虽然在务工过程中受现代化思想熏陶，但是因为其工作时间较短，还不能完全脱离家乡，受传统封建思想影响对性相对较保守，其发生婚前性行为的可能性自然更低些。最后，从婚姻特征因素看，贞操观越强、反对婚前行为、无随意性行为和婚外性行为的新生代农民工发生婚前性行为的可能性更低。显而易见，行为受思想观念、态度的影响，那些贞操观相对保守、反对不良性行为的农民工，自身对性更加保守，发生婚前性行为的可能性自然更低些。

在婚外性行为上，首先，从个人特征因素看，年长新生代农民工发生婚外性行为的可能性更高。这可能因为，一是正值性旺盛时期，而进城务工使两地分居，性行为得不到满足；二是年长的农民工可能文化水平较低，受城市开放的性观念影响，丧失了自己的判断力；三是工作的流动性促使新生代农民工对婚姻的责任感有所降低，对婚外性行为较为开放，也更易发生婚外性行为。其次，打工时间较短的新生代农民工发生婚外性行为的可能性更低；收入水平处于中等的新生代农民工发生婚外性行为的可能性更高。打工时间较短的农民工，一般很快能与家人团聚，相比长时间在外打工的人群，他们发生婚外性行为的概率更低。研

---

① 何雯、曹成刚：《农民工"临时夫妻"现象的社会心理学解析》，《广西社会科学》2014年第7期。

② 肖祥敏、陈爱香：《新生代农民工婚恋观及其教育对策》，《中国集体经济》2012年第25期。

究发现，经济水平的提高在一定程度上影响婚外性行为，很多人不再满足单一的家庭性行为模式，从而寻找短期或者长期的性伴侣。收入处于中等水平的群体，他们有一定的经济基础，同时思想上也更加开放，所以发生婚外性行为的可能性更大。最后，从婚姻特征因素看，父母婚姻曾破裂的、对婚姻持消极态度的、贞操观越弱的新生代农民工发生婚外性行为的可能性更高；而那些反对婚外性行为、无随意性行为和婚前性行为的新生代农民工发生婚外性行为的可能性更低。行为受思想观念、态度的影响，那些认同不良性行为的农民工，自身对性更加开放，也更能接受不良的性行为。相关研究也表明，那些来自单亲家庭的农民工子女更易发生婚外性行为。[①]

在随意性行为中，打工城市数量相对比较固定的新生代农民工发生随意性行为的可能性较低。这可能是因为，打工城市相对固定的农民工，相对来说已经形成稳定的交际圈，受道德的约束和周围人的约束，较少发生随意性行为。从婚姻特征因素看，父母婚姻不满意的、对婚姻持消极态度的、贞操观越弱的新生代农民工发生随意性行为的可能性更高；相反，那些无婚外性行为和婚前性行为的新生代农民工发生随意性行为的可能性更低。我们的行为会受到思想观念、态度的影响，那些贞操感弱的、认同不良性行为的农民工，自身对性更加开放，也更能接受不良的性行为。

[①] 吴银涛、肖和平：《青年农民工婚外恋的社会学分析》，《当代青年研究》2008年第2期。

第五章

新生代农民工婚姻质量的研究

第一节 新生代已婚农民工积极婚姻质量的特征研究

一 引言

婚姻质量指的是夫妻的感情生活、物质生活、余暇生活、性生活及其双方的凝聚力在某一时期的综合状况。[①] 衡量婚姻质量的主要指标包括个体的主观评价，夫妻的相处模式和婚姻的客观结果。婚姻质量可分为积极和消极两个维度，其中积极维度主要包括夫妻积极互动与婚姻幸福感这两个指标。[②] 积极的婚姻质量对于个人有着积极的影响，例如，婚姻幸福感高的人应对消极生活事件的能力较强，且身心健康水平较高[③]，同时积极的夫妻互动会增进夫妻情感、提高婚姻满意度，对婚姻质量有正向作用。[④] 新生代农民工婚姻质量的现状，是对新生代农民工婚姻质量的考察，也是对整个农民工群体婚姻质量的了解。同时从一定意义上来说，农民工进城务工的主要目的就是提高其生活质量，婚姻质量作为生活质

[①] 徐安琪、叶文振：《婚姻质量：度量指标及其影响因素》，《中国社会科学》1998年第1期。

[②] 张会平：《家庭收入对女性婚姻幸福感的影响：夫妻积极情感表达的中介作用》，《中国临床心理学杂志》2013年第2期。

[③] 杨硕：《婚姻状况及婚姻满意度对居民健康状况影响的研究》，硕士学位论文，沈阳医学院，2018年。

[④] 佟新、戴地：《积极的夫妻互动与婚姻质量——2011年北京市婚姻家庭调查分析》，《学术探索》2013年第1期。琚晓燕、谢庆红、曹洪健等：《夫妻互动行为差异及其对婚姻质量的影响——基于一项观察研究》，《中国临床心理学杂志》2013年第5期。

量的一部分，是农民工务工的一个重要驱动力，因此有必要对农民工婚姻质量进行深入研究。

本节运用实证调查资料，采用婚姻幸福感、夫妻积极互动这两个指标对新生代农民工积极婚姻质量的现状进行描述，进而分别把新生代农民工与第一代农民工和城市居民的积极婚姻质量进行比较，最后对新生代农民工积极婚姻质量的总体状况做出评价。

二 数据来源、研究工具及方法

（一）数据来源

见第三章第一节的数据来源和第三章第二节样本基本情况。

（二）研究工具

1. 一般资料

自行设计的一般资料问卷，分为个人人口学资料和打工资料，其中个人人口学资料包括年龄、性别、文化程度和个人月收入，打工资料包括打工时间和打工城市数量。文化程度分为①初中及以下，②高中，③大专及以上；个人月收入的具体表述为：过去一年里您的平均月收入①3000元以下，②3000—4000元，③4000元以上；打工时间分为①5年及以下，②5—10年，③10年以上；打工城市数量分为①1个②2个③3个及以上。

2. 婚姻幸福感

婚姻幸福感测评采用张会平编制的婚姻幸福感量表。该量表共有12个条目，采用Lickert 4点记分，对"非常不满意"、"不满意"、"满意"与"非常满意"分别以1—4计分。各条目得分相加后得到总分，总分越高代表婚姻幸福感越高。[1] 该问卷在本研究中的内部一致性信度Cronbach α为0.94。

3. 夫妻积极互动

本研究采用John等编制、由许晓河修订的中文版夫妻积极互动量表，该量表共有8个条目，对"从来没有""有时""经常""几乎总是"四

---

[1] 张会平：《家庭收入对女性婚姻幸福感的影响：夫妻积极情感表达的中介作用》，《中国临床心理学杂志》2013年第2期。

个选项采用 1—4 级评分，各条目得分相加后得到总分，总分越高代表夫妻积极情感表达越良好。该问卷在本研究中的内部一致性系数 Cronbach α 值为 0.848。

（三）数据处理

首先，采用基本描述性统计方法对被试的基本特征进行分析；然后采用多元回归模型，分别以新生代已婚农民工的婚姻幸福感、夫妻积极互动这两个指标为因变量，以性别、年龄、文化程度、收入水平四个人口学变量和打工城市数量、打工时间两个流动经历变量为自变量，进行逐步回归分析。

三 研究结果

（一）新生代已婚农民工的积极婚姻质量的现状

1. 新生代已婚农民工的积极婚姻质量总体情况

对新生代已婚农民工的婚姻幸福感和婚姻互动的两个积极维度进行描述性统计分析，结果表明，婚姻幸福感（2.964 ± 0.520）和婚姻互动维度（2.508 ± 0.587）平均分都超过了量表分值的理论中数，这说明已婚新生代农民工的婚姻质量总体水平偏高，在婚姻生活中的互动处于中等水平。

表 5—1　　新生代已婚农民工婚姻质量的平均数和标准差

年龄	性别	n	婚姻幸福感 M	婚姻幸福感 SD	婚姻互动 M	婚姻互动 SD
25 岁及以下	女	113	2.744	0.601	2.453	0.648
	男	69	3.005	0.564	2.559	0.611
26—30 岁	女	207	2.991	0.532	2.515	0.626
	男	208	2.984	0.459	2.541	0.576
31—36 岁	女	158	3.037	0.397	2.468	0.507
	男	155	2.966	0.570	2.511	0.568

2. 新生代农民工的积极婚姻质量水平在性别和年龄段上的差异分析

为了分析已婚新生代农民工的积极婚姻质量在性别和年龄段上是否存在差异,以已婚新生代农民工的婚姻幸福感和夫妻积极互动这两个变量为因变量,以性别和年龄阶段为自变量进行 2(性别)×3(年龄阶段)多元方差分析。结果表明,性别和年龄段在婚姻幸福感和夫妻积极互动上的主效应都不显著,即总体上已婚新生代农民工的积极婚姻质量因年龄段和性别的不同而不存在显著差异;但结果同时也表明已婚农民工积极婚姻质量在年龄段和性别的交互作用显著(wilks λ = 0.97, F = 2.375, $p < 0.05$)。

简单效应分析(见图5—1)显示已婚新生代农民工积极婚姻质量在年龄段和性别的交互作用主要体现在婚姻幸福感(F = 6.069, $p < 0.05$)上。进一步通过配对 t 检验进行事后检验表明,在婚姻幸福感上,25 岁及以下的女性农民工的婚姻幸福感(M = 2.744, SD = 0.648)显著低于 26 岁及以下的男性农民工的婚姻幸福感(M = 3.005, SD = 0.611),但在 26—30 岁和 31—36 岁这两个年龄阶段上,男女农民工并无显著差异。

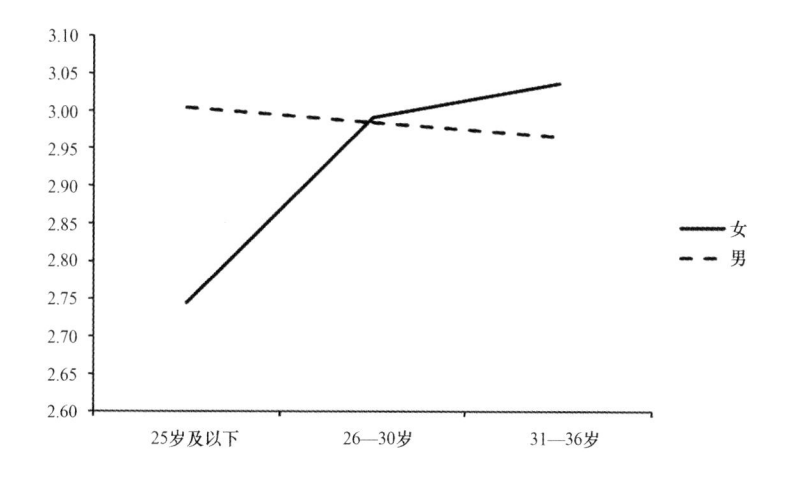

图5—1 男女新生代农民工在不同年龄段婚姻幸福感的评分

3. 积极婚姻质量水平在收入和文化水平上的差异分析

为了分析已婚新生代农民工的积极婚姻质量在不同的收入和文化水

平上是否存在差异，以已婚新生代农民工婚姻幸福感和夫妻积极互动这两个变量为因变量，以月收入（3000元以下、3000—4000元、4000元以上）和文化水平（初中及以下、高中、大专及以上）为自变量进行3（收入水平）×3（文化水平）多元方差分析。结果见表5—2。

表5—2　　　已婚新生代农民工婚姻质量的平均数和标准差

文化水平	收入	n	婚姻幸福感 M	婚姻幸福感 SD	婚姻互动 M	婚姻互动 SD
初中及以下	3000元以下	207	2.940	0.552	2.464	0.551
	3000—4000元	139	2.923	0.423	2.333	0.545
	4000元以上	87	3.032	0.441	2.447	0.516
高中	3000元以下	99	2.843	0.584	2.433	0.576
	3000—4000元	80	3.017	0.401	2.681	0.554
	4000元以上	84	2.996	0.510	2.480	0.490
大专及以上	3000元以下	47	2.933	0.665	2.660	0.580
	3000—4000元	58	3.114	0.479	2.776	0.776
	4000元以上	109	2.984	0.579	2.618	0.650

在婚姻幸福感上，已婚农民工的婚姻幸福感水平在不同的收入和文化水平的交互作用不显著（$F = 1.908, p > 0.05$）；文化水平的主效应不显著（$F = 0.738, p > 0.05$），但收入水平的主效应显著（$F = 3.502, p < 0.05$），即总体上已婚新生代农民工的婚姻幸福感水平在不同的收入水平上存在显著差异。进一步的事后多重比较表明，月收入3000元以下的新生代农民工的婚姻幸福感水平（$M = 2.912, SD = 0.577$）显著低于月收入4000元以上的新生代农民工（$M = 3.045, SD = 0.512$）。

在夫妻积极互动上，月收入水平的主效应不显著（$F = 1.60, p > 0.05$），但文化水平的主效应显著（$F = 14.117, p < 0.001$），即总体上已婚新生代农民工的婚姻幸福感水平在不同的文化水平上存在显著差异。进一步的事后多重比较表明，初中及以下文化水平的新生代农民工（$M = 2.418, SD = 0.544$）在积极婚姻互动上显著低于高中（$M = $

2.524, $SD = 0.551$) 和大专以上（$M = 2.670, SD = 0.673$）的文化水平的新生代农民工，高中文化水平的新生代农民工在积极婚姻互动上又显著低于大专及以上的新生代农民工。简单效应分析显示，已婚农民工的婚姻幸福感水平在不同的收入和文化水平的交互作用显著（$F = 3.839, p < 0.01$），进一步通过配对 t 检验进行事后检验表明，在月收入3000—4000元的新生代农民工中，初中及以下文化水平（$M = 2.333, SD = 0.545$）的新生代农民工在积极婚姻互动上显著低于高中（$M = 2.681, SD = 0.554$）和大专及以上（$M = 2.776, SD = 0.776$）的文化水平的新生代农民工。

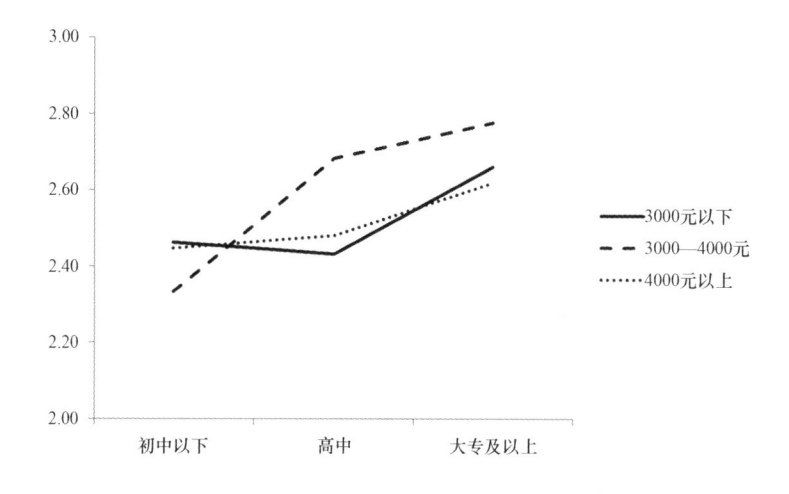

图5—2　新生代农民工的夫妻积极互动程度在不同月收入和文化水平上的交互作用

4. 积极婚姻质量水平在不同打工经历上的差异分析

为了分析已婚新生代农民工的积极婚姻质量在不同的打工时间和打工城市上是否存在差异，以已婚新生代农民工的婚姻幸福感和夫妻积极互动这两个变量为因变量，以打工时间（5年及以下、5—10年、10年以上）和打工城市（1个、2个和3个以上）为自变量进行3（打工城市）×3（打工时间）多元方差分析。结果见表5—3。

表 5—3　新生代已婚农民工积极婚姻质量的平均数和标准差

打工时间	打工城市	婚姻幸福感 M	SD	婚姻互动 M	SD
5 年以下	1 个	2.927	0.572	2.600	0.685
	2 个	2.765	0.568	2.456	0.535
	3 个以上	2.869	0.657	2.522	0.615
5—10 年	1 个	3.062	0.444	2.527	0.550
	2 个	3.010	0.490	2.546	0.589
	3 个以上	2.905	0.557	2.403	0.581
10 年以上	1 个	3.036	0.427	2.470	0.501
	2 个	2.942	0.364	2.518	0.575
	3 个以上	3.115	0.449	2.523	0.585

在婚姻幸福感上，打工城市数量的主效应不显著（$F=2.851$，$p>0.05$），但打工时间的主效应显著（$F=8.934$，$p<0.001$），即总体上已婚新生代农民工的婚姻幸福感水平在不同的打工时间存在显著差异。进一步的事后多重比较表明，打工时间 5 年及以下的新生代农民工（$M=2.861$，$SD=0.592$）在婚姻幸福感显著低于 5—10 年（$M=2.986$，$SD=0.506$）和 10 年以上（$M=3.047$，$SD=0.426$）的新生代农民工，而打工时间 5—10 年的新生代农民工与 10 年以上的新生代农民工在婚姻幸福感上无显著差异。同时简单效应分析显示已婚农民工的婚姻幸福感水平在不同的打工时间和打工城市数量的交互作用不显著（$F=2.674$，$p>0.05$）。

在夫妻积极互动上，已婚农民工的夫妻积极互动程度在不同的打工城市数量和打工时间的交互作用不显著（$F=1.564$，$p>0.05$）；打工城市数量（$F=0.530$，$p>0.05$）和打工时间（$F=0.265$，$p>0.05$）的主效应也不显著，即总体上已婚新生代农民工的婚姻互动程度在不同的打工城市数量和打工时间上不存在显著差异。

（二）新生代农民工与第一代农民工的积极婚姻质量比较

为了比较新生代农民工和第一代农民工婚姻质量的差异，将两代农民工的婚姻幸福感和夫妻积极互动这两个变量进行独立样本 T 检验。结果显示,两代农民工的婚姻幸福感和夫妻积极互动这两个变量都存在显著性的差异,其中在婚姻幸福感上,第一代农民工的婚姻幸福感(3.052 ± 0.449)显著高于新生代农民工(2.964 ± 0.520, $t = -4.022^{***}$);在夫妻互动这一维度上,新生代农民工的得分(2.508 ± 0.587)显著高于第一代农民工(2.439 ± 0.565, $t = 2.638^{**}$)。

(三)新生代农民工与城市居民的积极婚姻质量比较

为了比较新生代农民工和城市居民的积极婚姻质量的差异,将新生代农民工和城市居民的婚姻幸福感和夫妻积极互动这两个变量进行独立样本T检验。结果显示,新生代农民工和城市居民的婚姻幸福感和夫妻积极互动这两个变量都存在显著性的差异,新生代农民工的婚姻幸福感(2.964 ± 0.520)和夫妻积极互动(2.508 ± 0.587)显著低于城市居民(3.044 ± 0.477, $t = -3.210^{***}$;2.558 ± 0.565, $t = -1.723^{**}$)。

(四)人口学变量和流动经历对新生代已婚农民工积极婚姻质量的回归分析

为了从整体上了解人口学变量和流动经历对新生代已婚农民工积极婚姻质量的预测效应,本研究分别以婚姻幸福感和夫妻积极互动这两个变量为因变量,以性别、年龄、文化程度、收入水平四个人口学变量和打工城市数量、打工时间两个流动经历变量为自变量,进行逐步回归分析。回归分析时对类别变量进行转化,形成虚拟变量进入多元线性回归方程。结果见表5—4。

表5—4 人口学变量和流动经历对新生代已婚农民工婚姻幸福感的回归分析

自变量	因变量 婚姻幸福感				
	B	β	R^2	$\triangle R^2$	F
打工年限(1—5年)	-0.179	-0.161	0.162	0.024	7.144^{***}
受教育程度(大专及以上)	0.111	0.091			

从表5—4可以看出,受教育程度(大专及以上)和打工年限(1—5年)进入回归方程,是预测新生代已婚农民工婚姻幸福感的显著变量。

其中，受教育程度（大专及以上）对新生代已婚农民工婚姻幸福感为正向预测，而打工年限（1—5 年）对新生代已婚农民工婚姻幸福感为负向预测。回归方程的总体校正 R^2 值是 0.024，说明自变量可以解释因变量变异的 2.4%。同时多元线性回归分析的"多重共线性"统计检验结果表明，方差膨胀因子（VIF）值为 1.08，容忍度（Tolerance）值为 0.926。根据方差膨胀因子大于 10、容忍度值小于 0.1 时可以认定自变量存在多重共线性问题的判断原则，可以认为本多元线性回归分析不存在多重共线性问题，分析结果有效。

表 5—5　人口学变量和流动经历对新生代已婚农民工夫妻积极互动的回归分析

自变量	因变量 夫妻积极互动				
	B	β	R^2	$\triangle R^2$	F
受教育程度（大专及以上）	0.147	0.106	0.029	0.027	13.662***
受教育程度（初中及以下）	-0.105	-0.089			

从表 5—5 可以看出，受教育程度为大专及以上和受教育程度为初中及以下进入回归方程，是预测新生代已婚农民工夫妻积极互动的显著变量。其中，受教育程度为大专及以上对新生代已婚农民工婚姻幸福感为正向预测，而受教育程度为初中及以下对新生代已婚农民工婚姻幸福感为负向预测。回归方程的总体校正 R^2 值是 0.027，说明自变量可以解释因变量变异的 2.7%。同时多元线性回归分析的"多重共线性"统计检验结果表明，方差膨胀因子值为 1.387，容忍度值为 0.721。因此本多元线性回归分析不存在多重共线性问题，分析结果有效。

四　讨论

本研究以新生代已婚农民工为主体研究对象，以第一代已婚农民工和城市已婚居民为比较对象，采用婚姻幸福感、夫妻积极互动这两个变量对新生代农民工积极婚姻质量的现状进行全方位的描述，进而分别把新生代农民工与第一代农民工和城市居民的积极婚姻质量进行比较，最后对新生代农民工积极婚姻质量的总体状况做出评价。

首先，本研究结果显示新生代农民工的积极婚姻质量的两个测量变量，婚姻幸福感和夫妻积极互动的评分略高于理论中数，但与第一代农民工和城市居民相比较，新生代农民工的婚姻幸福感显著低于第一代农民工和城市居民，同时在婚姻互动这一维度上，新生代农民工的得分显著高于第一代农民工而显著低于城市居民。因此，本次调查结果显示，新生代已婚农民工群体的积极婚姻质量处于中等水平，有显著代际差异和城乡差异。这一研究成果与现有的研究结果具有一致性。[1] 从代际视角，现有的研究认为与第一代农民工相比，新生代农民工更容易遭遇婚姻和情感方面的困扰，若这些困扰不能够得到及时排解，可能导致其婚姻幸福感下降。从城乡视角，相关研究显示，与城市居民相比，农民工群体的婚姻幸福感较低，同时其夫妻积极互动的程度不高，这些现状与其外出务工时间、迁移距离和流动模式等因素是紧密相连的。[2]

其次，多元方差分析表明，总体上已婚新生代农民工的积极婚姻质量因年龄段和性别的不同而不存在显著差异，这一研究结果在回归分析中也进一步得到了验证。但值得一提的是在婚姻幸福感上，25岁及以下的女性农民工的婚姻幸福感显著低于25岁及以下的男性农民工。这种差异的产生主要是因为该年龄阶段的女性农民工正处于生儿育女的高峰期，该年龄阶段的女性农民工不仅是孩子的主要照顾者，也是家庭经济的主要创造者，因此其双重角色冲突比男性农民工更为明显。社会交换理论认为，婚姻满意与否是基于个体对收益与成本的评价，个体会努力谋求婚姻中的收益最大化，若收益高于成本，婚姻满意度则高反之亦然。女性农民工在婚姻中所感知到的成本高于其收益，以致降低了其对婚姻的幸福感。[3]

---

[1] 周伟文、侯建华：《新生代农民工阶层：城市化与婚姻的双重困境——S市新生代农民工婚姻状况调查分析》，《社会科学论坛》2010年第18期。韦克难、杨世箐、周炎炎等：《农村流动人口婚姻满意度的调查分析——基于四川省四地的调查报告》，《中共四川省委省级机关党校学报》2008年第3期。

[2] 马忠东、石智雷：《流动过程影响婚姻稳定性研究》，《人口研究》2017年第1期。

[3] 王玲杰、叶文振：《流动人口婚姻满意度实证分析》，《人口学刊》2008年第2期。

再次，受教育程度是预测新生代已婚农民工婚姻幸福感和夫妻积极互动的显著变量。这种影响主要体现在受教育程度高（大专及以上）的新生代已婚农民工婚姻幸福感和夫妻积极互动程度较高，而对婚姻幸福感和积极互动水平较低的评价主要集中在低文化水平（初中及以下）的农民工群体中。现有研究认为农民工受教育年限越长，其拥有婚姻资源更多，这种相对"优势"使新生代农民工在婚姻生活中可获得更多的积极感受，对婚姻的幸福感更高。① 另外，已婚新生代农民工的婚姻幸福感水平在不同的收入水平上存在显著差异。从一定意义上说，农民工的婚姻必须以一定的经济基础为条件，收入水平越高，其家庭物质生活水平与生活质量都会相应越高，减少了由经济紧张造成的夫妻冲突，提高了其婚姻幸福水平。

最后，打工年限是预测新生代已婚农民工婚姻幸福感的显著变量，主要体现在5年及以下的新生代农民工的婚姻幸福感最低。可能是由于打工年限较低的新生代农民工刚从农村转移到城市，会面临城市融入问题，而城市融入会大量地消耗个人的经济、人力和社会资本，农民工会面临很大的生活和精神负担，这种负担会加剧家庭冲突，进而降低婚姻幸福感。②

第二节　新生代已婚农民工消极婚姻质量的特征研究

一　引言

迄今为止，国内外对婚姻关系的研究主要关注的是城市居民和农村留守群体③，对于流动群体，尤其是农民工的婚姻质量的关注还不多。我国对农民工婚姻问题的早期研究集中在对其婚姻现状和婚姻质量的理

---

① 吴海龙：《新生代农民工婚姻模式与家庭稳定性研究综述》，《铜陵学院学报》2013年第2期。
② 马忠东、石智雷：《流动过程影响婚姻稳定性研究》，《人口研究》2017年第1期。
③ 李昌俊、刘泓、贾东立等：《留守与非留守妇女的婚姻质量调查》，《中国心理卫生杂志》2014年第4期。张耀方、方晓义：《城市新婚夫妻自我情绪调节困难与婚姻质量的关系》，《中国临床心理学杂志》2010年第6期。

论探索或现状描述①，新近研究已从农民工婚姻质量的外在表象探讨转为对其内在机制分析，这些研究大多从婚姻质量的积极维度进行探讨②，缺乏从婚姻质量的消极维度进行分析。婚姻问题、婚姻冲突与婚姻不稳定性作为衡量婚姻质量消极维度的重要指标，能够相对稳定地反映农民工对自己婚姻状况的认知和评价，加深对婚姻成功和失败原因的理解。

第一节已从婚姻幸福感和婚姻积极互动两个指标对已婚农民工积极婚姻质量的特征进行描述和探讨，本节运用实证调查资料，采用婚姻问题、婚姻冲突与婚姻不稳定性这三个指标对新生代农民工消极婚姻质量的现状进行描述，进而分别把新生代农民工与第一代农民工和城市居民的消极婚姻质量进行比较，最后对新生代农民工消极婚姻质量的总体状况做出评价。

二 数据来源、研究工具及方法

（一）数据来源

见第三章第一节的数据来源和第三章第二节样本基本情况。

（二）研究工具

1. 一般资料

自行设计的一般资料问卷，分为个人人口学资料和打工资料，其中个人人口学资料包括年龄、性别、文化程度和个人月收入，打工资料包括打工时间和打工城市数量。文化程度分为①初中及以下，②高中，③大专及以上。个人月收入的具体表述为：过去一年里您的平均月收入①3000元以下，②3000—4000元，③4000元以上；打工时间分为①5年以下，②5—10年，③10年以上。打工城市数量分为①1个②2个③3个及以上。

---

① 陈印陶：《打工妹的婚恋观念及其困扰——来自广东省的调查报告》，《人口研究》1997年第2期。王杰：《同村婚姻：青年农民工婚姻新模式的诠释——以辛村为例》，《青年研究》2007年第11期。

② 李国珍：《已婚农民工婚姻生活满意度研究》，《兰州学刊》2012年第11期。杨婷、靳小怡：《家庭压力与婚姻满意度对农民工实施婚姻暴力的影响》，《人口学刊》2018年第1期。

2. 婚姻冲突

本研究所使用的婚姻冲突量表为约翰森等所编制[①]，该量表共有6个条目，采用Likert4点计分法，对"从来没有""有时""经常""几乎总是"4个选项按照1—4进行计分，要求被试回答过去一年在教育孩子、家务分工、照顾老人、夫妻争吵与结交异性等方面的分歧程度，各个条目的得分加总，总分越高代表婚姻冲突越严重。该量表的中文版本已在北京测试，结果证实具有较好的信度和效度。该量表在本研究中的内部一致性检验为Cronbach α = 0.91。

3. 婚姻不稳定性

本研究采用张会平编制婚姻不稳定量表进行评定。该分量表共有5个项目，被试者要求回答与离婚或分居有关的事件和想法在其婚姻中出现的频率，采用Likert4点计分法，对"从来没有""有时""经常""几乎总是"4个选项按照1—4进行计分，各个条目的得分加总，总分越高代表婚姻不稳定性越严重。[②] 该量表在本研究中的内部一致性检验为Cronbach α = 0.86。

4. 婚姻问题

本研究采用中文版婚姻问题量表，该分量表共有8个项目，被试者要求回答在过去一年内婚姻问题出现的频率。[③] 采用Likert4点计分法，对"从来没有""有时""经常""几乎总是"4个选项按照1—4进行计分，各个条目的得分加总，总分越高代表婚姻问题越多。该量表在本研究中的内部一致性检验为Cronbach α = 0.78。

（三）数据处理

首先，采用基本描述性统计方法对被试的基本特征进行分析；然后采用多元回归模型，分别以新生代已婚农民工的婚姻问题、婚姻冲突和婚姻不稳定性3个指标为因变量，以性别、年龄、文化程度、收入水平4

[①] Zhang H., Xu X., Tsang S. K. M., "Conceptualizing and Validating Marital Quality in Beijing: A Pilot Study", *Social indicators research*, Vol. 113, No. 1, August 2013, pp. 197–212.

[②] 张会平：《女性家庭经济贡献对婚姻冲突的影响——婚姻承诺的调节作用》，《人口与经济》2013年第5期。

[③] Xiaohe X, "Measuring the Concept of Marital Quality as Social Indicators in Urban China", *Kluwer Academic Publishers*, Vol. 37, No. 2, February 1996, p. 189–206.

个人口学变量和打工城市数量、打工时间 2 个流动经历变量为自变量,进行逐步回归分析。

三 研究结果

(一)新生代已婚农民工的消极婚姻质量的现状

1. 新生代已婚农民工的消极婚姻质量总体情况

对新生代已婚农民工的消极婚姻质量的三个变量进行描述性统计分析,结果表明婚姻冲突维度(1.956 ± 0.563)、婚姻问题维度(1.861 ± 0.562)和婚姻不稳定性维度(1.429 ± 0.609)都低于量表分值的理论中数,说明新生代已婚农民工的婚姻冲突总体较少、婚姻不稳定性水平不高。

表 5—6　　新生代已婚农民工消极婚姻质量的平均数和标准差

年龄	性别	n	婚姻冲突 M	婚姻冲突 SD	婚姻问题 M	婚姻问题 SD	婚姻不稳定性 M	婚姻不稳定性 SD
25 岁及以下	女	113	2.063	0.602	1.892	0.617	1.499	0.697
	男	69	1.879	0.647	1.864	0.705	1.376	0.647
26—30 岁	女	207	1.868	0.513	1.826	0.545	1.439	0.616
	男	208	1.976	0.600	1.856	0.555	1.415	0.563
31—36 岁	女	158	1.950	0.495	1.826	0.477	1.411	0.577
	男	155	2.010	0.560	1.925	0.560	1.427	0.607

2. 消极婚姻质量水平在性别和年龄段上的差异分析

为了分析已婚新生代农民工婚姻冲突、婚姻问题、婚姻不稳定性 3 个变量在性别和年龄段上是否存在差异,以已婚新生代农民工婚姻冲突、婚姻问题、婚姻不稳定性 3 个变量为因变量,以性别和年龄阶段为自变量进行 2(性别)×3(年龄阶段)多元方差分析。结果表明(见表 5—6),性别和年龄段在婚姻冲突、婚姻问题、婚姻不稳定性 3 个变量上的主效应都不显著,即总体上新生代已婚农民工的消极婚姻质量因年龄段和性别的不同而不存在显著差异;但结果同时也表明已婚农民工消极婚姻质量在年龄段和性别的交互作用显著（wilks λ = 0.97，F = 2.375，p < 0.05）。

简单效应分析（见图5—3）显示新生代已婚农民工消极婚姻质量在年龄段和性别的交互作用主要体现婚姻冲突（F = 4.243，p < 0.05）这两个维度上。进一步通过配对 t 检验进行事后检验表明，25岁及以下的女性农民工觉察到的婚姻冲突（M = 2.063，SD = 0.602）显著高于25岁及以下的男性农民工的婚姻冲突（M = 1.879，SD = 0.47），但在26—30岁和31—36岁这两个年龄阶段上，男女农民工并无显著差异。

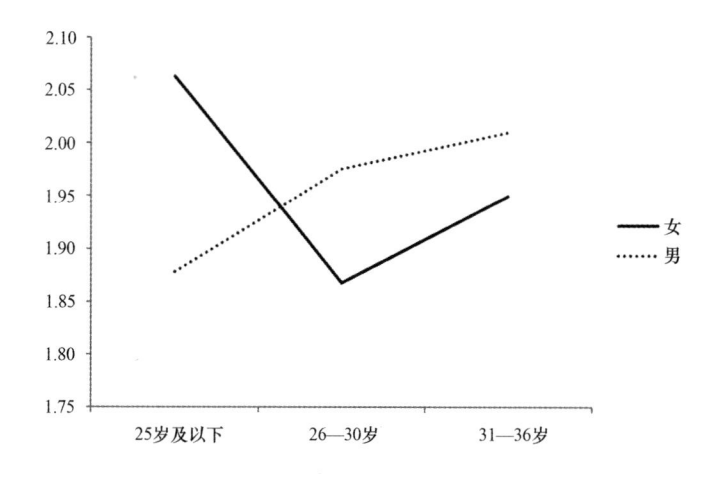

图5—3　新生代农民工的婚姻冲突在年龄段和性别的交互作用

3. 消极婚姻质量水平在收入和文化水平上的差异分析

为了分析新生代已婚农民工的婚姻冲突、婚姻问题、婚姻不稳定性3个变量在不同的收入和文化水平上是否存在差异，以新生代已婚农民工的婚姻冲突、婚姻问题、婚姻不稳定性3个变量为因变量，以月收入（3000元以下、3000—4000元、4000元以上）和文化水平（初中及以下、高中、大专及以上）为自变量进行3（收入水平）×3（文化水平）多元方差分析，结果见表5—7。

表5—7 已婚新生代农民工消极婚姻质量的平均数和标准差

文化水平	收入	n	婚姻冲突 M	婚姻冲突 SD	婚姻问题 M	婚姻问题 SD	婚姻不稳定性 M	婚姻不稳定性 SD
初中以下	3000元以下	207	1.981	0.537	1.826	0.537	1.396	0.579
	3000—4000元	139	1.948	0.541	1.853	0.604	1.496	0.632
	4000元以上	87	2.004	0.617	1.929	0.548	1.471	0.675
高中	3000元以下	99	2.033	0.562	2.014	0.579	1.570	0.630
	3000—4000元	80	1.922	0.637	1.822	0.527	1.366	0.587
	4000元以上	84	1.972	0.500	1.918	0.617	1.345	0.582
大专及以上	3000元以下	47	1.917	0.635	1.823	0.577	1.472	0.766
	3000—4000元	58	1.809	0.562	1.696	0.550	1.303	0.468
	4000元以上	109	1.919	0.553	1.831	0.501	1.407	0.568

在婚姻冲突上，已婚农民工的婚姻冲突程度在不同的收入和文化水平的交互作用不显著（$F = 0.281, p > 0.05$）；文化水平（$F = 2.081, p > 0.05$）和收入水平（$F = 1.625, p > 0.05$）的主效应也不显著，即总体上新生代已婚农民工的婚姻冲突水平在不同的收入水平和文化水平上不存在显著差异。

在婚姻问题上，已婚农民工的婚姻问题在不同的收入和文化水平的交互作用不显著（$F = 1.497, p > 0.05$）；文化水平（$F = 3.027, p > 0.05$）和收入水平（$F = 2.565, p > 0.05$）的主效应也不显著，即总体上新生代已婚农民工的婚姻问题在不同的收入水平和文化水平上不存在显著差异。

在婚姻不稳定性上，文化水平（$F = 0.631, p > 0.05$）和收入水平（$F = 1.549, p > 0.05$）的主效应也不显著，即总体上新生代已婚农民工的婚姻问题在不同的收入水平和文化水平上不存在显著差异。同时简单效应分析显示已婚农民工的婚姻问题在不同的收入和文化水平的交互作用显著（$F = 2.939, p < 0.05$），进一步通过配对 t 检验进行事后检验表明，在高中文化水平新生代农民工这一群体中，月收入3000元以下（$M = 1.570, SD = 0.630$）的新生代农民工在婚姻不稳定性上显著低于月收入3000—4000元（$M = 1.366, SD = 0.587$）和4000元以上（$M = $

1.345, SD = 0.582) 的新生代农民工。

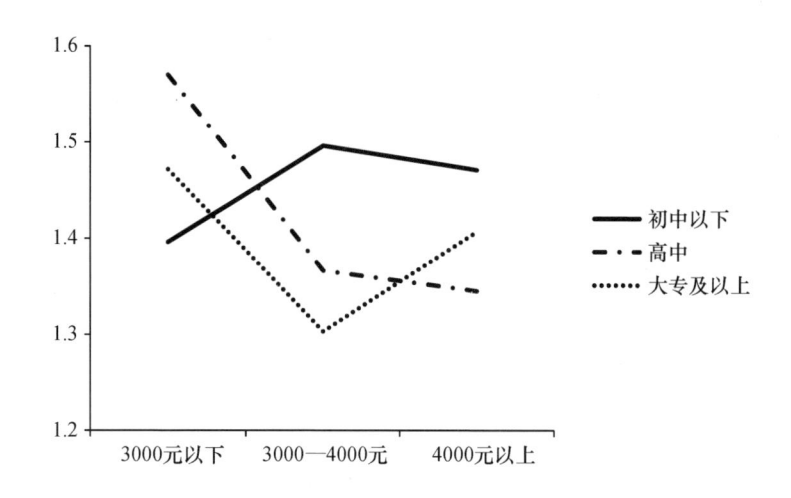

图5—4 新生代农民工的婚姻不稳性在不同月收入和文化水平的交互作用

4. 消极婚姻质量水平在不同流动经历上的差异分析

为了分析已婚新生代农民工的消极婚姻质量在不同的打工时间和打工城市是否存在差异，以新生代已婚农民工婚姻冲突、婚姻问题、婚姻不稳定性三个变量为因变量，以打工时间（5年以下、5—10年、10年以上）和打工城市（1个、2个和3个以上）为自变量进行3（打工城市）×3（打工时间）多元方差分析。结果见表5—8。

在婚姻冲突上，已婚农民工的婚姻冲突在不同的打工城市数量和打工时间的交互作用不显著（F = 0.123，p > 0.05）；打工城市数量（F = 1.323，p > 0.05）和打工时间（F = 0.105，p > 0.05）的主效应也不显著，即总体上具有不同的打工城市数量与打工时间的新生代已婚农民工的婚姻冲突不存在显著差异。

在婚姻问题上，打工时间的主效应不显著（F = 0.552，p > 0.05），但打工城市树立的主效应显著（F = 4.312，p < 0.05），即总体上新生代已婚农民工的婚姻问题在打工城市数量上存在显著差异。进一步的事后多重比较表明，打工城市为1个的新生代农民工（M = 1.788，SD = 0.525）的婚姻问题显著低于打工城市为3个以上（M = 1.933，SD =

0.608)的新生代农民工。同时简单效应分析显示新生代已婚农民工的婚姻幸福感水平在不同的打工时间和打工城市数量的交互作用不显著（$F=0.973$，$p>0.05$）。

表5—8　新生代已婚农民工消极婚姻质量的平均数和标准差

打工时间	打工城市	婚姻冲突 M	婚姻冲突 SD	婚姻问题 M	婚姻问题 SD	婚姻不稳定性 M	婚姻不稳定性 SD
5年以下	1个	1.934	0.612	1.772	0.576	1.375	0.607
	2个	1.966	0.532	1.853	0.517	1.397	0.527
	3个以上	1.998	0.636	1.879	0.645	1.501	0.778
5—10年	1个	1.896	0.524	1.815	0.508	1.347	0.480
	2个	1.978	0.490	1.830	0.566	1.403	0.503
	3个以上	1.993	0.611	2.001	0.615	1.529	0.690
10年以上	1个	1.920	0.509	1.777	0.458	1.398	0.655
	2个	1.924	0.562	1.926	0.524	1.440	0.606
	3个以上	1.986	0.576	1.886	0.577	1.480	0.631

在婚姻不稳定性上，打工时间的主效应不显著（$F=0.051$，$p>0.05$），但打工城市数量的主效应显著（$F=3.504$，$p<0.05$），即总体上新生代已婚农民工的婚姻问题在打工城市数量上存在显著差异。进一步的事后多重比较表明，打工城市为1个的新生代农民工（$M=1.371$，$SD=0.578$）的婚姻问题显著低于打工城市为3个以上（$M=1.505$，$SD=0.686$）的新生代农民工。同时简单效应分析显示已婚农民工的婚姻幸福感水平在不同的打工时间和打工城市数量上的交互作用不显著（$F=0.233$，$p>0.05$）。

（二）新生代农民工与第一代农民工的消极婚姻质量比较

为了比较新生代农民工和第一代农民工消极婚姻质量的差异，将两代农民工的消极婚姻质量的5个维度进行独立样本T检验。结果显示，新生代农民工在婚姻冲突（1.956±0.563）、婚姻不稳定性（1.861±0.562）和婚姻问题（1.429±0.609）上的得分显著高于第一代农民工（1.890±0.548、1.746±0.545、1.322±0.536；$t=2.632^{**}$、4.597^{***}、

4.145***)。

(三) 新生代农民工与城市居民的消极婚姻质量比较

为了比较新生代农民工和城市居民的消极婚姻质量的差异,将新生代农民工和城市居民的婚姻冲突、婚姻问题、婚姻不稳定性3个变量进行独立样本T检验。结果显示,新生代农民工和城市居民的婚姻冲突(新生代农民工:1.956±0.563,城市居民:1.853±0.569、$t=3.628^{**}$)、婚姻问题(新生代农民工:1.861±0.562,城市居民:1.742±0.550、$t=4.252^{***}$)、婚姻不稳定性(新生代农民工:1.429±0.609,城市居民:1.342±0.540、$t=3.046^{***}$)3个变量都存在显著性的差异,新生代农民工的得分都显著高于城市居民。

(四) 人口学变量和流动经历对新生代已婚农民工消极婚姻质量的回归分析

为了从整体上了解人口学变量和流动经历对新生代已婚农民工消极婚姻质量的预测效应,本研究分别以婚姻冲突、婚姻问题、婚姻不稳定性3个变量为因变量,以性别、年龄、文化程度、收入水平4个人口学变量和打工城市数量、打工时间2个流动经历变量为自变量,进行逐步回归分析。回归分析时对类别变量进行转化,形成虚拟变量进入多元线性回归方程。结果见表5—9、表5—10、表5—11。

表5—9 人口学变量和流动经历对新生代已婚农民工婚姻冲突的回归分析

自变量	因变量 婚姻冲突				
	B	β	R^2	$\triangle R^2$	F
受教育程度 (大专及以上)	-0.088	-0.066	0.004	0.003	4.017*

从表5—9可以看出,只有受教育程度为大专及以上进入回归方程,是负向预测新生代已婚农民工婚姻冲突的显著变量。回归方程的总体校正R^2值是0.004,说明自变量可以解释因变量变异的0.4%。

表5—10 人口学变量和流动经历对新生代已婚农民工婚姻问题的回归分析

自变量	因变量				
^	婚姻问题				
^	B	β	R^2	$\triangle R^2$	F
打工城市的数量（1个）	-0.112	-0.095	0.009	0.008	8.333**

从表5—10可以看出，只有打工城市的数量为1个的进入回归方程，是负向预测新生代已婚农民工婚姻问题的显著变量。回归方程的总体校正R^2值是0.008，说明自变量可以解释因变量变异的0.8%。

表5—11 人口学变量和流动经历对新生代已婚农民工婚姻不稳定性的回归分析

自变量	因变量				
^	婚姻不稳定性				
^	B	β	R^2	$\triangle R^2$	F
打工城市的数量（3个及以上）	0.116	0.091	0.008	0.007	7.534**

从表5—11可以看出，只有打工城市的数量3个及以上进入回归方程，是正向预测测新生代已婚农民工婚姻不稳定性的显著变量。回归方程的总体校正R^2值是0.007，说明自变量可以解释因变量变异的0.8%。

四　讨论

本研究以新生代已婚农民工为主体研究对象，以第一代已婚农民工和城市已婚居民为比较对象，采用婚姻问题、婚姻冲突与婚姻不稳定性这3个指标对新生代农民工消极婚姻质量的现状进行全方位描述，进而分别把新生代农民工与第一代农民工和城市居民的消极婚姻质量进行比较，最后对新生代农民工消极婚姻质量的总体状况做出评价。

首先，本研究结果显示新生代农民工的消极婚姻质量的3个测量指标，尽管婚姻冲突、婚姻问题、婚姻不稳定性的得分都低于量表分值的理论中数，但其消极婚姻质量的这 3 个测量指标的得分显著高于第一代农民工和城市居民，因此，本次调查结果显示新生代已婚农民工群体的消极婚姻质量有显著代际差异和城乡差异。

从代际视角看，新生代已婚农民工群体比第一代农民工群体面临更多的婚姻冲突、婚姻问题和婚姻不稳定性，这一研究与李卫东利用 2016 年对农民工婚姻稳定性的状况进行调查分析的结果一致①，该研究表明农民工的婚姻不稳定性呈现出显著的代际差异的特点。其中"80 后"的婚姻最不稳定，"70 后"次之，最后是"60 后""50 后"，53.32% 的"80 后"农民工的婚姻存在不同程度的不稳定状态，其中，具有婚姻高度不稳定程度的农民工占比 10.42% 。这说明，新生代农民工更容易遭遇情感和婚姻方面的困扰，这些困扰影响了婚姻的稳定性，如果不能够得到有效及时的解决则有可能导致婚姻关系的破裂。同时也因为第一代农民工随着年龄的增加、打工年限的增加、经济状况的逐渐改善提高了其物质生活水平，进而减轻了婚姻生活的经济压力，从而减少了由经济紧张造成的夫妻冲突。②

从城乡视角看，新生代已婚农民工群体比城市居民面临更多的婚姻冲突、婚姻问题和婚姻不稳定性。在人口流动背景下，农民工的婚姻更容易出现不稳定性。这与马忠东和石智雷对全国 106 个城市 157535 个流动人口家庭调查数据结果一致：流动人口群体离婚率高于一般居民。③ 根据压力假说，迁移者由于受到很大的精神与生活压力，易造成夫妻感情的紧张，进而导致婚姻解体。④ 同时，人口流动会提高离婚的风险，这主要由于人口流动能降低婚姻搜寻成本，增加婚姻替代资源的可接触性，"80 后"新生代农民工的婚姻观念更易受到人口流动的影响，具体表现为其所持有的婚姻观念更为开放，当婚姻替代机会足够时，离婚倾向更为

---

① 李卫东：《农民工婚姻稳定性研究：基于代际、迁移和性别的视角》，《中国青年研究》2017 年第 7 期。
② 王玲杰、叶文振：《流动人口婚姻满意度实证分析》，《人口学刊》2008 年第 2 期。
③ 马忠东、石智雷：《流动过程影响婚姻稳定性研究》，《人口研究》2017 年第 1 期。
④ P. J. B., Hill. K., Thomas J. T., et al, " Moving and Union Dissolution", *Demography*, Vol. 45, No. 1, June 2008, pp. 209 – 222.

明显。①

其次，多元方差分析表明总体上新生代已婚农民工的消极婚姻质量因年龄段和性别的不同而不存在显著差异，这一研究结果在回归分析中也进一步得到了验证。但值得一提的是25岁及以下的女性农民工觉察到的婚姻冲突显著高于25岁及以下的男性农民工的婚姻冲突，同时在婚姻问题和婚姻不稳定性上也显著高于男性。这与研究四中的25岁及以下的女性农民工的婚姻幸福感著低于25岁及以下的男性农民工的婚姻幸福感这一结果相吻合。李卫东的研究结果也发现有接近50%的女性农民工的婚姻存在不同程度的不稳定性，比男性农民工高出9个百分点；婚姻处于高度不稳定状态的女性农民工超过了11%，比男性农民工高出近5个百分点。可见，在农民工群体中，女性的离婚倾向比男性更明显，其婚姻不稳定性高于男性农民工。②

再次，受教育程度是负向预测新生代已婚农民工婚姻冲突的显著变量。这种影响主要体现在教育程度高（大专及以上）的新生代已婚农民工婚姻冲突较少，现有研究认为农民工受教育水平的提高可以促使其生活家庭理念也进一步提高，例如平等观念明显增强、注重情感需求的满足等理念，都有利于提高农民工的沟通水平，增加夫妻之间的交流和互动，减少婚姻冲突。另外，在高中文化水平新生代农民工这一群体中，月收入3000元以下的新生代农民工的婚姻不稳定性显著高于月收入3000—4000元和4000元以上的新生代农民工。家庭收入则代表着一个家庭可支配的资源数量，若家庭收入过少，可能会影响夫妻对资源的支配满意度，增大夫妻之间的矛盾，降低配偶之间的和睦相处程度，会相应影响夫妇双方对婚姻满意度的评价，从而提高婚姻的不稳定性。

最后，城市数量是预测新生代已婚农民工婚姻问题和婚姻不稳定性的显著变量，固定在1个城市打工的新生代农民工的婚姻问题和婚姻不稳定性显著低于打工城市为3个以上的新生代农民工。很明显，不断变换务工城市，一方面农民工为融入城市将投入大量的经济成本，同时还

---

① 李卫东：《农民工婚姻稳定性研究：基于代际、迁移和性别的视角》，《中国青年研究》2017年第7期。

② 同上。

需融入当地文化,将投入大量的心理成本,从而使得频繁更换务工城市的农民工会面临生活和精神负担,这种负担会增加婚姻问题,进而加剧婚姻不稳定性。

第三节 新生代已婚农民工婚姻暴力的特征研究

一 引言

婚姻暴力是一个普遍且严重的公共卫生问题,是家庭暴力的一种主要形式,世界卫生组织发布的全球估计值表明,全世界大约35%的个体在一生中曾经遭受配偶的身体和/或性暴力。婚姻暴力主要发生于婚姻家庭关系中,婚姻暴力与其婚姻质量因素紧密相连,婚姻暴力会对婚姻质量造成极大的负面影响。

国内关于婚姻暴力的界定,并未形成统一的明确的概念,一部分人认为婚姻暴力即指夫妻之间的某一方所采取的侵犯或危害另一方人身权利,并对另一方造成人身伤害的行为;另一部分人认为,婚姻暴力是发生在夫妻之间的以暴力手段对相对弱势者造成人身和精神损害的欺凌行为。[1] 在学界,又从广义和狭义上来定义婚姻暴力,狭义上,婚姻暴力主要指丈夫对妻子实施的严重躯体暴力,即丈夫以胁迫或暴力等手段对妻子所进行的躯体或者是性方面的攻击,并产生了一定的伤害性的后果。[2] 广义上的婚姻暴力主要指是指在婚姻关系中的配偶一方对另一方施行的躯体、精神和性虐待或伤害,主要包括身体侵犯、强迫性行为、心理虐待和控制行为,本研究采用广义的婚姻暴力。

我国对婚姻暴力的研究开始较晚,对新生代已婚农民工这一群体的婚姻暴力现状及其相关影响因素的研究不多。对于新生代已婚农民工而言,流动本身就可能会导致家庭内部关系紧张,流动群体居住的生活环境恶劣,所处的工作环境较差,工作不稳定,频繁更换职业。他们的婚姻关系在现实生存状态中面临更多的冲击,使婚姻不满意的风险有所提

---

[1] 王盛:《浅析我国的家庭暴力及其法律对策》,《法制博览》2015年第5期。
[2] 毋嫘、洪炜、任双成等:《婚姻中严重躯体暴力行为的个人—家庭—社会因素》,《中国心理卫生杂志》2013年第4期。

高。婚姻满意度与婚姻暴力分别是对婚姻关系的积极与消极的回应,婚姻暴力在婚姻关系满意度低时发生的可能性就比较高。[①] 同时,从性别角色的角度看,已婚流动妇女从传统乡土社会流动到城市社会,其社会角色发生变化,与传统的农村女性相比,女性农民工拥有更多的社会和经济资源,其价值观也更具有现代性,从而使得农民工夫妻之间的资源结构和权力关系发生变化,而这些与传统的男权文化相背离,进而导致夫妻之间的关系冲突,甚至导致婚姻暴力的产生。

因此,本调查以新生代已婚农民工为研究对象,通过对其所遭受的家庭暴力的发生现况和特征,筛查家庭暴力高发的危险人群,既丰富我国家庭婚姻暴力影响因素研究的要求,也可以为将来制定有针对性的农民工家庭暴力的预防和控制措施提供科学依据。

二 数据来源、研究工具及方法

(一) 数据来源

见第三章第一节的数据来源和第三章第二节样本基本情况。

(二) 研究工具

1. 一般资料

自行设计的一般资料问卷,分为个人人口学资料和打工资料,其中个人人口学资料包括年龄、性别、文化程度和个人月收入,打工资料包括打工时间和打工城市数量。文化程度分为①初中及以下,②高中,③大专及以上。个人月收入的具体表述为:过去一年里您的平均月收入①3000元以下,②3000—4000元,③4000元以上。打工时间分为①5年以下,②5—10年,③10年以上。打工城市数量分为①1个,②2个,③3个及以上。

2. 婚姻暴力

婚姻暴力选用冲突策略量表简版(Short Form of the Revised Conflict

---

① 杨婷、靳小怡:《家庭压力与婚姻满意度对农民工实施婚姻暴力的影响》,《人口学刊》2018年第1期。

Tactics Scales，简称 CTS2S）进行评定[1]，由协商、心理暴力、躯体暴力、性暴力、伤害5个分量表构成，每个分量表均包含4个条目。其内部一致性 Cronbach's α 系数是 0.91，Guttman 系数是 0.74，其中，各分量表的 Cronbach's α 系数依次为：0.77、0.72、0.88、0.93、0.84；各分量表的 Guttman 系数依次为：0.64、0.46、0.83、0.89、0.6。[2] 该量表是由20个条目组成的自评问卷，一半评被试的行为，另一半评伴侣的行为。本研究对该版本有稍作修改，去掉了协商和伤害的部分，剩余3个分量表，即心理暴力、躯体暴力和性暴力，采用0—6的七级计分法，仅评估过去12个月中的发生次数（0次，1次，2次，3—5次，6—10次，11—20次，大于20次），其中任何一项显示为阳性就表示发生家庭暴力受虐或施暴。本研究中该量表内部一致性系数 Cronbach α 值为 0.89。

（三）数据处理

首先，所有数据运用 SPSS19.0 统计软件进行处理和分析，分类资料采用率和构成比进行统计描述，采用 χ² 检验进行单因素分析。其次，我们计算出已婚外来务工人员在过去12个月的婚姻暴力发生率估计值、频率和多重家庭暴力的比例。最后，采用多因素二元 Logistic 回归分析来确定新生代已婚农民工婚姻暴力的危险因素、粗比值比和调整后比值比（OR），并计算 OR 的95%置信区间（CIs）。在 Logistic 回归模型中，暴力总分、心理暴力、躯体暴力和性暴力分别作为因变量，新生代已婚农民工的人口统计学特征包括个体水平的决定因素（年龄、性别、教育、原籍地区）和迁移的决定因素（月收入、迁移持续时间和迁移城市数量）作为独立变量。

三 研究结果

（一）新生代已婚农民工遭受婚姻暴力的发生率与模式

婚姻暴力根据暴力的方向可以分为施暴和受虐两种方向。每一种方向的婚姻暴力的具体表现形式为心理暴力、躯体暴力和性暴力三种。表5—12

---

[1] Murray A. S., Emily M. D., "A Short Form of the Revised Conflict Tactics Scales, and Typologies for Severity and Mutuality" *Violence and Victims*, Vol. 19, No. 5, October 2004, pp. 507 – 20.

[2] 潘腾、凌莉、宋晓琴等：《冲突策略量表（中文简版）在流动育龄妇女中应用的信效度》，《中国健康心理学杂志》2014年第6期。

显示了新生代已婚农民工遭受不同形式的家庭暴力的发生率和频率。总的来说，910名新生代已婚农民工中，400人（43.96%，95%置信区间：42.67%—49.29%）在过去的12个月遭受了至少1次躯体、心理或性强迫暴力行为。具体地说，337名（37.03%，95%置信区间：35.28%—42.17%）在过去12个月遭受了1次心理暴力；共188名人遭受过躯体暴力（20.46%，95%置信区间：18.48%—23.86%），性暴力的比例最低，有173名（19.01%，95%置信区间：16.80%—21.99%）。同时，在过去12个月里，新生代已婚农民工三种类型的家庭暴力频率主要在5次以上。

表5—12 过去12个月新生代已婚农民工遭受暴力的发生率和频率分析

遭受暴力的形式	过去12个月的发生率 数量（%）	95%置信区间	过去12个月的频率 1次	2—5次（很少）	>5次（常常）
心理受虐					
侮辱/咒骂/大声叫/被配偶责骂	356（40.11）	36.91—43.36	126（35.39）	177（49.72）	53（14.89）
破坏属于我的东西或威胁打我	170（18.68）	16.50—21.66	64（37.64）	77（45.29）	29（17.06）
至少有一次心理受虐	377（41.43）	39.53—46.06	108（28.65）	144（38.20）	125（33.16）
躯体受虐					
推/挤/打我耳光	165（18.13）	15.95—21.05	55（33.33）	78（47.27）	32（19.39）
用拳打/踢/狠狠打我一顿	160（17.58）	15.42—20.46	55（34.37）	74（46.25）	31（19.37）
至少一次躯体受虐	188（20.66）	18.48—23.86	30（15.96）	68（36.17）	90（47.87）
性受虐					
身体被迫发生性关系	158（17.36）	15.12—20.11	55（34.81）	62（39.24）	41（25.95）
被迫没有避孕套地性交	146（16.04）	13.94—18.80	39（26.71）	63（43.15）	44（30.14）
至少一次性受虐	173（19.01）	16.80—21.99	21（12.14）	59（34.10）	93（53.76）
三种暴力中至少有一种	400（43.96）	42.67—49.29			

图5—5 显示了新生代已婚农民工遭受多重家庭暴力的比例。图中表明，相比于单独躯体受虐（1.1%）和单独性受虐（2.4%），最常见的暴力形式是单独心理受虐（19.5%）。但是，在过去的12个月遭受暴力的新生代已婚农民工中，超过半数遭受了多种形式的暴力，尤其是三重家庭暴力形式（13.4%）。

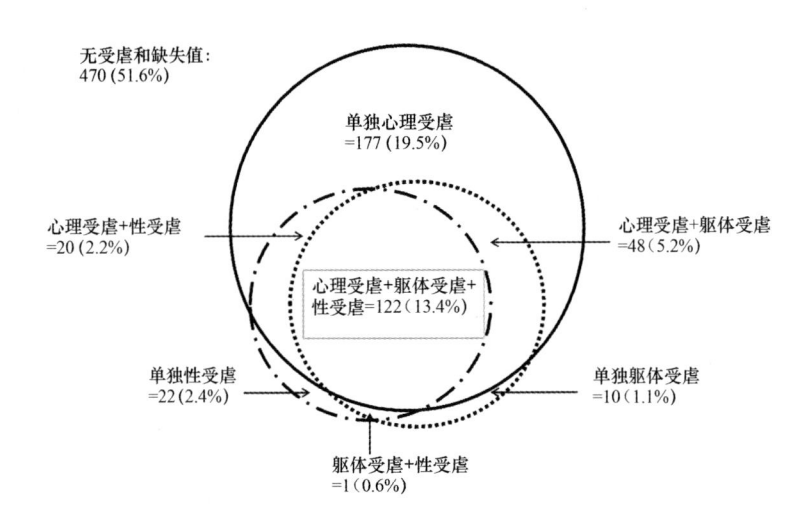

无受虐和缺失值：470 (51.6%)
单独心理受虐 =177 (19.5%)
心理受虐+性受虐 =20 (2.2%)
心理受虐+躯体受虐 =48 (5.2%)
心理受虐+躯体受虐+性受虐 =122 (13.4%)
单独性受虐 =22 (2.4%)
单独躯体受虐 =10 (1.1%)
躯体受虐+性受虐 =1 (0.6%)

图5—5 新生代已婚农民工遭受多重家庭暴力的比例

（二）新生代已婚农民工施暴的发生率与模式

表5—13 显示了新生代已婚农民工实施三种暴力的发生率和频率。总的来说，910名新生代已婚农民工中，439名（48.24%，95%置信区间：47.03%—53.66%）在过去的12个月实施了至少1次躯体、心理或性强迫暴力行为。具体地说，408名（44.84%，95%置信区间：43.22%—49.82%）在过去12个月实施了1次心理暴力，其次共204名人实施过躯体暴力（22.42%，95%置信区间：20.14%—25.65%），性暴力的比例最低，有176名（19.34%，95%置信区间：17.10%—22.32%）。同时，在过去12个月里，新生代已婚农民工实施3种类型的家庭暴力频率主要在5次以上。同时新生代已婚农民工遭受3种类型暴力和实施3种类型暴力的发生率及模式极为相似。

表5—13　过去12个月新生代已婚农民工施暴的发生率和频率分析

施暴的形式	过去12个月的发生率 数量（%）	95% 置信区间	过去12个月的频率 1次	2—5次（很少）	>5次（常常）
心理施暴					
对配偶进行侮辱/咒骂/大声叫/责骂	378（41.54）	39.64—46.17	137（36.24）	184（48.68）	57（15.08）
破坏属于配偶的东西或威胁打配偶	194（21.32）	19.04—24.46	78（40.21）	81（41.75）	35（18.04）
至少有一次心理施暴	408（44.84）	43.22—49.82	114（27.94）	159（38.97）	135（33.09）
躯体施暴					
推/挤/打配偶耳光	179（19.67）	17.44—22.70	58（32.40）	82（45.81）	39（21.78）
用拳打/踢/狠狠打配偶一顿	169（18.57）	16.32—21.45	44（26.03）	80（47.34）	45（26.62）
至少一次躯体施暴	204（22.42）	20.14—25.65	33（16.17）	63（30.88）	108（52.94）
性施暴					
强迫对方发生性关系	155（17.03）	14.86—19.82	53（34.19）	66（42.58）	36（23.23）
强迫对方不用避孕套地性交	153（16.81）	14.61—19.54	45（29.41）	72（47.06）	36（23.53）
至少一次性施暴	176（19.34）	17.10—22.32	22（12.50）	63（35.79）	91（51.70）
三种暴力中至少有一种	439（48.24）	47.03—53.66			

图5—6显示了新生代已婚农民工对配偶实施多重家庭暴力的比例。图中表明，相比于单独躯体施暴（1.3%）和单独性施暴（1.98%），最常见的暴力形式是单独心理施暴（22.5%）。但是，在过去的12个月对配偶实施暴力的新生代已婚农民工中，超过半数实施了多种形式的暴力，尤其是三重家庭暴力形式（13.5%）。同时新生代已婚农民工对配偶实施多重家庭暴力的比例与其遭受多重家庭暴力的比例极为一致。

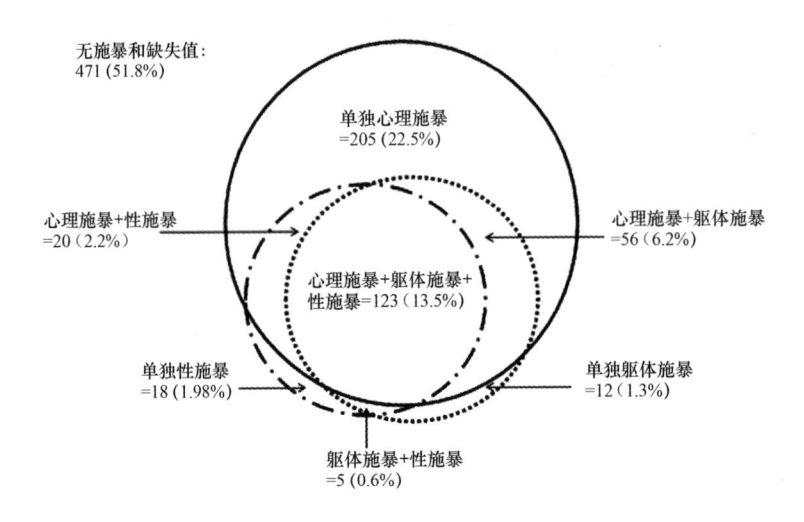

无施暴和缺失值：471 (51.8%)
单独心理施暴 =205 (22.5%)
心理施暴+性施暴 =20 (2.2%)
心理施暴+躯体施暴 =56 (6.2%)
心理施暴+躯体施暴+性施暴 =123 (13.5%)
单独性施暴 =18 (1.98%)
单独躯体施暴 =12 (1.3%)
躯体施暴+性施暴 =5 (0.6%)

图 5—6　新生代已婚农民工实施多重家庭暴力的比例

（三）新生代农民工与第一代农民工遭受婚姻暴力发生率的比较

为了比较新生代农民工和第一代农民工在遭受婚姻暴力发生率上的差异，将新生代农民工和第一代农民工的心理受虐、躯体受虐和性受虐三种婚姻暴力的发生率进行比较，结果见表5—14。

表 5—14　新生代农民工与第一代农民工遭受婚姻暴力发生率的比较

遭受暴力的形式		新生代农民工 n（%）	第一代农民工 n（%）	差异检验 卡方值
心理受虐	侮辱/咒骂/大声叫/被配偶责骂	356（40.14）	558（32.22）	16.188***
	破坏属于我的东西或威胁打我	170（19.08）	264（15.12）	6.726*
	至少有一次心理受虐	377（42.79）	601（34.78）	7.653**
躯体受虐	推/挤/打我耳光	165（18.50）	241（13.80）	9.993**
	用拳打/踢/狠狠打我一顿	160（17.94）	245（14.03）	7.057**
	至少一次躯体受虐	188（21.17）	304（17.42）	5.447*
性受虐	身体被迫发生性关系	158（17.61）	209（11.98）	15.693***
	被迫没有避孕套地性交	146（16.37）	194（11.21）	13.852***
	至少一次性受虐	173（19.39）	238（13.79）	13.926***
三种暴力中至少有一种		400（45.97）	648（38.11）	14.720***

从表 5—14 可以看出，新生代农民工与第一代农民工在心理受虐、躯体受虐和性受虐三种婚姻暴力的发生率上存在显著性差异，新生代农民工实施婚姻暴力发生率显著高于第一代农民工群体，其中差异最大是性受虐，其次为心理受虐，最后为躯体受虐。

（四）新生代农民工与城市居民遭受婚姻暴力发生率的比较

为了比较新生代农民工和城市居民在遭受婚姻暴力发生率上的差异，将新生代农民工和城市居民的心理受虐、躯体受虐和性受虐三种婚姻暴力的发生率进行比较，结果见表 5—15。

从总体上看，新生代农民工遭受婚姻暴力发生率显著高于城市居民，主要体现在心理暴力和性暴力这两种暴力类型上。

（五）新生代农民工与第一代农民工实施婚姻暴力发生率的比较

为了比较新生代农民工和第一代农民工在实施婚姻暴力发生率上的差异，将新生代农民工和第一代农民工的心理施暴、躯体施暴和性施暴三种婚姻暴力的发生率进行比较，结果见表 5—16。

表 5—15　新生代农民工与城市居民遭受婚姻暴力发生率的比较

遭受暴力的形式		新生代农民工 n（%）	城市居民 n（%）	差异检验 卡方值
心理受虐	侮辱/咒骂/大声叫/被配偶责骂	356（40.14）	228（32.29）	10.408**
	破坏属于我的东西或威胁打我	170（19.08）	110（15.51）	3.475
	至少有一次心理受虐	377（42.79）	238（33.71）	13.62****
躯体受虐	推/挤/打我耳光	165（18.50）	103（14.53）	4.468*
	用拳打/踢/狠狠打我一顿	160（17.94）	110（15.51）	1.705
	至少一次躯体受虐	188（21.17）	137（19.32）	0.831
性受虐	身体被迫发生性关系	158（17.61）	88（12.41）	8.063**
	被迫没有避孕套地性交	146（16.37）	89（12.62）	4.397*
	至少一次性受虐	173（19.39）	107（15.17）	4.844*
三种暴力中至少有一种		400（45.97）	268（38.18）	9.674**

表5—16　新生代农民工与第一代农民工实施婚姻暴力发生率的比较

遭受暴力的形式		新生代农民工 n（%）	第一代农民工 n（%）	差异检验 卡方值
心理施暴	对配偶进行侮辱/咒骂/大声叫/责骂	378（42.91）	598（34.41）	18.061***
	破坏属于配偶的东西或威胁打配偶	194（21.75）	285（16.35）	11.558**
	至少有一次心理施暴	408（46.52）	653（37.75）	18.574***
躯体施暴	推/挤/打配偶耳光	179（20.07）	262（15.01）	10.821**
	用拳打/踢/狠狠打配偶一顿	169（18.88）	242（16.15）	11.110**
	至少一次躯体施暴	204（22.90）	307（17.68）	10.206**
性施暴	强迫对方发生性关系	155（17.34）	196（11.23）	19.111***
	强迫对方不用避孕套地性交	153（17.08）	194（11.13）	18.319***
	至少一次性施暴	176（19.71）	233（13.38）	18.007***
三种暴力中至少有一种		439（50.34）	703（41.01）	10.398***

从表5—16可以看出，新生代农民工与第一代农民工在心理施暴、躯体施暴和性施暴三种婚姻暴力的发生率存在显著性差异，新生代农民工实施婚姻暴力发生率显著高于第一代农民工群体，其中差异最大的是心理施暴，其次为性施暴，最后为躯体施暴。

（六）新生代农民工与城市居民实施婚姻暴力发生率的比较

为了比较新生代农民工和城市居民在实施婚姻暴力发生率的差异，将新生代农民工和城市居民的心理施暴、躯体施暴和性施暴三种婚姻暴力的发生率进行比较，结果见表5—17。

表5—17　新生代农民工与城市居民实施婚姻暴力发生率的比较

遭受暴力的形式		新生代农民工 n（%）	城市居民 n（%）	差异检验 卡方值
心理施暴	对配偶进行侮辱/咒骂/大声叫/责骂	378（42.91）	252（35.74）	8.135**
	破坏属于配偶的东西或威胁打配偶	194（21.75）	120（16.95）	5.765*
	至少有一次心理施暴	408（46.52）	275（39.06）	8.856**

续表

遭受暴力的形式		新生代农民工 n（%）	城市居民 n（%）	差异检验 卡方值
躯体施暴	推/挤/打配偶耳光	179（20.07）	117（16.53）	3.284
	用拳打/踢/狠狠打配偶一顿	169（18.88）	117（1653）	1.498
	至少一次躯体施暴	204（22.90）	124（21.27）	6.891*
性施暴	强迫对方发生性关系	155（17.34）	90（12.69）	6.586*
	强迫对方不用避孕套地性交	153（17.08）	88（12.43）	6.688*
	至少一次性施暴	176（19.71）	106（14.97）	6.107*
三种暴力中至少有一种		439（50.34）	293（42.51）	10.575**

表5—17展现了新生代农民工和城市居民在实施婚姻暴力发生率的差异。从总体上看，新生代农民工遭受婚姻暴力发生率显著高于城市居民。

（七）新生代农民工遭受家庭暴力影响因素的单因素分析

本研究从人口背景和流动因素对新生代农民工遭受家庭暴力进行单因素χ^2检验分析。结果显示，不同打工年限的新生代已婚农民工之间的遭受家庭暴力发生率差异有统计学意义（$\chi^2 = 5.606$，$p < 0.05$）；而不同年龄、性别、文化程度、月收入水平、打工城市数量的新生代已婚农民工之间的实施家庭暴力的发生率差异均无统计学意义，见表5—18。

表5—18 新生代已婚农民工遭受家庭暴力的影响因素的单因素分析结果

变量	调查人数	受暴人数	发生率（%）	χ^2
性别				
男	411	198	48.2	1.515
女	459	202	44.0	
年龄				
25岁及以下	170	88	51.8	3.650
26—30岁	399	172	43.1	
31—36岁	301	140	46.5	

续表

变量	调查人数	受暴人数	发生率（%）	χ^2
文化程度				
初中以下	412	198	48.1	1.508
高中	252	109	43.3	
大专及以上	206	93	45.1	
平均月收入				
3000 元以下	336	151	44.9	0.311
3000—4000 元	265	122	46.1	
4000 元以上	269	127	47.2	
打工年限				
5 年以下	280	129	46.1	5.606*
5—10 年	337	169	50.15	
10 年以上	253	102	40.3	
打工城市数量				
1 个	307	133	43.32	2.904
2 个	258	115	44.57	
3 个及以上	305	152	49.51	

（八）新生代农民工实施家庭暴力影响因素的单因素分析

本研究从人口背景和流动因素对新生代农民工实施家庭暴力进行单因素 χ^2 检验分析。结果显示，不同年龄、性别、文化程度、月收入水平、打工年限、打工城市数量的新生代已婚农民工之间的实施家庭暴力的发生率差异均无统计学意义，见表5—19。

表5—19 新生代已婚农民工实施家庭暴力的影响因素的单因素分析结果

变量	调查人数	受暴人数	发生率（%）	χ^2
性别				
男	410	198	48.3	2.763
女	462	241	52.16	

续表

变量	调查人数	受暴人数	发生率（%）	χ^2
年龄				
25岁及以下	171	91	53.2	1.867
26—30岁	401	192	47.9	
31—36岁	300	156	52	
文化程度				
初中以下	409	213	52.1	1.474
高中	256	121	47.3	
大专及以上	207	105	50.7	
平均月收入				
3000元以下	338	179	52.9	3.011
3000—4000元	261	120	45.9	
4000元以上	273	140	51.3	
打工年限				
5年以下	309	144	46.6	3.890
5—10年	260	128	48.4	
10年以上	303	165	54.4	
打工城市数量				
1个	309	146	47.2	3.369
2个	260	128	49.2	
3个及以上	303	165	54.5	

（九）新生代农民工遭受婚姻暴力影响因素的多因素 Logistic 回归分析

以单因素分析有统计学意义的有关因素为自变量，以新生代农民工是否遭受婚姻暴力为因变量，将个人背景因素和流动经历因素作为因变量，进行多因素 Logistic 回归分析。结果显示，结婚时间5年以下的新生代农民工易遭受家庭暴力，具体结果见表5—20。

表5—20 已婚新生代农民工遭受婚姻暴力的多因素 Logistic 回归分析结果

变量（对照组）	β	$s_{\bar{x}}$	Wald	p	OR	(95% CI)	
性别（男）	0.149	0.144	1.068	0.302	1.161	0.875	1.540
年龄（25岁及以下）			4.026	0.134			
26—30岁	−0.341	0.196	3.036	0.081	0.711	0.484	1.044
31—36岁	−0.108	0.223	0.233	0.629	0.898	0.580	1.389
文化程度（初中及以下）			2.229	0.328			
高中	−0.242	0.166	2.136	0.144	0.785	0.567	1.086
大专及以上	−0.156	0.192	0.662	0.416	0.856	0.588	1.246
平均月收入（3000元以下）			0.334	0.846			
3000—4000元	0.078	0.170	0.213	0.645	1.082	0.775	1.510
4000元以上	0.094	0.180	0.273	0.602	1.099	0.772	1.565
打工年限（5年以下）			7.499	0.024			
5—10年	0.158	0.179	0.786	0.375	1.171	0.826	1.662
10年以上	−0.336	0.215	2.436	0.119	0.715	0.469	1.090
打工城市数量（1个）			2.708	0.258			
2个	0.033	0.174	0.037	0.848	1.034	0.735	1.454
3个及以上	0.260	0.171	2.327	0.127	1.297	0.929	1.812

（十）新生代农民工实施家庭暴力影响因素的多因素 Logistic 回归分析

以单因素分析有统计学意义的有关因素为自变量，以新生代农民工是否实施家庭暴力为因变量，将个人背景因素和流动经历因素作为因变量，进行多因素 Logistic 回归分析。结果显示，相关因素均未进入回归方程中，具体结果见表5—21。

四 讨论

本研究以新生代已婚农民工为主体研究对象，以第一代已婚农民工和城市已婚居民为比较对象，对其在过去一年内所遭受的婚姻暴力和实施的婚姻暴力的发生率、频率和模式进行了估计，并分别把新生代农民工与第一代农民工和城市居民的婚姻暴力发生率进行比较,最后对从个体和流动因素两个层面对新生代已婚农民工遭受婚姻暴力和实施婚姻暴力的相关因素进行了综合分析与评价。

表5—21　新生代已婚农民工实施婚姻暴力的多因素Logistic回归分析结果

变量(对照组)	β	$s_{\bar{x}}$	Wald	p	OR	(95% CI)	
性别(男)	-0.184	0.144	1.643	0.200	0.832	0.628	1.102
年龄(25岁及以下)			1.860	0.395			
26—30岁	-0.135	0.194	0.486	0.486	0.873	0.597	1.278
31—36岁	0.082	0.223	0.136	0.713	1.086	0.701	1.680
文化程度(初中及以下)			1.344	0.511			
高中	-0.185	0.164	1.282	0.258	0.831	0.603	1.145
大专及以上	-0.034	0.190	0.032	0.857	0.966	0.666	1.403
平均月收入(3000元以下)			2.210	0.331			
3000—4000元	-0.234	0.170	1.897	0.168	0.792	0.568	1.104
4000元以上	-0.026	0.179	0.021	0.885	0.974	0.687	1.383
打工年限(5年以下)			0.970	0.616			
5—10年	-0.070	0.178	0.155	0.694	0.932	0.658	1.321
10年以上	-0.204	0.213	0.922	0.337	0.815	0.537	1.237
打工城市数量(1个)			3.910	0.142			
2个	0.097	0.172	0.315	0.574	1.101	0.786	1.543
3个及以上	0.329	0.170	3.736	0.053	1.389	0.995	1.939

首先,从遭受婚姻暴力的方向来看,本研究调查显示约46%的新生代已婚农民工在过去的12个月遭受了至少1次婚姻暴力行为,其中心理

暴力的年发生率约为42.79%，其次是身体暴力（21.17%）和性暴力（19.39%），这一结果与国内相关研究基本一致。① 这表明，心理暴力是最常见的家庭暴力，在婚姻关系中的躯体暴力或性暴力总伴随着心理暴力。例如杨婷和靳小怡在一项以深圳市农村流动人口为样本的抽样调查中发现，精神暴力在农民工家庭中最为常见，精神暴力实施的比例远高于肢体暴力实施的比例。② 又如，肖洁和笑风天基于2010年的第三次全国妇女社会地位调查数据也发现，精神暴力在中国夫妻间婚姻暴力中的发生率较高，是中国夫妻间婚姻暴力的主要形式。③ 本研究发现在遭受婚姻暴力的新生代已婚农民工中，超过半数经历了多重暴力，尤其是三重婚姻暴力形式。这说明大多数新生代已婚农民工遭受的婚姻暴力是由不同的暴力类型相结合的模式，而不是一个单一的暴力形式。

其次，从实施婚姻暴力的方向来看，本研究调查显示约50%的新生代已婚农民工在过去的12个月实施了至少1次婚姻暴力行为，其中心理暴力的年发生率约为46.52%，其次是身体暴力（22.90%）和性暴力（19.71%）。在实施婚姻暴力的新生代已婚农民工中，超过半数实施了多种形式的暴力，尤其是三重婚姻暴力形式（13.5%）。值得一提的是，新生代已婚农民工对配偶实施婚姻暴力的发生率、三种婚姻暴力发生率的多少与其遭受多重家庭暴力的比例极为一致。

再次，从代际视角看，不论是施暴还是遭受暴力，新生代已婚农民工群体在心理暴力、躯体暴力和性暴力上都显著高于第一代农民工群体。根据家庭压力理论，当一个家庭经历越多的生活压力事件，婚姻暴力发生的可能性越高。特别是个体在承受较大的家庭压力，却缺乏有效应对的时候，为了缓解自身的焦虑与紧张情绪，个体就有可能会通过实施婚

---

① 高燕秋、Tamara Jacka：《西部农村地区家庭暴力发生情况及对妇女精神健康的影响》，《北京大学学报》（医学版）2012年第3期。崔轶、洪炜、苏英等：《七省市家庭暴力现状调查及影响因素报告》，《中国临床心理学杂志》2012年第3期。赵凤敏、郭素芳、王临虹等：《中国农村地区已婚妇女家庭暴力发生情况及其相关知识调查》，《中华流行病学杂志》2006年第8期。

② 杨婷、靳小怡：《家庭压力与婚姻满意度对农民工实施婚姻暴力的影响》，《人口学刊》2018年第1期。

③ 肖洁、风笑天：《中国家庭的婚姻暴力及其影响因素——基于家庭系统的考察》，《社会科学》2014年第11期。

姻暴力来进行应对[①]，因此婚姻暴力是一种面临压力的逃避行为。与第一代农民工相比，新生代已婚农民工面临着更多的压力。在融入城市的过程中，一方面，新生代农民工不同于父辈，就业期望甚高，但职业技能低，他们在城市里较难找到合适的定位，因为他们既无法胜任复杂的知识型和技能型工作，又不愿像上一代农民工那样承担城市里低端的重体力活，其工作压力增大。[②]另一方面，他们正处于生儿育女的高峰期，这一时期，家庭照料压力增大。现有研究表明，在流动背景下，家庭照料压力对农民工实施精神暴力和肢体暴力均具有显著的促进作用。因此，在面临更多压力的情况下，新生代已婚农民工群体的婚姻关系面临较大冲击和挑战。

从城乡视角看，不论是实施暴力还是遭受暴力，新生代已婚农民工群体在心理暴力、躯体暴力和性暴力上都显著高于城市居民。该研究结果进一步证实了流动可能增大妇女遭受婚姻暴力的风险。一方面，由于流动性强的影响，农民工群体在城市的社会支持网络难以替代原有在农村的社会支持网络；另一方面，其在农村原有的多层社会支持系统又难以在城市发挥有效的作用。因此，来自多方面的家庭压力难以得到有效缓解，进而加大了农民工实施婚姻暴力的风险。[③]有研究表明，打工年限在10年及以上的农民工其实施婚姻暴力的风险，相比于打工年限在10年以下的农民工有所降低，这可能是因为随着打工年限的增加，农民工夫妻在生活中更有可能相互理解、相互扶持，形成良好的沟通模式。

[①] 杨婷、靳小怡：《家庭压力与婚姻满意度对农民工实施婚姻暴力的影响》，《人口学刊》2018年第1期。

[②] 李晶：《新生代农民工市民化存在的问题与对策》，《前沿》2011年第6期。

[③] 杨婷、靳小怡：《家庭压力与婚姻满意度对农民工实施婚姻暴力的影响》，《人口学刊》2018年第1期。

第六章

新生代农民工婚育模式与婚姻质量的关系研究

第一节 新生代农民工婚育模式对积极婚姻质量的影响

一 引言

婚姻质量指的是夫妻的感情生活、物质生活、余暇生活、性生活及其双方的凝聚力在某一时期的综合状况。[1] 衡量婚姻质量的主要指标包括个体的主观评价，夫妻的相处模式和婚姻的客观结果。我国对新生代农民工婚姻问题的早期研究集中在对其婚姻现状和婚姻质量的理论探索或现状描述[2]，新近研究从新生代农民工婚姻质量的现状探讨转为对其内在机制分析[3]，这些研究大多集中探讨影响新生代农民工积极婚姻质量的个体背景因素和流动环境因素，目前从新生代农民工婚育模式来分析积极婚姻质量的研究还较少。

婚育模式包括择偶模式、婚姻模式、生育模式和性生活模式，现有的研究表明新生代农民工在城市化进程中，其原有的传统婚育模式也发

---

[1] 徐安琪、叶文振：《婚姻质量：度量指标及其影响因素》，《中国社会科学》1998年第1期。

[2] 孙琼如、叶文振：《国内外流动人口婚姻家庭研究综述》，《人口与发展》2010年第6期。石智雷：《完善家庭发展政策 提升流动人口婚姻稳定性》，《中国社会科学报》2017年7月12日第6版。

[3] 李卫东：《流动模式与农民工婚姻稳定性研究：基于性别和世代的视角》，《社会》2019年第6期。

生改变，特别是新生代农民工由于经济独立和收入的提高，想在婚育关系中获得更多的平等权益和地位，拥有更多的婚姻和生育自主权，将情感的满足和自我价值的实现作为自己的婚姻追求①，上述婚育模式的变化可能影响到新生代农民工对婚姻幸福感的评价。

本节运用实证调查资料，采用婚姻幸福感、婚姻积极互动这两个指标对新生代农民工积极婚姻质量的现状进行描述，进而分别以择偶模式、婚姻模式、生育模式和性模式为自变量对婚姻幸福感和夫妻积极情感表达的影响机制进行研究。

二 数据来源、变量界定及方法

（一）数据来源

见第三章第一节的数据来源和第三章第二节样本基本情况。

（二）因、变、量

1. 婚姻幸福感

婚姻幸福感测评采用婚姻幸福感量表进行评定。量表由 12 个题目组成，采用 Lickert 4 点记分法，1 = 非常不满意，2 = 不满意，3 = 满意，4 = 非常满意。计算量表的总分越高代表婚姻幸福感越高。该问卷在本研究中的内部一致性信度 Cronbach α 为 0.94。

在建立新生代农民工婚姻幸福感的影响因素的实证模型的时候，根据婚姻幸福感的计分标准，将婚姻幸福感转化为一个二分类变量，其中总分低于 25 分的划为低婚姻幸福感，总分高于和等于 25 分的划为高婚姻幸福感。

2. 夫妻积极互动

本研究采用中文版夫妻积极互动量表进行评定。该量表共 8 个项目，采用 Lickert 4 点记分法，1 = 从来没有，2 = 有时，3 = 经常，4 = 几乎总是。计算量表的总分越高代表夫妻积极互动越良好。本研究中该量表内部一致性系数 Cronbach α 值为 0.848。

---

① 曹锐：《新生代农民工婚恋模式初探》，《南方人口》2010 年第 5 期。陈雯：《形式"同质"与本质"异质"：新生代农民工婚恋模式的机制与困境研究》，《中国青年研究》2018 年第 7 期。

在建立新生代农民工夫妻积极互动的影响因素的实证模型的时候，根据夫妻积极互动的计分标准，将夫妻积极互动转化为一个二分类变量，其中总分低于 17 分的划为低夫妻积极互动，总分高于和等于 17 分的划为高夫妻积极互动。

（三）自变量

本研究所关注的自变量是新生代农民工的婚育模式，根据婚育模式的特点，可以将其分为择偶模式、婚姻模式、生育模式和性生活模式四部分。

1. 择偶模式

择偶模式包括择偶观和择偶行为。其中，择偶观包括择偶标准和择偶目的；择偶行为包括择偶途径、择偶次数和择偶时间。

2. 婚姻模式

婚姻模式包括婚姻观和婚姻行为。其中，婚姻观包括 4 个变量：婚姻角色观、离婚观、婚姻自主观和婚外恋观。婚姻行为包括 5 个变量：初婚年龄、婚姻状态、夫妻生活模式、婚姻持续时间和婚外恋行为。

3. 生育模式

生育模式包括生育观和生育行为。其中，生育观包括 3 个变量：理想生育子女数、理想生育子女性别和生育性别偏好。生育行为包括 3 个变量：实际子女数、实际子女性别和实际初育年龄。

4. 性生活模式

性生活模式包括性观念和性行为。其中，性观念包括贞操观、婚前性行为观、婚外性行为观和随意性行为观；性行为包括婚前性行为、婚外性行为和随意性行为。

（四）控制变量

控制变量分为个体因素和外出务工因素。其中个体因素包括性别、年龄和受教育水平；外出务工因素包括打工月收入、打工的年限、打工后计划和打工城市数量。

（五）质量控制和统计分析

数据采用 SPSS20.0 软件进行统计分析：采用二分类 Logistic 回归模型，分别以婚姻幸福感和夫妻积极互动为因变量，以个体特征变量和打工特征变量为控制变量，分别以择偶模式、婚姻模式、生育模式和性模式为自变量对婚姻幸福感和夫妻积极互动的影响机制进行探讨。

三 研究结果

（一）新生代农民工婚育模式与婚姻幸福感的关系

1. 新生代农民工择偶模式与婚姻幸福感的关系

表6—1提供了新生代农民工婚姻幸福感的二元Logistic回归模型。本研究将以新生代农民工婚姻幸福感的"低幸福感"为参照比较模型，分析新生代农民工择偶模式对其婚姻幸福观"高幸福感"的影响因素进行分析。

表6—1　新生代农民工婚姻幸福感二元Logistic回归模型

项目	模型1 B	模型1 Exp（B）	模型2 B	模型2 Exp（B）	模型3 B	模型3 Exp（B）
个人特征因素						
年龄	0.075**	1.078	0.075**	1.078	0.078**	1.081
性别（女）	0.257	1.293	0.284	1.328	0.386	1.471
受教育程度（大专及以上）						
初中及以下	-0.236	0.790	-0.229	0.795	-0.325*	1.015
高中或中专	0.071	1.074	0.098	1.103	0.098	0.890
打工特征因素						
打工月收入（4000元以上）						
少于3000元			0.041	1.042	0.005	1.005
3000—4000元			-0.060	0.942	-0.117	0.890
打工年限（15年以上）						
1—5年			0.589*	1.802	0.896*	2.449
6—15年			0.440	1.553	0.563	1.756
打工城市数（5个及以上）						
1—2个			0.085	1.088	-0.291	0.747
3—4个			0.028	1.028	-0.231	0.794
打工后计划（不确定）						

续表

项目	模型1 B	模型1 Exp（B）	模型2 B	模型2 Exp（B）	模型3 B	模型3 Exp（B）
回老家			-0.048	0.953	-0.009	0.991
留城市			-0.056	0.946	0.028	1.028
择偶模式因素						
择偶标准（心理因素）						
社会因素					0.020	1.020
生理因素					-0.708*	0.493
择偶目的1：搭伙过日子（否）					-0.060	0.942
择偶目的2：生儿育女（否）					0.385	1.469
择偶目的3：爱情（否）					1.370***	3.936
择偶目的4：改变命运（否）					-0.005	0.995
择偶途径（相亲或媒介）					-0.084	0.920
择偶次数分类（3次以上）					0.548*	1.730
择偶时间分类（2年以上）					-0.168	0.845
-2 Log likelihood	807.354		805.514		741.273	
Cox&Snell R^2	0.025		0.028		0.114	
Nagelkerke R^2	0.036		0.040		0.163	

从参数的估计结果看，个人特征因素和打工特征因素对新生代农民工的婚姻幸福感影响不显著，而从择偶模式看，择偶标准、择偶目的和择偶次数对新生代农民工的婚姻幸福感存在显著影响。择偶标准在意生理因素的个体，其婚姻幸福感低。选择爱情这一择偶目的可以对其婚姻幸福感起到积极的预测作用。与择偶次数3次以上相比，择偶次数为1—2次的个体，其婚姻幸福感高。

2. 新生代农民工婚姻模式与婚姻幸福感的关系

表6—2提供了新生代农民工婚姻模式对新生代农民工婚姻幸福感的

二元 logistic 回归模型。

表6—2　新生代农民工婚姻幸福感二元 Logistic 回归模型

项目	模型1 B	模型1 Exp（B）	模型2 B	模型2 Exp（B）	模型3 B	模型3 Exp（B）
个人特征因素						
年龄	0.058*	1.060	0.045	1.046	0.048	1.049
性别（女）	0.127	1.135	0.153	1.166	0.420*	1.522
受教育程度（大专及以上）						
初中及以下	-0.287	0.750	-0.371	0.690	-0.304	0.738
高中或中专	-0.028	0.972	-0.073	0.930	-0.088	0.915
打工特征因素						
打工月收入（4000元以上）						
少于3000元			-0.057	0.944	-0.212	0.809
3000—4000元			-0.135	0.874	-0.388	0.679
打工时间（15年以上）						
1—5年			1.481	4.396	1.791	5.993
6—15年			1.572	4.818	1.711	5.536
打工城市数量（5个及以上）						
1—2个			0.129	1.138	-0.249	0.779
3—4个			0.223	1.250	-0.166	0.847
打工后计划（不确定）						
回老家			-0.213	0.808	-0.115	0.891
留城市			-0.151	0.860	-0.082	0.921
婚姻模式因素						
婚姻自主观（父母做主）					0.505	1.657
离婚观（不管怎样，都不会离婚）						
快乐就好，想离就离					-0.427	0.652
矛盾无法调解，可接受					-0.334	0.716

续表

项目	模型1 B	模型1 Exp(B)	模型2 B	模型2 Exp(B)	模型3 B	模型3 Exp(B)
婚姻角色观（无所谓）						
男主女辅					-0.155	0.856
女主男辅					-0.380	0.684
相辅相成					0.513*	1.670
婚姻状态（初婚）					-2.027***	0.132
结婚时间分类（10年以上）					-0.344	0.709
夫妻生活模式（两地分居）					0.443*	1.557
婚外恋行为（有）					0.667*	1.948
初婚年龄（28岁及以上）						
22岁及以下					0.519	1.681
23—27岁					1.130**	3.096
-2 Log likelihood	979.269		974.087		841.115	
Cox&Snell R^2	0.015		0.021		0.164	
Nagelkerke R^2	0.022		0.030		0.237	

从婚姻模式看，婚姻角色观、婚外恋观、婚姻状态和夫妻生活模式对新生代农民工的婚姻幸福感存在显著影响。首先，夫妻间相辅相成的婚姻角色观会积极影响农民工的婚姻幸福感。其次，在婚外恋行为上也发现显著预测作用，有婚外恋行为的新生代农民工对其婚姻幸福感的评价显著低于无婚外恋行为的新生代农民工。最后，从夫妻生活模式看，两地分居的新生代农民工对其婚姻满意度的评价显著低于家庭化流动的新生代农民工。同时，初婚年龄处于23—27岁的新生代农民工对其婚姻幸福感评价较高。

3. 新生代农民工生育模式与婚姻幸福感的关系

表6—3提供了新生代农民工生育模式对新生代农民工婚姻幸福感的二元Logistic回归模型。

从生育模式看，生育性别偏好、实际生育子女数量和生育年龄对新生代农民工的婚姻幸福感存在显著影响。首先,生育性别偏好会消极影响农民工的婚姻幸福感,无论是偏好男孩还是女孩的新生代农民工对其婚姻幸福感的评价显著低于无生育性别偏好的新生代农民工。其次,与有2个以上孩子的新生代农民工相比,还没有生育孩子的新生代农民工对其婚姻幸福感评价较高。最后,生育年龄处于23—27岁的新生代农民工对其婚姻幸福感评价较高。

表6—3　　新生代农民工婚姻幸福感二元Logistic回归模型

项目	模型1 B	模型1 Exp(B)	模型2 B	模型2 Exp(B)	模型3 B	模型3 Exp(B)
个人特征因素						
年龄	0.058*	1.060	0.050	1.051	0.047	1.048
性别(女)	0.253	1.288	0.279	1.322	0.320	1.377
受教育程度(大专及以上)						
初中及以下	−0.061	0.941	−0.097	0.908	0.164	1.179
高中或中专	0.233	1.262	0.257	1.293	0.345	1.412
打工特征因素						
打工月收入(4000元以上)						
少于3000元			−0.115	0.891	−0.194	0.824
3000—4000元			−0.237	0.789	−0.366	0.693
打工时间(15年以上)						
1—5年			0.578	1.782	0.757	2.132
6—15年			0.537	1.711	0.563	1.755
打工城市数量(5个及以上)						
1—2个			0.336	1.399	0.279	1.321
3—4个			0.418	1.519	0.316	1.371
打工后计划(不确定)						
回老家			−0.326	0.722	−0.213	0.808
留城市			−0.235	0.791	−0.123	0.884
生育模式因素						

续表

项目	模型1 B	模型1 Exp（B）	模型2 B	模型2 Exp（B）	模型3 B	模型3 Exp（B）
意愿生育子女性别（儿女双全）						
男孩					0.095	1.100
女孩					0.974	2.649
意愿生育子女数（3个及以上）						
1个					－0.401	0.670
2个					－0.268	0.765
生育性别偏好（无所谓）						
生育性别偏好（男孩）					－0.825***	0.438
生育性别偏好（女孩）					－0.544*	0.580
实际生育子女数（2个及以上）						
没有					0.854*	2.349
1个					0.060	1.062
生育年龄分类（22岁及以下）						
23—27岁					0.647**	1.909
28岁及以上					0.352	1.422
－2 Log likelihood	780.506		773.587		730.200	
Cox&Snell R^2	0.016		0.026		0.087	
Nagelkerke R^2	0.024		0.038		0.126	

4. 新生代农民工性生活模式与婚姻幸福感的关系

表6—4提供了新生代农民工性生活模式对新生代农民工婚姻幸福感的二元Logistic回归模型。

表6—4　新生代农民工婚姻幸福感二元 Logistic 回归模型

项目	模型1 B	模型1 Exp(B)	模型2 B	模型2 Exp(B)	模型3 B	模型3 Exp(B)
个人特征因素						
年龄	0.022	1.022	0.011	1.011	0.031	1.031
性别（女）	0.116	1.123	0.126	1.135	0.167	1.182
受教育程度（大专及以上）						
初中及以下	-0.192	0.826	-0.345	0.708	-0.248	0.781
高中或中专	0.176	1.192	0.107	1.113	0.270	1.310
打工特征因素						
打工月收入（4000元以上）						
少于3000元			0.075	1.077	0.110	1.116
3000—4000元			-0.163	0.850	-0.127	0.881
打工时间（15年以上）						
1—5年			0.982	2.669	1.112	3.040
6—15年			0.984	2.674	0.794	2.213
打工城市数量（5个及以上）						
1—2个			0.015	1.015	-0.283	0.754
3—4个			0.092	1.096	-0.246	0.782
打工后计划（不确定）						
回老家			-0.117	0.890	-0.176	0.838
留城市			-0.242	0.785	-0.227	0.797
性生活模式因素						
贞操观（在意）					-0.245	0.783
婚前性行为观（赞成）						
不赞成					0.888***	0.411
无所谓					-0.296	0.744
婚外性行为观（赞成）						
不赞成					1.380**	3.974
无所谓					0.654	1.924

续表

项目	模型1 B	模型1 Exp（B）	模型2 B	模型2 Exp（B）	模型3 B	模型3 Exp（B）
随意性行为观（赞成）						
不赞成					0.601*	1.824
无所谓					-0.130	0.878
婚前性行为（有）					0.459*	1.583
婚外性行为（有）					0.816*	2.261
随意性行为（有）					-0.275	0.563
-2 Log likelihood	690.114		686.118		632.028	
Cox&Snell R^2	0.007		0.014		0.101	
Nagelkerke R^2	0.010		0.020		0.145	

从性生活模式看，婚前性行为观、婚外性行为观、随意性行为观、婚前性行为和婚外性行为对新生代农民工的婚姻幸福感存在显著影响。首先，在婚前性行为观上，不赞成的新生代农民工对其婚姻幸福感的评价显著高于赞成的新生代农民工，这一研究结果在婚前性行为上也发现显著预测作用，有婚前性行为的新生代农民工对其婚姻幸福感的评价显著低于无婚外恋行为的新生代农民工。其次，在婚外性行为观上，不赞成的农民工对其婚姻幸福感的评价显著高于持赞成态度的农民工，这一研究结果在婚外性行为上也发现显著预测作用，有婚外性行为的新生代农民工对其婚姻幸福感的评价显著低于无婚外性行为的新生代农民工。最后，随意性行为观负向预测新生代农民工的婚姻幸福感。

（二）新生代农民工婚育模式与夫妻积极互动的关系

1. 新生代农民工择偶模式与夫妻积极互动的关系

表6—5提供了新生代农民工夫妻积极互动的二元Logistic回归模型。本研究将为新生代农民工夫妻积极互动的低情感表达提供参照比较模型，分析新生代农民工择偶模式对其高情感表达的影响因素进行分析。

表6—5　新生代农民工夫妻积极互动二元 Logistic 回归模型

项目	模型1 B	模型1 Exp（B）	模型2 B	模型2 Exp（B）	模型3 B	模型3 Exp（B）
个人特征因素						
年龄	-0.011	0.989	-0.009	0.991	-0.011	0.989
性别（女）	0.187	1.205	0.288	1.334	0.412	1.510
受教育程度（大专及以上）						
初中及以下	-0.828***	0.437	-0.902***	0.406	-0.677**	0.508
高中或中专	-0.194	0.824	-0.194	0.824	-0.065	0.937
打工特征因素						
打工月收入（4000元以上）						
少于3000元			0.254	1.289	0.257	1.292
3000—4000元			0.255	1.290	0.237	1.267
打工年限（15年以上）						
1—5年			-0.036	0.964	0.166	1.181
6—15年			-0.159	0.853	-0.119	0.888
打工城市数量（5个及以上）						
1—2个			0.254	1.289	-0.003	0.997
3—4个			0.425	1.529	0.311	1.364
打工后计划（不确定）						
回老家			-0.231	0.794	-0.201	0.818
留城市			-0.144	0.866	-0.096	0.909
择偶模式因素						
择偶标准（心理因素）						
社会因素					-0.342*	0.711
生理因素					-0.398	0.672
择偶目的1：搭伙过日子（否）					0.137	1.147
择偶目的2：生儿育女（否）					-0.109	0.897

续表

项目	模型1 B	模型1 Exp（B）	模型2 B	模型2 Exp（B）	模型3 B	模型3 Exp（B）
择偶目的3：爱情（否）					0.814***	0.443
择偶目的4：改变命运（否）					0.187	1.206
择偶途径（相亲或媒介）					0.123	1.131
择偶次数分类（3次以上）					0.328	1.389
择偶时间分类（2年以上）					-0.195	0.822
-2 Log likelihood	932.965		926.492		887.386	
Cox&Snell R^2	0.035		0.044		0.096	
Nagelkerke R^2	0.046		0.058		0.128	

从参数的估计结果看，除了文化水平外，个人特征因素和打工特征因素对新生代农民工夫妻积极互动影响不显著。从文化水平看，低文化水平的新生代农民工夫妻积极互动较差。再从择偶模式看，择偶标准和择偶目的对新生代农民工夫妻积极互动存在显著影响。首先，择偶标准中在意社会因素的个体，其夫妻积极互动较低。其次，在择偶目的上，选择爱情这一目的可以对其夫妻积极互动起到积极的预测作用。

2. 新生代农民工婚姻模式与夫妻积极互动的关系

表6—6分析新生代农民工婚姻模式对新生代农民工夫妻积极互动的二元Logistic回归模型。

表6—6　新生代农民工夫妻积极互动二元Logistic回归模型

项目	模型1 B	模型1 Exp（B）	模型2 B	模型2 Exp（B）	模型3 B	模型3 Exp（B）
个人特征因素						
年龄	0.007	1.007	0.011	1.012	-0.005	0.995

续表

项目	模型1 B	模型1 Exp (B)	模型2 B	模型2 Exp (B)	模型3 B	模型3 Exp (B)
性别（女）	0.203	1.226	0.302	1.353	0.317	1.373
受教育程度（大专及以上）						
初中及以下	-0.873*	0.417	-0.884***	0.413	-0.731**	0.481
高中或中专	-0.228	0.796	-0.207	0.813	-0.143	0.867
打工特征因素						
打工月收入（4000元以上）						
少于3000元			0.209	1.233	0.275	1.317
3000—4000元			0.150	1.162	0.191	1.210
打工时间（15年以上）						
1—5年			0.027	1.028	0.129	1.137
6—15年			0.040	1.041	0.055	1.056
打工城市数量（5个及以上）						
1—2个			0.295	1.344	0.112	1.118
3—4个			0.373	1.452	0.137	1.146
打工后计划（不确定）						
回老家			-0.259	0.772	-0.157	0.855
留城市			0.030	1.030	0.050	1.052
婚姻模式因素						
婚姻自主观（父母做主）					0.750**	2.116
离婚观（不管怎样，不会离婚）						
快乐就好，想离就离					-0.581*	0.559
矛盾无法调解，可接受					-0.376	0.687
婚姻角色观（无所谓）						
男主女辅					-0.133	0.876
女主男辅					0.568	1.765

续表

项目	模型1 B	模型1 Exp（B）	模型2 B	模型2 Exp（B）	模型3 B	模型3 Exp（B）
相辅相成					0.017	1.017
婚外恋观（无所谓）						
不赞成					0.072	1.075
赞成					0.283	1.327
婚姻状态（初婚）					-0.836	0.433
结婚时间分类（10年以上）					-0.073	0.930
夫妻生活模式（两地分居）					0.688**	1.989
婚外恋行为（有）					0.905*	2.472
初婚年龄（28岁及以上）						
22岁以下					-0.283	0.754
23—27岁					-0.100	0.905
-2 Log likelihood	1126.471		1120.459		1051.276	
Cox&Snell R^2	0.038		0.044		0.120	
Nagelkerke R^2	0.050		0.059		0.160	

从婚姻模式看，婚姻自主观、离婚观、夫妻生活模式和婚外恋行为对新生代农民工夫妻积极互动存在显著影响。首先，自己做主的婚姻自主观能积极影响农民工夫妻积极互动。其次，在离婚观上，持随意离婚观的农民工夫妻积极互动较差。再次，无婚外恋行为的新生代农民工其夫妻积极互动较好。最后，从夫妻生活模式看，家庭化流动新生代农民工对其婚姻满意度的评价显著高于两地分居的新生代农民工。

3. 新生代农民工生育模式与夫妻积极互动的关系

表6—7分析新生代农民工生育模式对新生代农民工夫妻积极互动的二元Logistic回归模型。从生育模式看对新生代农民工夫妻积极互动的影响不大。

表6—7　新生代农民工夫妻积极互动二元 Logistic 回归模型

项目	模型1 B	模型1 Exp（B）	模型2 B	模型2 Exp（B）	模型3 B	模型3 Exp（B）
个人特征因素						
年龄	0.018	1.018	0.015	1.015	0.011	1.011
性别（女）	0.261	1.298	0.334	1.396	0.362	1.436
受教育程度（大专及以上）						
初中及以下	-0.645**	0.525	-0.715**	0.489	-0.547*	0.579
高中或中专	-0.279	0.757	-0.260	0.771	-0.167	0.846
打工特征因素						
打工月收入（4000元以上）						
少于3000元			0.058	1.060	0.045	1.046
3000—4000元			0.200	1.221	0.171	1.186
打工时间（15年以上）						
1—5年			-0.089	0.915	-0.016	0.984
6—15年			-0.301	0.740	-0.303	0.738
打工城市数量（5个及以上）						
1—2个			0.288	1.334	0.223	1.249
3—4个			0.422	1.525	0.365	1.441
打工后计划（不确定）						
回老家			-0.319	0.727	-0.290	0.748
留城市			-0.236	0.790	-0.245	0.783
生育模式因素						
意愿生育子女性别（儿女双全）						
男孩					0.543	1.721
女孩					0.871	2.389
意愿生育子女数（3个及以上）						

续表

项目	模型1 B	模型1 Exp（B）	模型2 B	模型2 Exp（B）	模型3 B	模型3 Exp（B）
1个					-0.766	0.465
2个					-0.076	0.927
生育性别偏好（无所谓）						
生育性别偏好（男孩）					-0.331	0.718
生育性别偏好（女孩）					-0.087	0.917
实际生育子女数（2个及以上）						
没有					-0.120	0.887
1个					0.303	1.354
生育年龄分类（22岁及以下）						
23—27岁					-0.165	0.848
28岁及以上					-0.238	0.788
-2 Log likelihood	904.492		896.529		879.461	
Cox&Snell R^2	0.022		0.034		0.058	
Nagelkerke R^2	0.030		0.046		0.078	

4. 新生代农民工性生活模式与夫妻积极互动的关系

表6—8分析新生代农民工性生活模式对新生代农民工夫妻积极互动的二元logistic回归模型。

表6—8　新生代农民工夫妻积极互动二元Logistic回归模型

项目	模型1 B	模型1 Exp（B）	模型2 B	模型2 Exp（B）	模型3 B	模型3 Exp（B）
个人特征因素						
年龄	-0.016	0.984	-0.032	0.969	-0.014	0.987
性别（女）	0.177	1.194	0.282	1.325	0.220	1.246
受教育程度（大专及以上）						

续表

项目	模型1 B	模型1 Exp（B）	模型2 B	模型2 Exp（B）	模型3 B	模型3 Exp（B）
初中及以下	-0.831**	0.435	-0.957**	0.384	-0.911**	0.402
高中或中专	-0.331	0.718	-0.402	0.669	-0.385	0.680
打工特征因素						
打工月收入（4000元以上）						
少于3000元			0.263	1.301	0.347	1.414
3000—4000元			0.241	1.272	0.334	1.397
打工时间（15年以上）						
1—5年			-0.419	0.658	-0.194	0.824
6—15年			-0.378	0.685	-0.339	0.712
打工城市数（5个及以上）						
1—2个			0.401	1.494	0.254	1.289
3—4个			0.340	1.405	0.198	1.219
打工后计划（不确定）						
回老家			-0.068	0.934	-0.148	0.862
留城市			0.016	1.016	-0.015	0.985
性生活模式因素						
贞操观（在意）					-0.160	0.852
婚前性行为观（赞成）						
不赞成					0.859**	0.424
无所谓					-0.372	0.690
婚外性行为观（赞成）						
不赞成					0.252	0.777
无所谓					-0.288	0.750
随意性行为观（赞成）						
不赞成					0.244	1.276
无所谓					-0.023	0.977
婚前性行为（有）					0.108	0.897
婚外性行为（有）					1.038*	2.823

续表

项目	模型1 B	模型1 Exp（B）	模型2 B	模型2 Exp（B）	模型3 B	模型3 Exp（B）
随意性行为（有）					0.258	1.294
−2 Log likelihood	783.153		777.443		746.889	
Cox&Snell R^2	0.033		0.042		0.091	
Nagelkerke R^2	0.044		0.057		0.122	

从性生活模式看，婚前性行为观和婚外性行为观对新生代农民工夫妻积极互动存在显著影响。在婚前性行为观上，持不赞成的农民工对其夫妻积极互动评价显著高于持赞成态度的农民工，这一研究结果在婚外性行为上也发现显著预测作用，有婚外性行为的新生代农民工对其夫妻积极互动评价显著低于无婚外恋行为的新生代农民工。

四 讨论

本研究以婚姻幸福感和夫妻积极互动为测量积极婚姻质量的重要指标，分别以择偶模式、婚姻模式、生育模式和性模式为自变量对婚姻幸福感和夫妻积极互动的影响机制进行研究。

（一）新生代农民工婚育模式影响婚姻幸福感

从择偶模式看，择偶标准在意生理因素的新生代农民工，其婚姻幸福感低。在择偶时更在意对方生理因素的农民工，较少考虑彼此感情好不好、性格合不合、能力才华等因素。婚姻中，当激情退却，对这些外在生理因素习以为常，就很容易产生矛盾，双方不能相互理解，因此婚姻幸福感也会降低。选择爱情这一择偶目的可以对其婚姻幸福感起到积极的预测作用。选择爱情、相信爱情的新生代农民工，大多将情感的满足和自我价值的实现作为自己的婚姻追求[①]，这些人对婚姻更加憧憬和向往，也更容易在婚姻中体会到幸福。之前有研究表明，婚前感情基础对

---

① 疏仁华：《青年农民工婚恋观的城市化走向》，《南通大学学报》（社会科学版）2011年第3期。袁霁虹：《媒介"围"城：新生代农民工婚恋观研究》，《中国青年研究》2016年第8期。

婚姻稳定的作用明显大于婚前对般配的注重。① 与择偶次数 3 次以上相比，择偶次数为 1—2 次的个体，其婚姻幸福感高。择偶次数越多，其越容易感受到不确定性和不稳定性，而择偶次数少的农民工，相对来说生活和情感较稳定，对彼此较为满意，因此婚姻幸福感也可能会更高。

从婚姻模式看，首先，夫妻间相辅相成的婚姻角色观能积极影响农民工的婚姻幸福感。拥有相辅相成的婚姻角色观家庭，夫妻各自承担家中的责任，平等分担家务，在生活中互相体贴和理解，属于平等型夫妻关系。这一点结论符合婚姻满意度的结构功能主义理论，该理论强调夫妻作为一个整体，夫妻双方应在家庭、生活和情感上相互支持和理解；彼此照顾，这是高满意度婚姻的体现。其次，有婚外恋行为的新生代农民工对其婚姻幸福感的评价显著低于无婚外恋行为的新生代农民工。② 再次，从夫妻生活模式看，两地分居的新生代农民工对其婚姻满意度的评价显著低于家庭化流动的新生代农民工，这一结果与以往相关研究结论一致③，同时也进一步验证了夫妻分离假说。夫妻之间长时间的分居会导致感情交流少、家庭功能缺失、夫妻生活无法得以顺利地实现，导致婚姻质量下降。

从生育模式看，首先，生育性别偏好会消极影响农民工的婚姻幸福感，无论是偏好男孩还是女孩的新生代农民工对其婚姻幸福感的评价显著低于无生育性别偏好的新生代农民工。根据马斯洛的需要层次理论，当个体的需求获得满足，会感到愉快，幸福感高；反之则感到痛苦，幸福感低。在农民工群体中，当其个体需求没有得到满足，婚姻幸福感也会较低。因此，有生育偏好的农民工，当其需求得不到满足时，婚姻幸福感会低于没有生育偏好的个体。其次，与有两个以上孩子的新生代农民工相比，还没有生育孩子的新生代农民工对其婚姻幸福感评价较高。家庭生命周期理论表明，婚姻满意度的周期变动呈 U 形状态，即结婚后未育的年轻夫妻的婚姻满意度较高，第一个孩子出生后开始下降直至孩

---

① 佟新、戴地：《积极的夫妻互动与婚姻质量——2011 年北京市婚姻家庭调查分析》，《学术探索》2013 年第 1 期。
② 靳小怡、任锋、悦中山：《农民工对婚前和婚外性行为的态度：基于社会网络的研究》，《人口研究》2008 年第 5 期。
③ 马忠东、石智雷：《流动过程影响婚姻稳定性研究》，《人口研究》2017 年第 1 期。

子离家,然后,在身边无孩阶段又开始上升。① 相关研究也显示在子女出生后,夫妻在家务、工作和闲暇等方面的时间分配会发生根本性变化,夫妻之间容易缺乏情感交流。② 随着子女数量越多,家庭成员的关系更为复杂,家庭聚合力降低,因此其婚姻幸福感也可能会下降。国外一些研究也发现,婚姻质量与孩子数之间存在较强的负相关,抚养孩子会降低父母间的互动频率以及消耗本来可以用于父母自己彼此交流的时间和感情。

从性生活模式看,首先,对婚前性行为观,持不赞成的农民工对其婚姻幸福感的评价显著高于持赞成态度的农民工,这一研究结果在婚前性行为上也发现显著预测作用,有婚前性行为的新生代农民工对其婚姻幸福感的评价显著低于无婚前性行为的新生代农民工。其次,对婚外性行为观,持不赞成的农民工对其婚姻幸福感的评价显著高于持赞成态度的农民工,这一研究结果在婚外性行为上也发现显著预测作用,有婚外性行为的新生代农民工对其婚姻幸福感的评价显著低于无婚外性行为的新生代农民工。再次,随意性行为观能负向预测新生代农民工的婚姻幸福感。上述结果都表明,存在不良性行为观或性行为的个体,其婚姻幸福感都较低。这也说明这些群体性观念较为开放,对不道德或非法性行为的容忍度较高,其发展不道德或非法性行为的概率也更高,配偶被替代意识强,有更大的概率对婚姻不满意。

(二) 新生代农民工婚育模式影响夫妻积极互动

在择偶模式中,首先,从文化水平看,低文化水平的新生代农民工其夫妻积极互动较差。文化水平在一定程度上影响着人们的思维模式与行为习惯,文化水平较低的农民工夫妻,在日常生活中,一般较少沟通,很少表达自身情感,自然积极情感的体会和表达也会更差。有研究发现,受教育年限增长的相对"优势"使新生代农民工在婚姻生活中获得更多

---

① 童辉杰、黄成毅:《中国人婚姻关系的变化趋势:家庭生命周期与婚龄的制约》,《湖南社会科学》2015年第4期。

② 许琪、于健宁、邱泽奇:《子女因素对离婚风险的影响》,《社会学研究》2013年第4期。

的积极感受,对婚姻质量的评价更高。[①] 受教育程度也对流动女性农民工夫妻之间的互动感体验有积极的作用,说明受教育程度越高越注重夫妻间的互动。[②] 他们在择偶时会更理智以及获得更多的夫妻调适的信息,从而有利于婚姻质量的提高。其次,择偶标准中在意社会因素的个体,其夫妻积极互动较低。在意经济条件、住房、家庭背景等社会因素的农民工,在夫妻生活中,会更多考虑现实因素,生活会比较实际,也更加传统和功利,往往容易忽略感情因素,因此,其夫妻间积极互动也可能会更低。选择爱情这一择偶目的可以对其夫妻积极互动起到积极的预测作用。选择爱情、相信爱情的新生代农民工,大多将情感的满足和自我价值的实现作为自己的婚姻追求[③],在择偶时更加注重彼此感情,在婚姻中有充分的感情交流,夫妻冲突少、凝聚力强。

从婚姻模式看,首先,自己做主的婚姻自主观能积极影响农民工夫妻积极互动。新生代农民工在进城务工过程中,受城市化思潮影响,思想更加现代化,追求婚姻自主的愿望强烈,希望能自己挑选配偶,持自主婚姻观的农民工更加注重感情因素,也更加注重夫妻间的情感交流。其次,在离婚观上,持随意离婚观的农民工夫妻积极互动较差,这些农民工对待婚姻比较随意,夫妻生活不满意就会想到离婚,很少去沟通交流。再次,无婚外恋行为的新生代农民工夫妻积极互动较好,未发生过婚外恋行为的新生代农民工,自身性观念相对较为保守,对配偶忠贞,这在一定程度上也说明了其夫妻生活较为满意,夫妻间感情较好。最后,从夫妻生活模式看,家庭化流动新生代农民工夫妻积极互动显著高于两地分居的新生代农民工。根据婚姻的行为理论和依恋理论,配偶互动和闲暇时间分享可以使配偶间的关系更为紧密,有利于提高婚姻质量和婚姻稳定性。相对于夫妻共同流动的农民工而言,单独外出的农民工不仅需要独自面对来自陌生城市工作和生活的挑战,还缺少来自与配偶的直接互动、分享和支持,这不利于形成更为稳固的依恋感;与此同时,分

[①] 吴海龙:《新生代农民工婚姻模式与家庭稳定性研究综述》,《铜陵学院学报》2013年第2期。
[②] 曹锐:《新生代农民工婚恋模式初探》,《南方人口》2010年第5期。
[③] 袁霁虹:《媒介"围"城:新生代农民工婚恋观研究》,《中国青年研究》2016年第8期。

居的事实还会导致夫妻沟通不便,甚至冲突,进而降低夫妻之间的婚姻质量。Frank(2005)针对墨西哥移民的研究发现,若夫妻一方迁移,形成分居,必然造成夫妻间情感交流减少,导致婚姻质量下降。①

从性生活模式看,对婚前性行为观,持不赞成的农民工对其夫妻积极互动评价显著高于持赞成态度的农民工,这一研究结果在婚外性行为上也发现显著预测作用,有婚外性行为的新生代农民工对其夫妻积极互动评价显著低于无婚外性行为的新生代农民工。上述结果都表明,存在不良性行为观或性行为的个体,夫妻间积极互动都较低。对不道德或非法性行为的容忍度越高说明了他们的性观念越开放,而那些不赞成婚前性行为的个体,自我约束力强,在婚姻生活中也会更在意对方感受,注重夫妻间情感交流。有婚外性行为的农民工,其性观念开放,生活较为放纵,配偶替代意识强,在夫妻关系失谐时也很少与对方沟通交流。

第二节 新生代农民工婚育模式对消极婚姻质量的影响

一 引言

第一节已从择偶模式、婚姻模式、生育模式和性模式对积极婚姻质量的两个维度,幸福感和夫妻积极互动的影响机制进行研究。本节将运用实证调查资料,采用婚姻问题、婚姻冲突和婚姻不稳定性3个指标对新生代农民工消极婚姻质量的现状进行描述,进而分别以择偶模式、婚姻模式、生育模式和性模式为自变量对婚姻冲突、婚姻不稳定性和婚姻问题的影响机制进行探究。

二 数据来源、变量界定及方法

(一)数据来源

见第三章第一节的数据来源和第三章第二节样本基本情况。

---

① Reanne F., Elizabeth W., "The Grass Widows of Mexico: Migration and Union Dissolution in a Binational Context", *Social Forces*, Vol. 83, No. 3, June 2005, pp. 919 – 947.

(二) 因变量

1. 婚姻冲突

本研究所使用的婚姻冲突量表为 John 等所编制，该量表的中文版本已经在北京经过测试，结果证实具有较好的信度和效度。该量表由6个题目组成，被试者要求回答过去1年在家务分工、花钱方式、教育孩子、照顾老人、结交异性和夫妻争吵等方面的分歧程度。采用4点计分法，"从来没有"记1分，"有时"记2分，"经常"记3分，"几乎总是"记4分。分数越高代表婚姻冲突越严重。该量表在本研究中的内部一致性检验为 Cronbach α 为0.91。

在建立新生代农民工婚姻冲突的影响因素的实证模型的时候，根据婚姻冲突的计分标准，将婚姻冲突转化为一个二分类变量，其中总分低于12分的划为低婚姻冲突，总分高于和等于12分的划为高婚姻冲突。

2. 婚姻不稳定性

本研究采用张会平编制婚姻不稳定性量表进行评定。该分量表共有5个项目，被试者要求回答与离婚或分居有关的事件和想法在其婚姻中出现的频率，采用4点计分法，分数越高代表婚姻不稳定性越严重。该量表在本研究中的内部一致性检验为 Cronbach α 为0.86。

在建立新生代农民工婚姻不稳定性的影响因素的实证模型的时候，根据婚姻不稳定性的计分标准，将婚姻不稳定性转化为一个二分类变量，其中总分低于10分的划为低婚姻不稳定性，总分高于和等于10分的划为高婚姻不稳定性。

3. 婚姻问题

本研究采用 John 等编制、许晓河修订的中文版婚姻问题量表。该分量表共有8个项目，被试者要求回答在过去1年内婚姻问题出现的频率。采用4点计分法，分数越高代表婚姻问题越多。该量表在本研究中的内部一致性检验为 Cronbach α 为0.78。

在建立新生代农民工婚姻问题的影响因素的实证模型的时候，根据婚姻问题的计分标准，将婚姻问题转化为一个二分类变量，其中总分低于17分的划为低婚姻问题，总分高于和等于17分的划为高婚姻问题。

(三) 自变量

本研究所关注的自变量是新生代农民工的婚育模式，根据婚育模式的特点，可以将其分为择偶模式、婚姻模式、生育模式和性生活模式四部分。

1. 择偶模式

择偶模式包括择偶观和择偶行为。其中，择偶观包括择偶标准和择偶目的；择偶行为包括择偶途径、择偶次数和择偶时间。

2. 婚姻模式

婚姻模式包括婚姻观和婚姻行为。其中，婚姻观包括4个变量：婚姻角色观、离婚观、婚姻自主观和婚外恋观。婚姻行为包括5个变量：初婚年龄、婚姻状态、夫妻生活模式、婚姻持续时间和婚外恋行为。

3. 生育模式

生育模式包括生育观和生育行为。其中，生育观包括3个变量：理想生育子女数、理想生育子女性别和生育性别偏好。生育行为包括3个变量：实际子女数、实际子女性别和实际初育年龄。

4. 性生活模式

性生活模式包括性观念和性行为。其中，性观念包括贞操观、婚前性行为观、婚外性行为观和随意性行为观；性行为包括婚前性行为、婚外性行为和随意性行为。

(四) 控制变量

控制变量分为个体因素和外出务工因素。其中个体因素包括性别、年龄和受教育水平；外出务工因素包括打工月收入、打工的年限、打工后计划和打工城市数量。

(五) 质量控制和统计分析

数据采用SPSS20.0软件进行统计分析：采用二分类Logistic回归模型，分别以婚姻冲突、婚姻不稳定性和婚姻问题为因变量，以个体特征变量和打工特征变量为控制变量，分别以择偶模式、婚姻模式、生育模式和性模式为自变量对婚姻冲突、婚姻不稳定性和婚姻问题的影响机制进行探究。

三 研究结果

（一）新生代农民工婚育模式与婚姻冲突的关系

1. 新生代农民工择偶模式与婚姻冲突的关系

表6—9提供了新生代农民工择偶模式对婚姻冲突的二元logistic回归模型。本研究将以新生代农民工婚姻幸福感的"低婚姻冲突"为参照比较模型，分析新生代农民工择偶模式对其高婚姻冲突的影响因素。

表6—9　新生代农民工婚姻冲突二元Logistic回归模型

项目	模型1 B	模型1 Exp（B）	模型2 B	模型2 Exp（B）	模型3 B	模型3 Exp（B）
个人特征因素						
年龄	0.008	1.008	−0.026	0.975	−0.028	0.973
性别（女）	−0.009	0.991	−0.060	0.941	−0.142	0.867
受教育程度（大专及以上）						
初中及以下	0.236	1.266	0.173	1.189	−0.009	0.991
高中或中专	0.334	1.397	0.353	1.423	0.279	1.321
打工特征因素						
打工月收入（4000元以上）						
少于3000元			−0.199	0.819	−0.181	0.835
3000—4000元			−0.311	0.733	−0.315	0.730
打工年限（15年以上）						
1—5年			−0.739**	0.478	−0.864**	0.421
6—15年			−0.845*	0.429	−0.872**	0.418
打工城市数量（5个及以上）						
1—2个			0.057	1.058	0.219	1.245
3—4个			0.593	1.809	0.570	1.954
打工后计划（不确定）						

续表

项目	模型1 B	模型1 Exp（B）	模型2 B	模型2 Exp（B）	模型3 B	模型3 Exp（B）
回老家			-0.168	0.846	-0.246	0.782
留城市			0.055	1.056	-0.005	0.995
择偶模式因素						
择偶标准（心理因素）						
社会因素					0.379*	1.461
生理因素					0.397	1.488
择偶目的1：搭伙过日子（否）					-0.397	0.673
择偶目的2：生儿育女（否）					0.008	1.009
择偶目的3：爱情（否）					-0.409*	0.665
择偶目的4：改变命运（否）					0.207	1.231
择偶途径（相亲或媒介）					0.070	1.072
择偶次数分类（3次以上）					-0.354	0.702
择偶时间分类（2年以上）					0.349*	1.418
-2 Log likelihood	919.137		895.929		873.088	
Cox&Snell R^2	0.004		0.037		0.068	
Nagelkerke R^2	0.006		0.050		0.093	

从参数的估计结果来看，择偶标准、择偶目的和择偶次数对新生代农民工的婚姻幸福感存在显著影响。与心理因素相比，那些择偶标准在意社会因素的个体的婚姻冲突高。选择爱情这一目的可以对其婚姻冲突起到负向的预测作用。与择偶时间在1年以内的个体的婚后婚姻冲突高。

2. 新生代农民工婚姻模式与婚姻冲突的关系

表6—10提供了新生代农民工婚姻模式对新生代农民工婚姻冲突的二元Logistic回归模型。

表6—10　　新生代农民工婚姻冲突二元Logistic回归模型

项目	模型1 B	模型1 Exp(B)	模型2 B	模型2 Exp(B)	模型3 B	模型3 Exp(B)
个人特征因素						
年龄	0.022	1.022	−0.010	0.991	0.043	1.044
性别（女）	0.127	1.135	0.107	1.113	0.079	1.082
受教育程度（大专及以上）						
初中及以下	0.321	1.378	0.284	1.329	0.012	1.012
高中或中专	0.400	1.492*	0.428	1.534	0.288	1.333
打工特征因素						
打工月收入（4000元以上）						
少于3000元			−0.118	0.888	−0.145	0.865
3000—4000元			−0.160	0.852	−0.164	0.848
打工时间（15年以上）						
1—5年			−0.737**	0.479	−0.922**	0.398
6—15年			−0.891**	0.410	−1.110**	0.329
打工城市数量（5个及以上）						
1—2个			0.123	1.131	0.289	1.335
3—4个			0.530	1.698	0.594	1.862
打工后计划（不确定）						
回老家			0.003	1.003	0.006	1.006
留城市			0.107	1.112	0.049	1.051
婚姻模式因素						
婚姻自主观（父母做主）					−0.191	0.826

续表

项目	模型1 B	模型1 Exp(B)	模型2 B	模型2 Exp(B)	模型3 B	模型3 Exp(B)
离婚观（不管怎样，都不会离婚）						
快乐就好，想离就离					-0.278	0.757
矛盾无法调解，可接受					-0.238	0.788
婚姻角色观（无所谓）						
男主女辅					0.726**	2.067
女主男辅					0.747**	2.111
相辅相成					0.282	1.325
婚姻状态（初婚）					-0.269	0.764
结婚时间分类（10年以上）					0.805**	2.237
夫妻生活模式（两地分居）					0.080	1.083
婚外恋行为（有）					-0.189	0.828
初婚年龄（28岁及以上）						
22岁及以下					0.918**	2.504
23—27岁					0.273	1.314
-2 Log likelihood	1124.331		1100.072		1060.502	
Cox&Snell R^2	0.008		0.037		0.081	
Nagelkerke R^2	0.011		0.050		0.109	

从婚姻模式看，婚姻角色观、结婚时间和初婚年龄对新生代农民工的婚姻冲突存在显著影响。首先，男主女辅或女主男辅的婚姻角色观会加剧新生代农民工的婚姻冲突。其次，从结婚时间看，结婚时间在10年以下的新生代农民工的婚姻冲突显著高于结婚时间在10年以上的新生代农民工。同时，初婚年龄处于22岁及以下的新生代农民工婚姻冲突较高。

3. 新生代农民工生育模式与婚姻冲突的关系

表6—11提供了新生代农民工生育模式对新生代农民工婚姻冲突的二

元 Logistic 回归模型。

表6—11　新生代农民工婚姻冲突二元 Logistic 回归模型

项目	模型1 B	模型1 Exp（B）	模型2 B	模型2 Exp（B）	模型3 B	模型3 Exp（B）
个人特征因素						
年龄	-0.004	0.996	-0.056	0.946	-0.060	0.941
性别（女）	0.036	1.037	-0.018	0.982	-0.065	0.937
受教育程度（大专及以上）						
初中及以下	0.396	1.486	0.431	1.539	0.281	1.324
高中或中专	0.364	1.440	0.376	1.457	0.316	1.372
打工特征因素						
打工月收入（4000元以上）						
少于3000元			-0.228	0.796	-0.178	0.837
3000—4000元			-0.159	0.853	-0.123	0.885
打工时间（15年以上）						
1—5年			-1.031***	0.357	-1.075***	0.341
6—15年			-1.032***	0.332	-1.050***	0.350
打工城市数量（5个及以上）						
1—2个			0.327	1.386	0.403	1.496
3—4个			0.634	1.902	0.691	2.008
打工后计划（不确定）						
回老家			0.077	1.080	0.080	1.083
留城市			0.398	1.488	0.399	1.490
生育模式因素						
意愿生育子女性别（儿女双全）						
男孩					0.036	1.036
女孩					0.148	1.159

续表

项目	模型1 B	模型1 Exp（B）	模型2 B	模型2 Exp（B）	模型3 B	模型3 Exp（B）
意愿生育子女数（3个及以上）						
1个					-0.563	0.569
2个					-0.466	0.627
生育性别偏好（无所谓）						
男孩					0.356*	1.428
女孩					-0.021	0.979
实际生育子女数（2个及以上）						
没有					-0.748***	2.862
1个					-0.145	0.865
生育年龄分类（22岁及以下）						
23—27岁					0.099	1.105
28岁及以上					-0.137	0.872
-2 Log likelihood	888.440		855.087		843.899	
Cox&Snell R^2	0.006		0.054		0.069	
Nagelkerke R^2	0.008		0.073		0.094	

从生育模式看，生育性别偏好和实际生育子女数量对新生代农民工的婚姻冲突存在显著影响。首先，生育男孩偏好会加重影响农民工的婚姻冲突。其次，与有2个及以上孩子的新生代农民工相比，还没有生育孩子的新生代农民工的婚姻冲突较少。

4. 新生代农民工性生活模式与婚姻冲突的关系

表6—12分析新生代农民工性生活模式对新生代农民工婚姻冲突的二元Logistic回归模型。

表6—12　新生代农民工婚姻冲突二元 Logistic 回归模型

项目	模型1 B	模型1 Exp（B）	模型2 B	模型2 Exp（B）	模型3 B	模型3 Exp（B）
个人特征因素						
年龄	0.012	1.012	-0.023	0.977	-0.020	0.980
性别（女）	0.080	1.084	0.025	1.025	-0.068	0.934
受教育程度（大专及以上）						
初中及以下	0.289	1.336	0.279	1.322	0.241	1.272
高中或中专	0.235	1.264	0.324	1.383	0.298	1.348
打工特征因素						
打工月收入（4000元以上）						
少于3000元			-0.323	0.724	-0.324	0.723
3000—4000元			-0.665	0.514	-0.643	0.526
打工时间（15年以上）						
1—5年			-0.746*	0.474	-0.814*	0.443
6—15年			-0.941***	0.390	-1.010***	0.368
打工城市数量（5个及以上）						
1—2个			0.156	1.169	0.290	1.337
3—4个			0.515	1.674	0.628	1.874
打工后计划（不确定）						
回老家			-0.184	0.832	-0.165	0.848
留城市			-0.059	0.943	-0.075	0.927
性生活模式因素						
贞操观（在意）					-0.350*	0.704
婚前性行为观（赞成）						
不赞成					0.222	1.248
无所谓					0.021	1.022
婚外性行为观（赞成）						
不赞成					-0.787**	2.014

续表

项目	模型 1 B	模型 1 Exp（B）	模型 2 B	模型 2 Exp（B）	模型 3 B	模型 3 Exp（B）
无所谓					0.112	0.671
随意性行为观（赞成）						
不赞成					-0.185	0.831
无所谓					-0.331	0.718
婚前性行为（有）					-0.136	0.872
婚外性行为（有）					-0.778**	1.981
随意性行为（有）					-0.640*	0.583
性态度（积极态度）					-0.062	0.940
-2 Log likelihood	773.147		747.831		732.820	
Cox&Snell R²	0.004		0.046		0.071	
Nagelkerke R²	0.006		0.063		0.096	

从性生活模式看，首先，在意贞操的农民工的婚姻冲突更为严重。其次，在婚外性行为观上，持不赞成的农民工觉察到的其婚姻冲突显著低于持赞成态度的农民工，这一研究结果在婚外性行为上也发现显著预测作用，无婚外性行为的新生代农民工的婚姻冲突显著低于有婚外性行为的新生代农民工。最后，无随意性行为负向预测新生代农民工的婚姻冲突。

（二）新生代农民工婚育模式与婚姻问题的关系

1. 新生代农民工择偶模式与婚姻问题的关系

表6—13提供了新生代农民工婚姻问题的二元Logistic回归模型。本研究将为新生代农民工婚姻问题的"低婚姻问题"作为参照比较模型，分析新生代农民工择偶模式对其高婚姻问题的影响因素。

从参数的估计结果来看，择偶标准和择偶次数对新生代农民工婚姻问题存在显著影响。首先，择偶标准中在意生理因素的个体的婚姻问题较多。其次，在择偶次数上，较少的择偶次数（3次以下）可以对其婚姻问题起到负向的预测作用。

表6—13 新生代农民工择偶模式对其夫妻婚姻问题二元 Logistic 回归模型

项目	模型1 B	模型1 Exp（B）	模型2 B	模型2 Exp（B）	模型3 B	模型3 Exp（B）
个人特征因素						
年龄	-0.017	0.983	-0.017	0.983	-0.020	0.980
性别（女）	0.121	1.129	0.084	1.087	0.074	1.077
受教育程度（大专及以上）						
初中及以下	0.268	1.307	0.296	1.344	0.249	1.283
高中或中专	0.588**	1.801	0.625**	1.868	0.454*	1.740
打工特征因素						
打工月收入（4000元以上）						
少于3000元			-0.034	0.967	0.041	1.041
3000—4000元			-0.084	0.919	-0.074	0.929
打工年限（15年以上）						
1—5年			0.115	1.122	-0.003	0.997
6—15年			0.070	1.072	0.007	1.007
打工城市数量（5个及以上）						
1—2个			-0.428	0.652	-0.215	0.807
3—4个			0.102	1.108	0.299	1.348
打工后计划（不确定）						
回老家			-0.252	0.778	-0.258	0.773
留城市			0.080	1.083	0.088	1.092
择偶模式因素						
择偶标准（心理因素）						
社会因素					0.238	1.269
生理因素					0.787*	2.197
择偶目的1：搭伙过日子（否）					0.017	1.017

续表

项目	模型1 B	模型1 Exp（B）	模型2 B	模型2 Exp（B）	模型3 B	模型3 Exp（B）
择偶目的2：生儿育女（否）					0.180	1.197
择偶目的3：爱情（否）					-0.026	0.975
择偶目的4：改变命运（否）					0.145	1.156
择偶途径（相亲或媒介）					-0.016	0.984
择偶次数分类（3次以上）					-0.563**	0.569
择偶时间分类（2年以上）					0.117	1.124
-2 Log likelihood	922.124		910.210		893.568	
Cox&Snell R^2	0.014		0.030		0.053	
Nagelkerke R^2	0.018		0.041		0.072	

2. 新生代农民工婚姻模式与婚姻问题的关系

表6—14分析新生代农民工婚姻模式对新生代农民工夫妻婚姻问题的二元Logistic回归模型。

表6—14 新生代农民工婚姻模式对其夫妻婚姻问题二元Logistic回归模型

项目	模型1 B	模型1 Exp（B）	模型2 B	模型2 Exp（B）	模型3 B	模型3 Exp（B）
个人特征因素						
年龄	-0.010	0.990	-0.007	0.993	0.040	1.041
性别（女）	0.238	1.268	0.225	1.252	0.228	1.256
受教育程度（大专及以上）						
初中及以下	0.244	1.276	0.256	1.292	0.058	1.060
高中或中专	0.466	1.593	0.478	1.613	0.402	1.495

续表

项目	模型1 B	模型1 Exp（B）	模型2 B	模型2 Exp（B）	模型3 B	模型3 Exp（B）
打工特征因素						
打工月收入（4000元以上）						
少于3000元			0.100	1.106	0.175	1.191
3000—4000元			-0.019	0.981	0.078	1.082
打工时间（15年以上）						
1—5年			0.112	1.118	-0.096	0.909
6—15年			0.065	1.067	-0.141	0.868
打工城市数量（5个及以上）						
1—2个			-0.369	0.692	-0.134	0.875
3—4个			0.073	1.076	0.347	1.415
打工后计划（不确定）						
回老家			-0.075	0.928	-0.083	0.920
留城市			0.141	1.151	0.098	1.103
婚姻模式因素						
婚姻自主观（父母做主）					-0.721**	0.486
离婚观（不管怎样，都不会离婚）						
快乐就好，想离就离					0.074	1.077
矛盾无法调解，可接受					0.375	1.455
婚姻角色观（无所谓）						
男主女辅					0.218	1.243
女主男辅					0.198	1.219
相辅相成					-0.102	0.903
婚姻状态（初婚）					-0.101	0.904
结婚时间分类（10年以上）					0.850**	2.341

续表

项目	模型1 B	模型1 Exp(B)	模型2 B	模型2 Exp(B)	模型3 B	模型3 Exp(B)
夫妻生活模式（两地分居）					0.392	1.480
婚外恋行为（有）					−0.981**	0.375
初婚年龄（28岁及以上）						
22岁及以下					0.725**	2.064
23—27岁					0.202	1.224
−2 Log likelihood	1119.335		1109.659		1050.250	
Cox&Snell R^2	0.010		0.022		0.089	
Nagelkerke R^2	0.014		0.030		0.120	

从婚姻模式看，婚姻自主观、结婚时间和婚外恋行为对新生代农民工婚姻问题存在显著影响。首先，自己做主的婚姻自主观能降低新生代农民工婚姻问题的发生。其次，在婚外恋行为上，婚外恋行为能正向预测新生代农民工的婚姻问题。最后，从结婚时间看，结婚时间超过10年的新生代农民工的婚姻问题显著低于10年以下的新生代农民工。

3. 新生代农民工生育模式与夫妻婚姻问题的关系

表6—15分析新生代农民工生育模式对新生代农民工夫妻婚姻问题的二元Logistic回归模型。

表6—15 新生代农民工生育模式对其夫妻婚姻问题二元Logistic回归模型

项目	模型1 B	模型1 Exp(B)	模型2 B	模型2 Exp(B)	模型3 B	模型3 Exp(B)
个人特征因素						
年龄	−0.028	0.973	−0.039	0.962	−0.027	0.973
性别（女）	0.192	1.212	0.149	1.160	0.213	1.237
受教育程度（大专及以上）						
初中及以下	0.167	1.181	0.080	1.083	−0.121	0.886

续表

项目	模型1 B	模型1 Exp（B）	模型2 B	模型2 Exp（B）	模型3 B	模型3 Exp（B）
高中或中专	0.267	1.305	0.176	1.192	0.076	1.079
打工特征因素						
打工月收入（4000元以上）						
少于3000元			0.095	1.099	0.118	1.126
3000—4000元			0.077	1.080	0.059	1.061
打工时间（15年以上）						
1—5年			-0.142	0.868	-0.115	0.891
6—15年			0.061	1.063	0.080	1.083
打工城市数量（5个及以上）						
1—2个			-0.611*	0.543	-0.644*	0.525
3—4个			-0.036	0.965	-0.063	0.939
打工后计划（不确定）						
回老家			-0.067	0.936	-0.154	0.857
留城市			0.235	1.265	0.152	1.165
生育模式因素						
意愿生育子女性别（儿女双全）						
男孩					-0.114	0.892
女孩					0.160*	0.799
意愿生育子女数（3个及以上）						
1个					-1.760*	0.172
2个					0.080	1.083
生育性别偏好（无所谓）						
男孩					0.612**	1.844
女孩					0.076	1.079

续表

项目	模型1 B	模型1 Exp (B)	模型2 B	模型2 Exp (B)	模型3 B	模型3 Exp (B)
实际子女数（2个及以上）						
没有					-0.208	0.812
1个					0.023	1.023
生育年龄分类（28岁及以上）						
22岁以下					0.559*	1.749
23—27岁					0.037	1.038
-2 Log likelihood	889.626		873.359		845.104	
Cox&Snell R^2	0.007		0.030		0.070	
Nagelkerke R^2	0.009		0.041		0.070	

从生育模式看，意愿生育子女数量、生育性别偏好和生育年龄对新生代农民工婚姻问题存在显著影响。首先，只想生育一个孩子的新生代农民工婚姻问题较少。存在生育性别偏好，特别是一心只想生男孩的新生代农民工婚姻问题较多。生育年龄在22岁以下的能正向预测新生代农民工的婚姻问题。

4. 新生代农民工性生活模式与夫妻婚姻问题的关系

表6—16分析新生代农民工性生活模式对新生代农民工婚姻问题的二元 logistic 回归模型。

表6—16　新生代农民工性生活模式对其夫妻婚姻问题二元 Logistic 回归模型

项目	模型1 B	模型1 Exp (B)	模型2 B	模型2 Exp (B)	模型3 B	模型3 Exp (B)
个人特征因素						
年龄	-0.010	0.990	-0.002	0.998	0.002	1.002
性别（女）	0.186	1.204	0.173	1.189	0.101	1.107

续表

项目	模型1 B	模型1 Exp(B)	模型2 B	模型2 Exp(B)	模型3 B	模型3 Exp(B)
受教育程度（大专及以上）						
初中及以下	0.192	1.211	0.210	1.234	0.119	1.127
高中或中专	0.386	1.472	0.442	1.555	0.378	1.460
打工特征因素						
打工月收入（4000元以上）						
少于3000元			-0.015	0.985	0.024	1.025
3000—4000元			-0.233	0.792	-0.230	0.795
打工时间（15年以上）						
1—5年			0.202	1.224	0.132	1.141
6—15年			0.156	1.169	0.128	1.136
打工城市数量（5个及以上）						
1—2个			-0.485	0.616	-0.341	0.711
3—4个			-0.084	0.920	0.042	1.043
打工后计划（不确定）						
回老家			-0.349	0.706	-0.323	0.724
留城市			-0.054	0.947	-0.107	0.898
性生活模式因素						
贞操观（在意）					-0.096	0.909
婚前性行为观（赞成）						
不赞成					0.146	1.157
无所谓					0.355	1.426
婚外性行为观（赞成）						
不赞成					-0.237	0.789
无所谓					0.630	1.878
随意性行为观（赞成）						
不赞成					-0.185	0.831

续表

项目	模型1 B	模型1 Exp（B）	模型2 B	模型2 Exp（B）	模型3 B	模型3 Exp（B）
无所谓					-0.224	0.799
婚前性行为（有）					-0.062	0.939
婚外性行为（有）					-0.684*	0.504
随意性行为（有）					0.309	1.362
-2 Log likelihood	774.452		764.992		743.111	
Cox&Snell R^2	0.007		0.023		0.059	
Nagelkerke R^2	0.010		0.031		0.080	

新生代农民工的性生活模式对其婚姻问题影响不大，主要体现在有无婚外性行为上，没有婚外行为能有效预防婚姻问题。

（三）新生代农民工婚育模式与婚姻不稳定性的关系

1. 新生代农民工择偶模式与婚姻不稳定性的关系

表6—17提供了新生代农民工婚姻不稳定性的二元Logistic回归模型。本研究将为新生代农民工婚姻不稳定性的"低婚姻不稳定性"作为参照比较模型，分析新生代农民工择偶模式对其高婚姻不稳定性的影响因素。

表6—17 新生代农民工择偶模式对其婚姻不稳定性二元Logistic回归模型

项目	模型1 B	模型1 Exp（B）	模型2 B	模型2 Exp（B）	模型3 B	模型3 Exp（B）
个人特征因素						
年龄	0.004	1.004	-0.013	0.987	-0.011	0.989
性别（女）	-0.327	0.721	-0.474	0.623	-0.468	0.567
受教育程度（大专及以上）						
初中及以下	0.191	1.211	0.255	1.290	-0.044	0.957
高中或中专	0.278	1.321	0.219	1.245	0.093	1.097
打工特征因素						

续表

项目	模型1 B	模型1 Exp（B）	模型2 B	模型2 Exp（B）	模型3 B	模型3 Exp（B）
打工月收入（4000元以上）						
少于3000元			0.001	1.001	0.022	1.022
3000—4000元			0.124	1.132	0.168	1.182
打工年限（15年以上）						
1—5年			-0.169	0.845	-0.389	0.678
6—15年			-0.099	0.906	-0.128	0.880
打工城市数量（5个及以上）						
1—2个			-0.874**	0.417	-0.647*	0.524
3—4个			-0.553	0.575	-0.460	0.631
打工后计划（不确定）						
回老家			0.432	1.541	0.433	1.542
留城市			0.724**	2.062	0.713*	2.041
择偶模式因素						
择偶标准（心理因素）						
社会因素					0.119	1.126
生理因素					0.648*	1.912
择偶目的1：搭伙过日子（否）					0.061	1.063
择偶目的2：生儿育女（否）					0.167	1.181
择偶目的3：爱情（否）					1.122***	3.070
择偶目的4：改变命运（否）					0.044	1.045
择偶途径（相亲或媒介）					-0.464*	0.629
择偶次数分类（3次以上）					-0.479*	0.619

续表

项目	模型1 B	模型1 Exp（B）	模型2 B	模型2 Exp（B）	模型3 B	模型3 Exp（B）
择偶时间分类（2年以上）					0.045	1.046
-2 Log likelihood	652.919		636.282		595.735	
Cox&Snell R^2	0.006		0.029		0.084	
Nagelkerke R^2	0.009		0.048		0.138	

从参数的估计结果来看，择偶标准、择偶目的、择偶途径和择偶次数对新生代农民工的婚姻幸福感存在显著影响。择偶标准在意生理因素的个体的婚姻不稳定性强。选择爱情这一择偶目的可以对其婚姻不稳定性起到积极的预防作用。自由恋爱的新生代农民工的婚姻不稳定性更强。与择偶次数3次以上相比，择偶次数为1—2次的个体的婚姻不稳定性较弱。

2. 新生代农民工婚姻模式与婚姻不稳定性的关系

表6—18分析新生代农民工婚姻模式对新生代农民工婚姻不稳定性的二元Logistic回归模型。

表6—18　新生代农民工婚姻模式对其婚姻不稳定性二元Logistic回归模型

项目	模型1 B	模型1 Exp（B）	模型2 B	模型2 Exp（B）	模型3 B	模型3 Exp（B）
个人特征因素						
年龄	-0.008	0.992	-0.020	0.980	-0.011	0.989
性别（女）	-0.019	0.981	-0.109	0.896	-0.254	0.775
受教育程度（大专及以上）						
初中及以下	0.255	1.291	0.331	1.392	0.177	1.193
高中或中专	0.324	1.382	0.287	1.333	0.212	1.237
打工特征因素						

续表

项目	模型1 B	模型1 Exp（B）	模型2 B	模型2 Exp（B）	模型3 B	模型3 Exp（B）
打工月收入（4000元以上）						
少于3000元			0.038	1.038	0.145	1.156
3000—4000元			0.043	1.044	0.239	1.269
打工时间（15年以上）						
1—5年			-0.108	0.898	-0.422	0.656
6—15年			-0.034	0.967	-0.097	0.908
打工城市数量（5个及以上）						
1—2个			-0.760**	0.468	-0.372	0.689
3—4个			-0.470	0.625	-0.098	0.907
打工后计划（不确定）						
回老家			0.462*	1.587	0.467*	1.596
留城市			0.683**	1.979	0.603**	1.827
婚姻模式因素						
婚姻自主观（父母做主）					-0.219	0.804
离婚观（不管怎样，都不会离婚）						
快乐就好，想离就离					0.077	1.080
矛盾无法调解，可接受					0.629*	1.877
婚姻角色观（无所谓）						
男主女辅					0.156	1.169
女主男辅					0.798*	2.221
相辅相成					-0.225	0.799
婚姻状态（初婚）					1.335**	3.800
结婚时间分类（10年以上）					0.142	1.152
夫妻生活模式（两地分居）					-0.066	0.936

续表

项目	模型1 B	模型1 Exp（B）	模型2 B	模型2 Exp（B）	模型3 B	模型3 Exp（B）
婚外恋行为（有）					-1.313***	0.269
初婚年龄（28岁及以上）						
22岁及以下					-0.053	0.948
23—27岁					-0.456	0.634
-2 Log likelihood	795.420		778.678		696.471	
Cox&Snell R^2	0.002		0.022		0.113	
Nagelkerke R^2	0.004		0.036		0.185	

从婚姻模式看，婚姻角色观、婚姻状态和婚外恋行为对新生代农民工的婚姻不稳定性存在显著影响。首先，女主男辅的婚姻角色观能增大新生代农民工的婚姻不稳定性。其次，无婚外恋行为的新生代农民工的婚姻不稳定性显著低于有婚外恋行为的新生代农民工。最后，从婚姻状态看，初婚的新生代农民工婚姻不稳定性较低。

3. 新生代农民工生育模式与婚姻不稳定性的关系

表6—19分析新生代农民工生育模式对新生代农民工婚姻不稳定性的二元 Logistic 回归模型。

表6—19　新生代农民工生育模式对其婚姻不稳定性二元 Logistic 回归模型

项目	模型1 B	模型1 Exp（B）	模型2 B	模型2 Exp（B）	模型3 B	模型3 Exp（B）
个人特征因素						
年龄	-0.022	0.978	-0.050	0.951	-0.037	0.964
性别（女）	-0.258	0.773	-0.335	0.715	-0.267	0.766
受教育程度（大专及以上）						
初中及以下	0.115	1.122	0.162	1.176	-0.036	0.965
高中或中专	0.242	1.274	0.153	1.166	0.087	1.091
打工特征因素						

续表

项目	模型1 B	模型1 Exp（B）	模型2 B	模型2 Exp（B）	模型3 B	模型3 Exp（B）
打工月收入（4000元以上）						
少于3000元			0.099	1.104	0.017	1.017
3000—4000元			0.283	1.327	0.255	1.291
打工时间（15年以上）						
1—5年			-0.326	0.722	-0.351	0.704
6—15年			-0.192	0.826	-0.142	0.868
打工城市数量（5个及以上）						
1—2个			-0.801*	0.449	-0.729*	0.482
3—4个			-0.440	0.644	-0.299	0.742
打工后计划（不确定）						
回老家			0.537*	1.712	0.427	1.533
留城市			0.859**	2.361	0.827**	2.286
生育模式因素						
意愿生育子女性别（儿女双全）						
男孩					0.115	1.122
女孩					-0.792	0.453
意愿生育子女数（3个及以上）						
1个					0.062	1.064
2个					-0.172	0.842
生育性别偏好（无所谓）						
男孩					0.627*	1.128
女孩					0.902**	2.464
实际生育子女数（2个及以上）						

续表

项目	模型1		模型2		模型3	
	B	Exp（B）	B	Exp（B）	B	Exp（B）
没有					-0.909*	0.403
1个					-0.215	0.807
生育年龄分类（28岁及以上）						
22岁及以下					0.454	1.574
23—27岁					0.145	1.156
-2 Log likelihood	632.545		611.756		591.910	
Cox&Snell R^2	0.005		0.035		0.064	
Nagelkerke R^2	0.008		0.058		0.104	

从生育模式看，生育性别偏好和实际生育子女数量对新生代农民工的婚姻不稳定性存在显著影响。首先，生育性别偏好会增强农民工的婚姻不稳定性，无论是偏好男孩还是女孩的新生代农民工的婚姻不稳定性显著高于无生育性别偏好的新生代农民工。其次，与有2个以上孩子的新生代农民工相比，还没有生育孩子的新生代农民工的婚姻不稳定性较低。

4. 新生代农民工性生活模式与婚姻不稳定性的关系

表6—20分析新生代农民工性生活模式对新生代农民工婚姻不稳定性的二元Logistic回归模型。

表6—20　新生代农民工婚姻不稳定性二元Logistic回归模型

项目	模型1		模型2		模型3	
	B	Exp（B）	B	Exp（B）	B	Exp（B）
个人特征因素						
年龄	0.011	1.011	0.008	1.008	0.006	1.006
性别（女）	-0.128	0.880	-0.161	0.851	-0.493	0.611
受教育程度（大专及以上）						

续表

项目	模型1		模型2		模型3	
	B	Exp（B）	B	Exp（B）	B	Exp（B）
初中及以下	0.281	1.325	0.290	1.337	0.154	1.167
高中或中专	0.402	1.495	0.315	1.370	0.235	1.265
打工特征因素						
打工月收入（4000元以上）						
少于3000元			0.192	1.212	0.348	1.416
3000—4000元			0.092	1.096	0.105	1.111
打工时间（15年以上）						
1—5年			-0.123	0.884	-0.556	0.573
6—15年			-0.069	0.934	-0.240	0.787
打工城市数（5个及以上）						
1—2个			-0.826*	0.438	-0.697*	0.498
3—4个			-0.767*	0.464	-0.612	0.542
打工后计划（不确定）						
回老家			0.269	1.308	0.383	1.467
留城市			0.562*	1.754	0.510	1.665
性生活模式因素						
贞操观（在意）					-0.117	0.890
婚前性行为观（赞成）						
不赞成					0.662*	1.938
无所谓					0.283	1.328
婚外性行为观（赞成）						
不赞成					-0.655*	0.634
无所谓					0.050	1.051
随意性行为观（赞成）						
不赞成					-0.641*	0.527
无所谓					-0.022	0.978

续表

项目	模型1		模型2		模型3	
	B	Exp（B）	B	Exp（B）	B	Exp（B）
婚前性行为（有）					-0.749**	0.473
婚外性行为（有）					-1.013*	0.363
随意性行为（有）					-0.714*	2.042
-2 Log likelihood	565.821		554.419		513.383	
Cox&Snell R^2	0.004		0.024		0.090	
Nagelkerke R^2	0.007		0.038		0.145	

从性生活模式看，婚前性行为观、婚外性行为观、随意性行为观、婚前性行为、婚外性行为和随意性行为对新生代农民工的婚姻不稳定性存在显著影响。首先，对婚前性行为观持不赞成的农民工婚姻不稳定性显著高于持赞成态度的农民工，这一研究结果在婚前性行为上也发现显著预测作用，有婚前性行为的新生代农民工婚姻不稳定性显著高于无婚外恋行为的新生代农民工。其次，在婚外性行为观上，持不赞成的农民工婚姻不稳定性显著低于持赞成态度的农民工，这一研究结果在婚外性行为上也发现显著预测作用，有婚外性行为的新生代农民工婚姻不稳定性显著高于无婚外性行为的新生代农民工。最后，随意性行为观和随意性行为能正向预测新生代农民工的婚姻不稳定性。

四 讨论

本研究以婚姻问题、婚姻冲突与婚姻不稳定性为测量消极婚姻质量的重要指标，分别以择偶模式、婚姻模式、生育模式和性模式为自变量对婚姻冲突、婚姻不稳定性和婚姻问题的影响机制进行研究。

（一）择偶模式对消极婚姻质量的影响

从择偶模式看，首先，与心理因素相比，那些择偶标准在意社会因素或生理因素的个体的婚姻冲突高、婚姻问题较多、婚姻不稳定性强。而在择偶时在意心理因素的个体，夫妻之间配合度程度越高，对婚姻生活的满意度以及对配偶的评价也就越好，夫妻之间的冲突也越少；而在意生理或社会这些外在因素的个体的婚姻更多看重双方的经济或其他外在条件,在婚后会因性格、脾气秉性等产生冲突不和。① 研究也发现,在择偶时注重对方物质条件、家庭背景、社会关系等功利性条件对婚姻质量确实有一定的消极影响,影响着婚姻生活的自主权,对婚姻失望的感觉等因素影响尤其显著。②

其次,选择爱情或是自由恋爱可以对其婚姻冲突和婚姻不稳定性起到负向的预测作用。在择偶时更注重爱情的,对婚姻满意度和配偶评价会较好,其婚后发生婚姻冲突的可能性更小。与择偶次数 3 次以上相比,择偶次数为 1—2 次的个体,其婚姻问题较少,婚姻不稳定性较弱。择偶次数较少的个体,其对恋爱婚姻相对较为保守,追求稳定,更容易选择从一而终。

另外,择偶时间在 1 年以内的个体,其婚后婚姻冲突高。研究发现,有不少的男性和女性双方在婚前缺乏对对方深入的了解,感情基础相对比较薄弱,容易出现婚姻的不稳定和各种婚姻矛盾。③ 双方的结合需要彼此的熟悉、了解和磨合,恋爱时间短的个体,对彼此了解较少,缺乏磨合的过程,很快步入婚姻会发现很多和自己理想中的不一样,进而导致冲突频发。有研究表明,婚前相处时间久、有较好感情基础的夫妻婚姻质量相对较好。④

(二) 婚姻模式对消极婚姻质量的影响

从婚姻模式看,首先,男主女辅或女主男辅的婚姻角色观会增加新生代农民工的婚姻冲突和婚姻不稳定性。公平理论认为公平感会影响到感知的婚姻质量,婚姻中的不公平感会导致婚姻冲突的增加,降低婚姻满意度。⑤ 那么在现代婚姻中仍持有传统男性优势观念的个体,就容易让对方感觉到不被尊重,使其在家庭中处于较低地位,婚姻冲突也会更加明显。因此,不管是男主女辅还是女主男辅的婚姻角色观,一方的强势

---

① 闫锦、童薇、方晓义等:《家庭生命周期各阶段夫妻择偶标准及其与婚姻满意度的关系》,第二十一届全国心理学学术会议,中国心理学会,中国北京,2018 年 11 月 2 日。
② 曹锐:《新生代农民工婚恋模式初探》,《南方人口》2010 年第 5 期。
③ 邓承杰:《农民工离婚案件增多值得关注》,《当代广西》2009 年第 6 期。
④ 薛菁:《进城务工对农民工婚姻生活影响研究》,《科学经济社会》2013 年第 3 期。
⑤ Yoav L., Ruth K., "Divison of Labor, Perceived Fairness, and Marital Quality: The Effect of Gender Ideology", *Journal of Marriage and Family*, Vol. 64, No. 1, February 2002, pp. 27–39.

都会导致婚姻冲突的产生。

其次,在婚外恋行为上,无婚外恋行为能负向预测新生代农民工的婚姻问题。反对婚外恋的农民工,更能坚持和遵守社会道德底线,对婚姻更加忠诚和保守,因此,婚姻冲突也较低。

最后,从结婚时间看,结婚时间在10年以下的新生代农民工的婚姻冲突和婚姻问题显著高于结婚时间在10年以上的新生代农民工。结婚时间较短的个体,彼此磨合时间也较短,在家务、子女教养、生活方式等方面面临很多冲突,相对地,结婚较长的,经历了长时间的磨合,彼此已经很熟悉对方的性格特点和在意的细节,能够有效地处理家庭事务,也更能有效地避免婚姻冲突。

另外,在婚姻冲突上,初婚年龄处于22岁以下的新生代农民工婚姻冲突较高。现有的研究表明初婚年龄早,不利于婚姻的稳定性。例如,有研究发现青少年时期结婚的被试离婚率比达到法定结婚年龄结婚的被试高,早婚的被试因结婚年龄相对较小,心智不够成熟,没有能力承担相应的责任,不能够很好地处理所面临的问题,从而对夫妻间的婚姻质量产生一定的影响。

在婚姻问题上,自己做主的婚姻自主观能减少新生代农民工婚姻问题的发生。坚持婚姻自主的农民工,较少受传统文化影响,有自己的主见,在婚姻出现问题时,大多能自己解决,较少受家庭观念、长辈思想影响,减少了其他因素的影响,婚姻问题也会相对减少。

在婚姻不稳定性上,初婚的新生代农民工婚姻不稳定性较低。研究表明,农民工在城市化进程中,其婚姻表现出传统和现代的两面性。在初婚前期可能更偏于传统观念,因而在初婚的前期,婚姻稳定性较高。但随着时间的推移,尤其是外出务工,在城市接触到新的婚姻观念,逐渐改变了个人对传统婚姻的认同,从而降低了婚姻稳定性,[①] 尤其是经历过离婚的农民工,可能对婚姻已经看淡,离婚在他们看来也是可以接受的。

[①] 疏仁华:《青年农民工婚恋观的城市化走向》,《南通大学学报》(社会科学版)2011年第3期。袁霁虹:《媒介"围"城:新生代农民工婚恋观研究》,《中国青年研究》2016年第8期。

(三) 生育模式对消极婚姻质量的影响

从生育模式看，首先，特别是一心只想生男孩的新生代农民工婚姻问题和婚姻冲突较多，婚姻不稳定性也更明显。偏好男孩的农民工，当家庭未有男孩时，自身需求未得到满足，也将面临更多的婚姻问题。根据马斯洛的需要层次理论，当个体的需求获得满足，会感到愉快，反之则感到痛苦。偏好男孩的农民工，受传统思想影响较深，当家庭中未生育男孩时，其个体需求没有得到满足，也更加容易引发婚姻冲突和婚姻问题。

其次，与有 2 个以上孩子的新生代农民工相比，还没有生育孩子的新生代农民工的婚姻冲突较少，婚姻不稳定性较低。育有 2 个以上孩子的新生代农民工，在子女出生后，夫妻在家务、工作和闲暇等方面的时间分配会发生根本性变化，夫妻之间容易缺乏情感交流。[1] 随着子女数量增多，家庭成员的关系更为复杂，家庭聚合力降低，经济压力和心理压力也显著增大，当夫妻在子女养育方面意见不合时，更易产生婚姻冲突、离婚倾向。例如现有的研究发现婚后孩子的出生会打破夫妻间的二人世界，夫妻需要做大量的调试来适应新角色，并且孩子的数量越多，夫妻的调试程度和难度会越大。[2]

另外，生育年龄在 22 岁以下的能正向预测新生代农民工的婚姻问题。生育年龄较早，在面临婚姻琐事的同时，加上自身思想还未成熟，处理事情缺乏经验，没有能力承担相应的责任，也极易引发各种婚姻问题。

(四) 性模式对消极婚姻质量的影响

从性生活模式看，首先，在意贞操的农民工的婚姻冲突更为严重。在意贞操的新生代农民工，思想相对保守，对另一半要求也更高，在现代化进程中，尤其是进城务工接受到新的思想观念，在传统与现代思潮交织下，夫妻间也更易引发婚姻冲突。

---

[1] 许琪:《探索从妻居——现代化、人口转变和现实需求的影响》,《人口与经济》2013 年第 6 期。

[2] Lawrence E., Rothman A. D., Cobb R. J., et al., "Marital Satisfaction Across the Transition to Parenthood", *Journal of Family Psychology: JFP: Journal of the Division of Family Psychology of the American Psychological Association (Division 43)*, Vol. 22, No. 1, February 2008, pp. 41–50.

其次，在婚前性行为或婚外性行为观上，持不赞成意见的农民工的婚姻冲突或婚姻不稳定性显著低于持赞成态度的农民工，这一研究结果在婚前性行为和婚外性行为上也发现具有显著预测作用，无婚前行为或婚外性行为的新生代农民工的婚姻冲突和婚姻不稳定性的显著低于有婚前或婚外性行为的新生代农民工。对不良性行为观和性行为持反对态度的农民工，对自身要求较高，遵守社会道德底线，对家庭相对较负责，因此发生婚姻冲突的可能性也更低。根据现有研究，不良性行为不利于婚姻的稳定，因为它使两个人的结合变得比较随意，进而又会使当事人减少对婚姻制度的崇敬和珍视。也有学者以为，不良性行为会减少当事人从婚姻中所得到的新鲜感，从而影响他们的婚姻满意度或幸福感。由于不良性行为与中国传统文化的价值追求相悖，违背性行为准则将遭受社会的谴责，并留下心理阴影。因此，对婚姻稳定性既有直接的负面影响，同时还将通过降低婚姻质量而间接增加婚姻破裂的风险。

第三节　新生代农民工婚育模式对婚姻暴力的影响

一　引言

婚姻暴力是一个普遍且严重的公共卫生问题，是指在亲密关系中的配偶或伴侣对另一个配偶或伴侣施行的躯体、精神和性虐待或伤害，主要包括身体侵犯、强迫性行为、心理虐待和控制行为。[1] 在第五章中的调查显示，约46%的新生代已婚农民工在过去的12个月遭受了至少一次婚姻暴力行为，同时在遭受婚姻暴力的新生代已婚农民工中，超过半数经历了多重暴力，尤其是三重婚姻暴力形式。该调查结果表明婚姻暴力在新生代农民工群体极为普遍。

婚姻暴力的产生与持续是多种因素综合作用的结果，不同学科从各自学科视角出发对婚姻暴力进行解释。与心理学偏好以个人物质滥用以及人格特质缺陷分析婚姻暴力不同，社会学认为社会制度和社会结构影响个人行为，亲密关系中的暴力和虐待现象受到社会文化结构的影响。

---

[1] 王盛：《浅析我国的家庭暴力及其法律对策》，《法制博览》2015年第5期。

本研究认为婚姻暴力是一种特殊的配偶互动行为，该行为会受到其婚育模式的影响，特别是新生代农民工在城市化进程中，其原有的传统婚育模式也发生改变，例如女性农民工由于经济进一步独立，已拥有了更多的资源，根据社会资源理论，权力能够影响家庭其他成员的行为，夫妻双方资源的多寡决定夫妻权力分配方式。拥有更多资源的一方对他人拥有更大的强制力与权力，更有可能使用暴力维持自我权威[①]，上述婚育模式的变化可能会对农民工家庭暴力产生显著影响。

基于上述分析，本节运用实证调查资料，采用遭受婚姻暴力和实施婚姻暴力这两个指标对新生代农民工婚姻暴力的现状进行描述，进而分别以择偶模式、婚姻模式、生育模式和性模式为自变量对遭受婚姻暴力和实施婚姻暴力的影响机制进行研究。

二 数据来源、变量界定及方法

（一）数据来源

见第三章第一节的数据来源和第三章第二节样本基本情况。

（二）因变量

1. 婚姻暴力

量表选用冲突策略量表简版，由协商、心理暴力、躯体暴力、性暴力、伤害5个分量表构成的，每个分量表均包含4个条目。本研究去掉了协商和伤害的部分，剩余3个分量表，即心理暴力、躯体暴力和性暴力，采用0—6的7级计分法，仅评估过去12个月中的发生次数，其中任何一项显示为阳性就表示发生婚姻暴力受虐或施暴。

（三）自变量

本研究所关注的自变量是新生代农民工的婚育模式，根据婚育模式的特点，可以将其分为择偶模式、婚姻模式、生育模式和性生活模式四部分。

1. 择偶模式

择偶模式包括择偶观和择偶行为。其中，择偶观包括择偶标准和择

---

① 肖洁、风笑天：《中国家庭的婚姻暴力及其影响因素——基于家庭系统的考察》，《社会科学》2014年第11期。

偶目的；择偶行为包括择偶途径、择偶次数和择偶时间。

2. 婚姻模式

婚姻模式包括婚姻观和婚姻行为。其中，婚姻观包括 4 个变量：婚姻角色观、离婚观、婚姻自主观和婚外恋观。婚姻行为包括 5 个变量：初婚年龄、婚姻状态、夫妻生活模式、婚姻持续时间和婚外恋行为。

3. 生育模式

生育模式包括生育观和生育行为。其中，生育观包括 3 个变量：理想生育子女数、理想生育子女性别和生育性别偏好。生育行为包括 3 个变量：实际子女数、实际子女性别和实际初育年龄。

4. 性生活模式

性生活模式包括性观念和性行为。其中，性观念包括贞操观、婚前性行为观、婚外性行为观和随意性行为观；性行为包括婚前性行为、婚外性行为和随意性行为。

（四）控制变量

控制变量分为个体因素和外出务工因素。其中，个体因素包括性别、年龄和受教育水平；外出务工因素包括打工月收入、打工的年限、打工后计划和打工城市数量。

（五）质量控制和统计分析

采用二分类 Logistic 回归模型，分别以遭受婚姻暴力和实施婚姻暴力为因变量，以个体特征变量和打工特征变量为控制变量，分别以择偶模式、婚姻模式、生育模式和性模式为自变量对遭受婚姻暴力和实施婚姻暴力的影响机制进行探究。

三 研究结果

（一）新生代农民工婚育模式与其遭受婚姻暴力的关系

1. 新生代农民工择偶模式与遭受婚姻暴力的关系

表6—21 提供了新生代农民工择偶模式对遭受婚姻暴力的二元 Logistic 回归模型。本研究将以新生代农民工未遭受婚姻暴力为参照比较模型，分析新生代农民工择偶模式对其遭受婚姻暴力的影响因素进行探究。

表6—21　新生代农民工择偶模式对其遭受婚姻暴力二元 Logistic 回归模型

项目	模型1 B	模型1 Exp(B)	模型2 B	模型2 Exp(B)	模型3 B	模型3 Exp(B)
个人特征因素						
年龄	0.124	1.132	0.066	1.068	0.015	1.015
性别（女）	-0.018	0.982	-0.007	0.993	-0.005	0.995
受教育程度（大专及以上）						
初中及以下	0.070	1.072	0.272	1.312	0.165	1.179
高中或中专	-0.158	0.854	-0.008	0.992	-0.093	0.911
打工特征因素						
打工月收入（4000元以上）						
少于3000元			-0.198	0.820	-0.125	0.882
3000—4000元			-0.005	0.995	0.029	1.029
打工年限（15年以上）						
1—5年			0.444	1.559	0.340	1.404
6—15年			0.259	1.295	0.252	1.286
打工城市数量（5个及以上）						
1—2个			-0.347	0.707	-0.115	0.891
3—4个			0.096	1.101	0.286	1.331
打工后计划（不确定）						
回老家			-0.222	0.801	-0.339	0.712
留城市			0.213	1.238	0.133	1.142
择偶模式因素						
择偶标准（心理因素）						
社会因素					0.045	1.046
生理因素					0.441**	1.554
择偶目的1：搭伙过日子（否）					-0.018	0.982

续表

项目	模型1 B	模型1 Exp（B）	模型2 B	模型2 Exp（B）	模型3 B	模型3 Exp（B）
择偶目的2：生儿育女（否）					0.136	1.146
择偶目的3：爱情（否）					-0.625***	0.535
择偶目的4：改变命运（否）					0.568*	1.764
择偶途径（相亲或媒介）					0.462**	1.587
择偶次数分类（3次以上）					-0.348*	0.706
择偶时间分类（2年以上）					0.160	1.174
-2 Log likelihood	915.888		902.846		869.332	
Cox&Snell R^2	0.004		0.023		0.071	
Nagelkerke R^2	0.006		0.031		0.095	

从参数的估计结果来看，择偶标准、择偶目的、择偶途径和择偶次数对新生代农民工遭受的婚姻暴力存在显著影响。具体分析表明，与心理因素相比，那些择偶标准在意生理因素的个体遭受婚姻暴力可能性更大。选择爱情这一择偶目的可以对其遭受婚姻暴力起到负向的预测作用，选择改变命运这一择偶目的可以对其遭受婚姻暴力起到正向的预测作用；而与择偶次数在3次以上的个体相关，择偶次数较少的个体其婚后遭受婚姻暴力的可能性较低。

2. 新生代农民工婚姻模式与遭受婚姻暴力的关系

表6—22分析新生代农民工婚姻模式对新生代农民工遭受婚姻暴力的二元Logistic回归模型。

从婚姻模式看，婚姻角色观和初婚年龄对新生代农民工遭受的婚姻暴力存在显著影响。首先，男主女辅婚姻角色观会增大新生代农民工遭受的婚姻暴力的可能性。其次，与初婚年龄处于22岁及以下的新生代农民工相比，处于在适婚年龄阶段（23—27岁）结婚的农民工婚后遭受婚姻暴力的可能性较小。

表6—22　新生代农民工婚姻模式对其遭受婚姻暴力二元 Logistic 回归模型

项目	模型1 B	模型1 Exp（B）	模型2 B	模型2 Exp（B）	模型3 B	模型3 Exp（B）
个人特征因素						
年龄	0.219	1.245	0.232	1.261	0.182	1.200
性别（女）	-0.016	0.984	-0.013	0.987	0.014	1.014
受教育程度（大专及以上）						
初中及以下	0.073	1.076	0.199	1.220	-0.033	0.967
高中或中专	-0.082	0.922	0.031	1.031	-0.074	0.929
打工特征因素						
打工月收入（4000元以上）						
少于3000元			-0.063	0.939	-0.063	0.939
3000—4000元			0.076	1.079	0.106	1.111
打工时间（15年以上）						
1—5年			0.155	1.168	-0.031	0.970
6—15年			0.117	1.124	-0.012	0.988
打工城市数量（5个及以上）						
1—2个			0.208	1.232	0.400	1.492
3—4个			0.313	1.246	0.363	1.371
打工后计划（不确定）						
回老家			-0.165	0.848	-0.218	0.804
留城市			0.177	1.194	0.122	1.130
婚姻模式因素						
婚姻自主观（父母做主）					-0.394	0.675
离婚观（不管怎样，都不会离婚）						
快乐就好，想离就离					0.086	1.090

续表

项目	模型1 B	模型1 Exp（B）	模型2 B	模型2 Exp（B）	模型3 B	模型3 Exp（B）
矛盾无法调解，可接受					-0.014	0.986
婚姻角色观（无所谓）						
男主女辅					0.541*	1.718
女主男辅					0.595	1.813
相辅相成					0.273	1.314
婚姻状态（初婚）					0.077	1.080
结婚时间分类（10年以上）					0.462	1.587
夫妻生活模式（两地分居）					-0.075	0.927
婚外恋行为（有）					-0.503	0.605
初婚年龄（22岁及以下）						
23—27岁					-0.520**	0.595
28岁及以上					-0.280	0.756
-2 Log likelihood	1112.194		1100.709		1047.936	
Cox&Snell R^2	0.005		0.019		0.081	
Nagelkerke R^2	0.006		0.025		0.108	

3. 新生代农民工生育模式与遭受婚姻暴力的关系

表6—23分析新生代农民工生育模式对新生代农民工遭受婚姻暴力的二元Logistic回归模型。

表6—23　新生代农民工生育模式对其遭受婚姻暴力二元Logistic回归模型

项目	模型1 B	模型1 Exp（B）	模型2 B	模型2 Exp（B）	模型3 B	模型3 Exp（B）
个人特征因素						
年龄	0.176	1.192	0.172	1.188	0.131	1.140
性别（女）	-0.023	0.977	-0.026	0.974	-0.032	0.968
受教育程度（大专及以上）						

续表

项目	模型1 B	模型1 Exp（B）	模型2 B	模型2 Exp（B）	模型3 B	模型3 Exp（B）
初中及以下	-0.086	0.917	-0.057	0.944	-0.171	0.843
高中或中专	-0.278	0.758	-0.278	0.758	-0.262	0.770
打工特征因素						
打工月收入（4000元以上）						
少于3000元			0.037	1.038	0.148	1.159
3000—4000元			0.194	1.214	0.253	1.288
打工时间（15年以上）						
1—5年			0.083	1.087	0.020	1.020
6—15年			0.260	1.297	0.271	1.311
打工城市数量（5个及以上）						
1—2个			-0.214	0.808	-0.158	0.853
3—4个			0.269	1.309	0.370	1.448
打工后计划（不确定）						
回老家			-0.155	0.856	-0.225	0.799
留城市			0.274	1.315	0.188	1.207
生育模式因素						
意愿生育子女性别（儿女双全）						
男孩					-1.562	0.210
女孩					-0.745	0.475
意愿生育子女数量（3个及以上）						
1个					0.485	1.623
2个					-0.241	0.786
生育性别偏好（无所谓）						
生育性别偏好（男孩）					0.394	1.483

续表

项目	模型1 B	模型1 Exp（B）	模型2 B	模型2 Exp（B）	模型3 B	模型3 Exp（B）
生育性别偏好（女孩）					-0.033	0.967
实际生育子女数（两个及以上）						
没有					-0.264	0.768
1个					-0.108	0.898
生育年龄分类（22岁及以下）						
23—27岁					-0.495*	0.610
28岁及以上					-0.060	0.942
-2 Log likelihood	889.539		874.978		854.997	
Cox&Snell R^2	0.005		0.027		0.057	
Nagelkerke R^2	0.007		0.036		0.076	

从生育模式看，主要体现与初婚年龄处于22岁及以下的新生代农民工相比，处于在生育最佳年龄阶段（23—27岁）的农民工婚后遭受婚姻暴力的可能性较小。

4. 新生代农民工性生活模式与遭受婚姻暴力的关系

表6—24分析新生代农民工性生活模式对新生代农民工遭受婚姻暴力的二元Logistic回归模型。

表6—24 新生代农民工性生活模式对其遭受婚姻暴力二元Logistic回归模型

项目	模型1 B	模型1 Exp（B）	模型2 B	模型2 Exp（B）	模型3 B	模型3 Exp（B）
个人特征因素						
年龄	0.038	1.039	0.042	1.043	-0.071	0.932
性别（女）	0.013	1.013	0.015	1.015	0.002	1.002
受教育程度（大专及以上）						

续表

项目	模型1 B	模型1 Exp（B）	模型2 B	模型2 Exp（B）	模型3 B	模型3 Exp（B）
初中及以下	-0.091	0.913	-0.045	0.956	-0.141	0.868
高中或中专	-0.202	0.817	-0.143	0.867	-0.217	0.805
打工特征因素						
打工月收入（4000元以上）						
少于3000元			-0.029	0.972	-0.073	0.930
3000—4000元			0.017	1.017	-0.037	0.964
打工时间（15年以上）						
1—5年			0.081	1.085	-0.203	0.816
6—15年			0.020	1.021	-0.097	0.907
打工城市数量（5个及以上）						
1—2个			-0.058	0.944	0.069	1.071
3—4个			0.212	1.236	0.366	1.441
打工后计划（不确定）						
回老家			-0.152	0.859	-0.123	0.884
留城市			0.050	1.051	0.042	1.043
性生活模式因素						
贞操观（不在意）					0.025	1.025
婚前性行为观（不赞成）						
无所谓					-0.686**	0.504
赞成					-0.420*	0.657
婚外性行为观（不赞成）						
无所谓					0.528*	1.696
赞成					0.584*	1.787
随意性行为观（不赞成）						
无所谓					0.557*	1.745
赞成					0.582*	1.799

续表

项目	模型1 B	模型1 Exp（B）	模型2 B	模型2 Exp（B）	模型3 B	模型3 Exp（B）
婚前性行为（无）					0.187	1.206
婚外性行为（无）					0.535*	1.708
随意性行为（无）					-0.137	0.872
-2 Log likelihood	785.431		782.815		757.275	
Cox&Snell R^2	0.002		0.007		0.050	
Nagelkerke R^2	0.003		0.009		0.067	

从性生活模式看，婚前性行为观、婚外性行为观、随意性行为观和婚外性行为对新生代农民工的遭受婚姻暴力存在显著影响。首先，在婚前性行为观、婚外性行为观和随意性行为观上，与持不赞成态度的新生代农民工相比，持赞成或无所谓态度农民工婚后遭受婚姻暴力的可能性较高，这一研究结果在婚外性行为上也发现显著预测作用，有婚前性行为的新生代农民工对遭受婚姻暴力的可能性显著高于无婚前性行为的新生代农民工。

（二）新生代农民工婚育模式与其实施婚姻暴力的关系

1. 新生代农民工择偶模式与实施婚姻暴力的关系

表6—25提供了新生代农民工择偶模式对实施婚姻暴力的二元Logistic回归模型。本研究将以新生代农民工未实施婚姻暴力为参照比较模型，分析新生代农民工择偶模式对其实施婚姻暴力的影响因素。

表6—25 新生代农民工择偶模式对其实施婚姻暴力二元Logistic回归模型

项目	模型1 B	模型1 Exp（B）	模型2 B	模型2 Exp（B）	模型3 B	模型3 Exp（B）
个人特征因素						
年龄	0.124	1.132	0.066	1.068	0.015	1.015
性别（女）	-0.018	0.982	-0.007	0.993	-0.005	0.995

续表

项目	模型1 B	模型1 Exp（B）	模型2 B	模型2 Exp（B）	模型3 B	模型3 Exp（B）
受教育程度（大专及以上）						
初中及以下	0.070	1.072	0.272	1.312	0.165	1.179
高中或中专	-0.158	0.854	-0.008	0.992	-0.093	0.911
打工特征因素						
打工月收入（4000元以上）						
少于3000元			-0.198	0.820	-0.125	0.882
3000—4000元			-0.005	0.995	0.029	1.029
打工年限（15年以上）						
1—5年			0.444	1.559	0.340	1.404
6—15年			0.259	1.295	0.252	1.286
打工城市数量（5个及以上）						
1—2个			-0.347	0.707	-0.115	0.891
3—4个			0.096	1.101	0.286	1.331
打工后计划（不确定）						
回老家			-0.222	0.801	-0.339	0.712
留城市			0.213	1.238	0.133	1.142
择偶模式因素						
择偶标准（心理因素）						
社会因素					0.045	1.046
生理因素					0.441	1.554
择偶目的1：搭伙过日子（否）					-0.018	0.982
择偶目的2：生儿育女（否）					0.136	1.146
择偶目的3：爱情（否）					-0.625**	0.535

续表

项目	模型1 B	模型1 Exp（B）	模型2 B	模型2 Exp（B）	模型3 B	模型3 Exp（B）
择偶目的4：改变命运（否）					0.568*	1.764
择偶途径（相亲或媒介）					-0.462**	0.630
择偶次数分类（3次以上）					-0.348*	0.706
择偶时间分类（2年以上）					0.160	1.174
-2 Log likelihood	920.284		901.829		857.493	
Cox&Snell R^2	0.004		0.032		0.094	
Nagelkerke R^2	0.006		0.042		0.125	

从参数的估计结果来看，个人特征因素和外出务工特征因素均对新生代农民工实施的婚姻暴力影响不显著。从择偶模式看，择偶目的、择偶途径和择偶次数对新生代农民工实施的婚姻暴力存在显著影响。具体分析表明，选择爱情这一择偶目的可以对其实施婚姻暴力起到负向的预测作用，而选择改变命运这一择偶目的可以对其实施婚姻暴力起到正向的预测作用；与相亲或媒介相比，自由恋爱的新生代农民工其婚后实施婚姻暴力的可能性较小；与择偶次数在3次以上的个体相关，择偶次数较少的个体其婚后实施婚姻暴力的可能性较低。

2. 新生代农民工婚姻模式与实施婚姻暴力的关系

表6—26分析新生代农民工婚姻模式对新生代农民工实施婚姻暴力的二元 Logistic 回归模型。

从婚姻模式来看，初婚年龄对新生代农民工实施的婚姻暴力存在显著影响。与初婚年龄处于22岁及以下的新生代农民工相比，在适婚年龄阶段（23—27岁）结婚的农民工婚后实施婚姻暴力的可能性较小。

表6—26 新生代农民工婚姻模式对其实施婚姻暴力二元 Logistic 回归模型

项目	模型1 B	模型1 Exp(B)	模型2 B	模型2 Exp(B)	模型3 B	模型3 Exp(B)
个人特征因素						
年龄	-0.127	0.881	-0.187	0.830	-0.264	0.768
性别（女）	-0.001	0.999	0.004	1.004	0.040	1.041
受教育程度（大专及以上）						
初中及以下	-0.019	0.982	0.115	1.122	-0.119	0.888
高中或中专	-0.170	0.843	-0.092	0.912	-0.179	0.836
打工特征因素						
打工月收入（4000元以上）						
少于3000元			0.042	1.043	0.103	1.108
3000—4000元			-0.142	0.868	-0.095	0.909
打工时间（15年以上）						
1—5年			0.123	1.131	0.047	1.048
6—15年			-0.025	0.976	-0.119	0.888
打工城市数量（5个及以上）						
1—2个			-0.177	0.838	-0.037	0.964
3—4个			0.126	1.135	0.351	1.420
打工后计划（不确定）						
回老家			0.310	1.363	0.302	1.353
留城市			0.424	1.528	0.455	1.576
婚姻模式因素						
婚姻自主观（父母做主）					-0.324	0.723
离婚观（不管怎样，都不会离婚）						
快乐就好，想离就离					0.211	1.235
矛盾无法调解，可接受					-0.139	0.870
婚姻角色观（无所谓）						

续表

项目	模型1 B	模型1 Exp（B）	模型2 B	模型2 Exp（B）	模型3 B	模型3 Exp（B）
男主女辅					0.380	1.463
女主男辅					0.335	1.398
相辅相成					0.105	1.110
婚姻状态（初婚）					-0.168	0.845
结婚时间分类（10年以上）					0.406	1.501
夫妻生活模式（两地分居）					0.013	1.013
婚外恋行为（有）					-0.430	0.651
初婚年龄（22岁及以下）						
23—27岁					-0.758***	0.469
28岁及以上					-0.287	0.751
-2 Log likelihood	1122.248		1110.646		1049.633	
Cox&Snell R^2	0.002		0.017		0.088	
Nagelkerke R^2	0.003		0.022		0.117	

3. 新生代农民工生育模式与实施婚姻暴力的关系

表6—27分析新生代农民工生育模式对新生代农民工实施婚姻暴力的二元Logistic回归模型。

表6—27　新生代农民工生育模式对其实施婚姻暴力二元Logistic回归模型

项目	模型1 B	模型1 Exp（B）	模型2 B	模型2 Exp（B）	模型3 B	模型3 Exp（B）
个人特征因素						
年龄	-0.170	0.843	-0.234	0.792	-0.201	0.818
性别（女）	0.005	1.005	0.011	1.011	0.010	1.010
受教育程度（大专及以上）						
初中及以下	-0.057	0.945	0.008	1.008	-0.144	0.866
高中或中专	-0.252	0.777	-0.261	0.770	-0.271	0.763

续表

项目	模型1 B	模型1 Exp（B）	模型2 B	模型2 Exp（B）	模型3 B	模型3 Exp（B）
打工特征因素						
打工月收入（4000元以上）						
少于3000元			0.117	1.125	0.182	1.199
3000—4000元			-0.096	0.908	-0.059	0.943
打工时间（15年以上）						
1—5年			0.192	1.211	0.237	1.267
6—15年			0.234	1.264	0.295	1.343
打工城市数量（5个及以上）						
1—2个			-0.351	0.704	-0.282	0.754
3—4个			-0.014	0.986	0.084	1.087
打工后计划（不确定）						
回老家			0.337	1.401	0.296	1.344
留城市			0.406	1.501	0.381	1.463
生育模式因素						
意愿生育子女性别（儿女双全）						
男孩					-0.814	0.443
女孩					-0.522	0.593
意愿生育子女数（3个及以上）						
1个					0.295	1.343
2个					-0.129	0.879
生育性别偏好（无所谓）						
生育性别偏好（男孩）					0.318	1.375
生育性别偏好（女孩）					0.144	1.155

续表

项目	模型1 B	模型1 Exp（B）	模型2 B	模型2 Exp（B）	模型3 B	模型3 Exp（B）
实际生育子女数（2个及以上）						
没有					-0.628	0.534
1个					-0.458*	0.633
生育年龄分类（22岁及以下）						
23—27岁					-0.668**	0.513
28岁及以上					-0.197	0.821
-2 Log likelihood	888.722		877.645		851.506	
Cox&Snell R^2	0.004		0.021		0.060	
Nagelkerke R^2	0.005		0.028		0.080	

从生育模式看，实际生育子女数量和生育年龄对新生代农民工实施婚姻暴力存在显著影响。首先，与有2个及以上孩子的新生代农民工相比，生育1个孩子的新生代农民工实施婚姻暴力可能性较低。最后，与初育年龄处于22岁及以下的新生代农民工相比，处于在生育最佳年龄阶段（23—27岁）的农民工婚后实施婚姻暴力的可能性较小。

4. 新生代农民工性生活模式与实施婚姻暴力的关系

表6—28分析新生代农民工性生活模式对新生代农民工实施婚姻暴力的二元Logistic回归模型。

表6—28　新生代农民工性生活模式实施婚姻暴力二元Logistic回归模型

项目	模型1 B	模型1 Exp（B）	模型2 B	模型2 Exp（B）	模型3 B	模型3 Exp（B）
个人特征因素						
年龄	-0.226	0.798	-0.303	0.739	-0.511	0.600
性别（女）	0.018	1.019	0.032	1.032	0.023	1.023

续表

项目	模型1		模型2		模型3	
	B	Exp（B）	B	Exp（B）	B	Exp（B）
受教育程度（大专及以上）						
初中及以下	-0.069	0.933	0.082	1.085	0.022	1.023
高中或中专	-0.238	0.788	-0.149	0.862	-0.238	0.788
打工特征因素						
打工月收入（4000元以上）						
少于3000元			0.087	1.090	0.106	1.112
3000—4000元			-0.210	0.811	-0.256	0.774
打工时间（15年以上）						
1—5年			0.196	1.216	-0.047	0.954
6—15年			-0.091	0.913	-0.197	0.821
打工城市数量（5个及以上）						
1—2个			-0.462	0.630	-0.403	0.668
3—4个			-0.062	0.940	0.030	1.030
打工后计划（不确定）						
回老家			0.409	1.506	0.463	1.589
留城市			0.498	1.646	0.520*	1.681
性生活模式因素						
贞操观（在意）					0.026	1.026
婚前性行为观（赞成）						
不赞成					0.485*	1.624
无所谓					-0.350	0.705
婚外性行为观（赞成）						
不赞成					-0.475*	1.087
无所谓					0.024	1.025
随意性行为观（赞成）						
不赞成					-0.464*	1.229

续表

项目	模型1		模型2		模型3	
	B	Exp（B）	B	Exp（B）	B	Exp（B）
无所谓					0.102	1.107
婚前性行为（无）					0.586*	1.752
婚外性行为（无）					0.521*	1.726
随意性行为（无）					0.513*	1.367
-2 Log likelihood	780.864		766.514		738.640	
Cox&Snell R^2	0.006		0.031		0.078	
Nagelkerke R^2	0.008		0.042		0.104	

从性生活模式看，婚前性行为观、婚外性行为观、随意性行为观、婚前性行为、婚前性行为、婚外性行为、随意性行为对新生代农民工实施婚姻暴力存在显著影响。首先，在婚前性行为观、婚外性行为观和随意性行为观上，与持不赞成态度的新生代农民工相比，持赞成态度的农民工婚后实施婚姻暴力的可能性较高，这一研究结果在婚前性行为、婚外性行为、随意性行为上也发现显著预测作用，有婚前性行为、婚外性行为或随意性行为的新生代农民工实施婚姻暴力的可能性显著高于无婚前性行为、婚外性行为或随意性行为的新生代农民工。

四 讨论

本研究以遭受婚姻暴力和实施婚姻暴力为测量婚姻暴力的重要指标，分别以择偶模式、婚姻模式、生育模式和性生活模式为自变量对新生代农民工遭受婚姻暴力和实施婚姻暴力的影响机制进行研究。

（一）新生代农民工择偶模式影响其婚姻暴力情况

从择偶模式看，择偶目的和择偶次数对新生代农民工实施和遭受婚姻暴力都存在显著影响。具体分析发现，首先，选择爱情这一择偶目的可以对其实施和遭受婚姻暴力都起到负向的预测作用，而选择改变命运这一择偶目的可以对其婚姻暴力起到正向的预测作用；因为爱情结合在一起的双方，更加注重彼此的感情，在婚姻发生问题时，更容易理解对方。而为了改变命运的个体，在择偶时更多看中对方的物质条件和经济地位，希望通过婚姻改变自己的生活。从资源论看来，夫妻双方资源的多寡决定夫妻权力分配方式。拥有更多资源的一方对他人拥有更大的强制力与权力，更有可能使用暴力维持自我权威。[1] 其次，与择偶次数在3次以上的个体相比，择偶次数较少的个体其婚后实施或遭受婚姻暴力的可能性较低。择偶次数较多的新生代农民工，受传统文化与现代思潮交织的影响，往往对感情不太专一，在婚姻生活中，也容易把现任与之前交往对象作比较，当对方达不到自身需求时，会产生心理落差，也更易采取暴力的方式解决问题。

另外，与心理因素相比，那些择偶标准在意生理因素的个体遭受婚姻暴力可能性越大。在择偶时更在意对方身高、外貌等这些生理条件的农民工，往往忽视两个人的心理因素，在婚姻发生问题时，双方缺少交流沟通，很容易遭受婚姻暴力。有研究也发现，当家庭中夫妻情感关系比较淡薄时，婚姻暴力发生的可能性也较大[2]。

（二）新生代农民工婚姻模式影响其婚姻暴力情况

从婚姻模式看，初婚年龄对新生代农民工的遭受和实施婚姻暴力都存在显著影响。与初婚年龄处于22岁及以下的新生代农民工相比，处在适婚年龄阶段（23—27岁）结婚的农民工婚后遭受婚姻暴力的可能性较小。结婚较早的新生代农民工，相对来说，文化水平较低，心理发育还不成熟，缺少经验，还未做好进入家庭的准备，当家庭产生矛盾时，更容易发生婚姻暴力。

从遭受婚姻暴力的角度看，婚姻角色观对新生代农民工遭受婚姻暴力存在显著影响。男主女辅婚姻角色观会增大新生代农民工遭受婚姻暴力的可能性。随着越来越多的农村女性进入就业市场，一方面增加了家庭的经济资源，另一方面对参与家庭事务的决策权的需求也增强，这对中国传统父权文化思想发起了挑战。妻子在家庭中经济地位日益独立，

---

[1] J. G. William, "Force and Violence in the Family", *Journal of Marriage and Family*, Vol. 33, No. 4, November 1971, pp. 624–636.

[2] S. T. Catherine, "Marital Power and Aggression in a Community Sample of Hong Kong Chinese Families", *Journal of Interpersonal Violence*, Vol. 14, No. 6, June 1999, pp. 586–602. Yodanis C. L., "Gender inequality, Violence Against Women, and Fear: a Cross-national Test of the Feminist Theory of Violence Against Women", *Journal of Interpersonal Violence*, Vol. 19, No. 6, June 2004, pp. 655–675.

夫妻经济地位日益平等[1],家庭夫妻关系发生了从传统"男主女从型"向"男女平权型"的转变,女性在婚姻中不再处于从属地位。[2] 周林刚和陈璇对流动女性和农村留守女性做了比较分析,发现流动意愿和行为成为女性遭受婚姻暴力的风险因素,城市文化对女性的影响打破了其所在传统家庭的原始平衡,致使夫妻矛盾愈演愈烈,进而提升了婚姻暴力发生的风险概率。[3] 斯特劳斯的研究发现:夫妻平等时,婚姻暴力的发生率最低;丈夫或妻子某一方占主导的家庭,婚姻暴力的发生率则较高,丈夫占主导的家庭婚姻暴力的发生率最高。[4] 符号互动理论认为,社会将角色规范设定在文化、习惯、习俗、仪式这个大系统中,并影响、制约着个人的人格、价值、态度和行为,每个人的角色行为都是由社会赋予或改变的。即一个生活在以男性为中心的社会,而且本身又认同并内化了绝对权威、主宰角色的男性,其虐妻的可能性就会提升。在仍持男主女辅婚姻角色观的家庭,男性要维护其家庭主导地位时,很可能实施婚姻暴力。[5]

(三) 新生代农民工生育模式影响其婚姻暴力情况

从生育模式来看,主要体现与初育年龄处于22岁及以下的新生代农民工相比,处于生育最佳年龄阶段(23—27岁)的农民工婚后遭受和实施婚姻暴力的可能性较小。生育年龄较早的个体,自身思想尚未成熟,处事欠缺经验,同时面临养育子女压力,也更易引发婚姻暴力。

另外,实际生育子女数量对新生代农民工的实施婚姻暴力存在显著影响。生育一个孩子的新生代农民工实施婚姻暴力的可能性较低。农民

---

[1] 杨善华、沈崇麟:《改革以来我国大城市居民家庭收入格局的变化》,《中国社会科学》1996年第3期。

[2] 李成华、靳小怡:《夫妻相对资源和情感关系对农民工婚姻暴力的影响——基于性别视角的分析》,《社会》2012年第1期。

[3] 周林刚、陈璇:《流动妇女遭受婚姻暴力的现状及影响因素——基于江西省修水县的调查》,《中国人口科学》2015年第2期。

[4] Murray A. S., "Gender Symmetry and Mutuality in Perpetration of Clinical-level Partner Violence: Empirical Evidence and Implications for Prevention and Treatment", *Aggression and Violent Behavior*, Vol. 16, No. 4, June 2011, pp. 279 – 288.

[5] Catherine S. T., "Marital Power and Aggression in a Community Sample of Hong Kong Chinese Families", *Journal of Interpersonal Violence*, Vol. 14, No. 6, June 1999, pp. 586 – 602.

工从农村流动到城市后，其个体资源、家庭关系和社会支持发生了较大变化。农民工群体面临着文化认同、生存发展等方面的更大挑战和压力。同时，离散化的家庭结构使得农民工对传统家庭的代际支持、亲情支持、邻里支持等情感和经济依赖不断减小。这使得他们面临着家庭压力从隐性到显性，不断累加家庭压力，当各种压力积累到一定程度很容易诱发婚姻暴力。[1] 现有的研究也表明发现当存在家庭压力时，婚姻暴力实施的可能性增大。育有多个子女数量的农民工，由于流动，一般缺乏社会支持，同时自身文化水平低、经济条件差，养育压力增大。当家庭中发生矛盾或者承受不住压力时，更易采取婚姻暴力解决问题。[2]

（四）新生代农民工性生活模式影响其婚姻暴力情况

从性生活模式看，首先，在婚前性行为观、婚外性行为观和随意性行为观上，与持不赞成态度的新生代农民工相比，持赞成或无所谓态度农民工婚后遭受和实施婚姻暴力的可能性较高，这一研究结果在婚前性行为上也发现显著预测作用，有婚前性行为的新生代农民工遭受和实施婚姻暴力的可能性显著高于无婚前性行为的新生代农民工。态度影响行为，对不良性行为观持赞成态度的新生代农民工，相对来说，对自身要求也较低，更易在婚姻中发生不良性行为。研究表明，婚外恋是导致婚姻暴力的罪魁祸首，是引发婚姻暴力的导火线。当婚姻中出现不良性行为时，也更易遭受婚姻暴力。

---

[1] 杨婷、靳小怡：《家庭压力与婚姻满意度对农民工实施婚姻暴力的影响》，《人口学刊》2018年第1期。

[2] Li C., Arlette J. N., "Does Number of Children Moderate the Link between Intimate Partner Violence and Marital Instability among Chinese Female Migrant Workers?", *Sex Roles*, Vol. 80, No. 11 - 12, June 2019, pp. 745 - 757.

第七章

改善新生代农民工婚育模式，提升婚姻质量的途径研究

第一节 新生代农民工婚育模式主要问题及原因分析

一 新生代农民工群体的择偶模式的矛盾性和困难性

首先，在城乡二元体制的分割下，新生代农民工的择偶模式具有明显的二元性特征。该群体在择偶标准上已体现出明显的城市特征，而在择偶目的上却还是体现出典型的传统特征。择偶标准体现的是个人在择偶过程中的表层需要，择偶目的是个人在选择配偶时的内在想法和力量，是个人择偶的深层需要。新生代农民工择偶标准与择偶目的的差异性说明该群体的表层择偶观开始从传统转向现代，但其深层目的仍没有发生根本性的变化。[①] 对于新生代农民工群体来说，只是在表层形式和思想观念方面对于城市这个场域的择偶观的认同和接受，但基于他们的"身份意识"和自卑情结，总体上还是游离在城市这个场域之外，在深层次上是回归其农村场域中，具有传统思想观念的，而这种矛盾性尤其体现在文化水平或收入较低的新生代农民工群体中，该群体由于经济收入水平不高、文化水平低、社会融入程度较差，处在城市社会的底层，拥有的

[①] 吴新慧：《传统与现代之间——新生代农民工的恋爱与婚姻》，《中国青年研究》2011年第1期。

物质资源和社会资本相对较少，那么在择偶上存在更多的问题和困难。①

其次，从性别角度看，男女新生代农民工的择偶标准存在一定差异性。男性相对更看重身高相貌和年龄等外在条件以及是否对自己好等心理感受，而女性的择偶标准更为物质，相对更看重对方经济和住房等社会条件②，从而导致其婚恋依然存在诸多障碍和困难。

最后，本研究表明，新生代农民工的择偶观和实际择偶行为存在一定的差异性。新生代农民工在与城市融合的过程中，其婚恋观念虽已从传统观念向现代思想转变，但由于其身份认同、经济水平、职业发展等各方面的因素，农民工的择偶行为仍存在一定的困难，特别是在实际婚姻中，仍以同质婚姻为主。③ 例如，本研究结果显示，新生代农民工婚姻匹配程度较高，各项匹配指标都超过了60%。其中匹配度最高的是新生代农民工夫妻的户籍和通婚圈匹配度，高达80%。这也进一步说明新生代农民工的择偶行为以及通婚圈主要发生在农村—农村的户籍匹配的青年之间，同时还局限在一定的地域范围内，仍以本地区为主。

二 新生代农民工群体性观念逐步走向开放，性道德观念淡化，对婚前性行为的认可度高

首先，在性观念上，本研究显示58.82%的新生代农民工对贞操观持不在意的态度，77%的新生代农民工对婚前性行为持肯定和无所谓的态度。在性观念的四个维度，贞操观、婚前性行为观、婚外性行为观和随意性行为观上，新生代农民工的开放程度都显著高于第一代农民工和城市居民。其次，在性态度上，新生代农民工的性宽容度显著高于第一代农民工和城市居民，具有明显的代际差异和城乡差异。最后，在性行为上，约46%的新生代农民工有过婚前性行为，12%—15%的新生代农民工有婚外性行为和随意性行为。同时，新生代农民工婚前性行为和随意性行为的发生率都显著高于第一代农民工和城市居民。

---

① 叶妍、叶文振：《流动人口的择偶模式及其影响因素——以厦门市流动人口为例》，《人口学刊》2005年第3期。
② 许传新：《新生代农民工择偶标准及影响因素分析》，《南方人口》2013年第3期。
③ 陈雯：《形式"同质"与本质"异质"：新生代农民工婚恋模式的机制与困境研究》，《中国青年研究》2018年第7期。

新生代农民工性观念和性行为开放的原因主要包括以下几个方面。

第一是个人原因。本研究显示，文化水平较低或在外流动时间较长的男性新生代农民工性观念和性行为更为开放。一方面，新生代农民工在城市化进程中，受社会文化和周围环境影响，其性观念进一步开放，对性行为更加宽容。另一方面，由于性成熟的年龄不断提前，初婚年龄却逐渐推后，"性待业期"延长，新生代农民工对于性持更开放、更宽容的态度，他们主张按照自己认可的行为方式去生活。[1] 例如，有关新生代农民工性行为的调查显示，有近一半的人数对婚前同居持肯定态度；超过70%的人对于结婚对象曾经有婚前性行为的态度是"不会再追究，但婚后不允许"；甚至对于婚外情，大部分人认为"只要回心转意，可以既往不咎"。[2] 与老一代农民工相比，新生代农民工外出务工时间更早，游离于城乡之间的他们与初级生活圈的关联更为松散，组织制约、社会监督和家庭约束等社会控制减弱，形成一种特殊的"自由人群"。[3] 在这一背景下，新生代农民工对性观念持更为开放的态度。

第二是家庭因素。本研究显示父母婚姻满意度较高或自身婚姻满意度较高的新生代农民工性观念和性行为较为传统。同时，农民工群体中两地分居的家庭模式仍然为数不少，两地分居也是农民工无婚性行为问题发生的主要原因之一。[4] 多数处于性活跃年龄的男性农民工长时间工作和生活在现代化都市中，由于长期心灵的寂寞、家庭关心的缺失，面临着难以启齿又客观存在的性压抑问题，易产生难以融入都市生活的"客位感"，易有比较多的轻率的性行为。

第三是社会因素。随着经济的发展和社会的进步，传统的性道德观念逐渐淡化，性行为理念发生了很大的变异。性、家庭与生育三位一体的传统两性模式逐渐被打破，在婚姻家庭生活中人们有更多的选择，人

---

[1] 吴新慧：《传统与现代之间——新生代农民工的恋爱与婚姻》，《中国青年研究》2011年第1期。

[2] 肖祥敏、陈爱香：《新生代农民工婚恋观及其教育对策》，《中国集体经济》2012年第25期。

[3] 王小璐、蔡泳：《规范习得还是情境选择：新生代农民工对婚前性行为的态度及形成机制》，《南京农业大学学报》（社会科学版）2019年第6期。

[4] 杨子贤、王旭、刁瑞雪等：《农民工非婚性行为问题综述》，《中国性科学》2014年第8期。

们对婚前性行为和未婚同居也越来越宽容。[1] 同时，我国的城镇化和人口流动机制以及城乡二元体制导致了农民工的弱势群体地位，农民工在现有的体制上受到排斥，无自由迁移权。[2] 这种城乡差距导致的最大的后果就是农民工易两地分居或不易寻找到伴侣，更容易产生不良性行为。

第四是网络时代的负面影响。网络是人际交往、大众传播的综合体，具有开放性、虚拟性和隐蔽性的特点，这使把上网作为主要娱乐方式的新生代农民工摆脱了现实社会人伦、道德的约束，放纵自己的行为，忘却了责任的重要性。[3] 开放的性观念使新生代农民工感到新奇，网络的隐蔽性又使其对性的尝试不易被人觉知，以至于出现了性随意化的趋势，性观念也越来越开放。

三　性的双重标准

从性别角度看，不同性别的新生代农民工在性观念上存在显著的差异。本研究发现，男性对配偶的贞操观持在意态度的比例显著高于女性，但在婚前性行为观、婚外性行为观和随意性行为观上，男性持肯定态度的比例显著高于女性农民工。这种差异性体现了新生代农民工在性生活模式上的双重标准，即男性对婚姻之外的性行为较为宽容，且他们更容忍的是男性自身而不是女性的非婚性行为。[4]

首先，男性新生代农民工对女性婚前保持贞操的要求程度更高，认为女性在婚前不应有性行为，而同时对自己的性行为持宽容态度。其中最根本的原因是男主女从、男尊女卑的婚姻与女性守贞教育一直对中国人的性观念影响至今，而这种传统的文化观念与性的双重标准所诱发的行为是一致的。虽说随着社会与文化的不断进步，社会对女性和男性的性行为都有着一定的约束，但总体来说，人们对男性的随意性行为更容

---

[1] 何雯、曹成刚：《农民工"临时夫妻"现象的社会心理学解析》，《广西社会科学》2014年第7期。

[2] 肖祥敏、陈爱香：《新生代农民工婚恋观及其教育对策》，《中国集体经济》2012年第25期。

[3] 王春雷：《城乡二元体制与农民工市民化的道路选择》，《河北经贸大学学报》（综合版）2017年第1期。

[4] 晁楠楠：《社交媒体对新生代农民工恋爱观影响研究》，硕士学位论文，吉林农业大学，2018年。

易接受，也抱有更宽容的态度。

其次，传统上认为在性方面问题上存在性别差异，对两性间的同样性行为，社会给予男性更多的"褒奖"，而女性则受到"贬斥"。[①] 社会角色理论认为，社会文化和传统对性别角色的期待不仅成为男女两性行为模式的准则，而且成为社会对行为的评判标准。比如，传统的观点认为，随意谈论性是男性角色的一部分，而同样行为的女性却会被冠上不好的名声。在社会角色的要求和规范下，大众对男性和女性间的性行为有了不同的看法和态度，这样的不同的态度就形成了性的双重标准。认为男性传统的性观念较为淡薄，所以对婚前性行为态度较为开放，而女性受传统道德观念和社会舆论的影响较大，较注重贞操和感情，所以更为保守。

四 生育偏好弱化，但希望生育男孩的比例还是远高于生育女孩的比例

从生育偏好看，本研究发现总体上新生代农民工对生男孩的偏好比重高于女孩；而在只能生育一个小孩的前提下，新生代农民工对想要女孩的偏好显著低于城市居民。新时代农民工的生育偏好是以一定生育的数量为基础的，他们之中大多数的生育观还是围绕着传统生育的基本观念开展的，"有男孩"是传统偏好的基础，是他们接受既定生育数量和结构的基石，如适度生育、生男生女皆可的前提条件是必须生育一个男孩，生男仍旧是新生代农民工的偏好基础，根深蒂固的重男轻女的思想仍旧影响着新生代农民工生育的性别偏好。[②]

首先，经济因素是新一代农民工生育观仍会偏向男性偏好最重要的原因。根据成本—效用论，养育子女既会考虑为此需要付出的经济成本，也会权衡子女带来的"经济利益"。这一方面源于农业生产对男性劳动力

---

① 向虹：《大学生性的双重标准及其与性心理健康的相关研究》，硕士学位论文，西南大学，2008年。
② 靳小怡、谢娅婷、韩雪：《婚姻挤压下农村流动人口的生育性别偏好——基于相对剥夺感视角的分析》，《人口学刊》2013年第3期。

的刚性需求,社会对生男孩带来的经济效能高于女孩的认同度更高。① 一方面,传统的继承财产制度将利益偏向了男性,在家庭中有男孩的前提下,更愿意将自身的财产留给男孩,而社会分工的制度也认同男性在工作中的实力高于女性,女性在体力、经济等方面还是需要依赖男性。另一方面,虽说女性的社会地位相较于过去已经提升很多,但在就业问题上,女性的竞争力远远低于男性,对于新一代农民工来说更是如此,他们更多地依靠体力来获取收入,而女性在生理、身体方面的弱势,给予她们的工作岗位不多,且她们的经济收入也会远远低于男性。此外,传统的观点认为,当女性已经同他人组成家庭时,女性往往不会给原生家庭注入更多的收入,为原生家庭所做的贡献也远远低于男方的家庭。

其次,文化因素影响着新生代农民工的生育性别偏好。新生代农民工虽然接触到所处城市的文化和现代文明,但是他们也一直深受传宗接代宗族观念的影响、所在地区文化规范的制约。在生育文化论中,人类学家就提出文化在生育过程中的重要性。② 新生代农民工的内心虽萌发着现代文明理性的生育观,但同时更受到种族绵延、传宗接代、养儿防老等传统思想的影响。外部新文化的冲击和内部传统思想的挣扎促使新生代农民工面对生育观和生育行为时充满矛盾,他们赞同儿女双全、生男生女皆可的观点,但男性才是家庭中传宗接代的代表是中国长久历史遗留下来的文化规范,这种规范渗透到乡村生活的方方面面,他们面临着面子、别人的闲话等多重文化规范的压力,这使新生代农民工在不断成长中内化并强化了生男优先的观点。

最后,新生代农民工的生育性别偏好受生育需求的影响,其中养儿防老和面子需求是农民工偏爱男性的重要因素。诸多研究表明养儿防老是农村居民生育子女的主要目的③,而在乡村,养老的任务多由儿子承担。在自身未获得完善的养老保险、良好的医疗保障情况下,老年人劳

---

① 莫丽霞:《当前我国农村居民的生育意愿与性别偏好研究》,《人口研究》2005 年第 2 期。

② 钟年、吴彩霞:《生育文化与民俗心理学》,《湖北大学学报》(哲学社会科学版) 2002 年第 3 期。

③ 陈友华:《出生性别比偏高的原因、后果及治理对策研究——以南京市为例》,《石家庄学院学报》2007 年第 5 期。

动力的丧失会直接影响他的个人生活，因此，新生代农民工更愿意选择生育男性来保证自身的晚年生活。

五　新生代已婚农民工两地分居的比例仍较高

在夫妻的生活模式方面，本研究发现新生代已婚农民工两地分居的比例约为20%，其比例显著高于城市居民。外出打工给正常的婚姻家庭生活造成了冲击，从传统静止式的婚姻模式走向现代动态式的婚姻模式，在工业化、城市化的背景下，无论他们是主动还是被动出外打工，都是被一种社会发展的潮流无形推动着，只有被动选择的自由。

造成新生代已婚农民外出打工、两地分居是在家庭经济制约、制度限制以及个人原因等综合因素的作用下发生的。一方面，新生代农民工无法像第一代农民工那样在乡村生活中游刃有余，对城市生活的向往也推动他们外出谋生，而城市高额的房价和房租是他们必须面临的现状，当夫妻二人无法在同一区域工作或工作地点相隔很远时，他们的生活成本将会大大提升，这会造成更多的新生代农民工选择就近合租或住宿在工作场所安排的住宿点，进而增大已婚农民工分居的可能性。另一方面，当已婚的农民工他们有了小孩后，他们的家庭支出将会进一步提升，部分家庭难以承担一家三口都生活在城市的经济负担，这会使父母一方留在原来的居住地照顾小孩，一方外出赚钱，迫使夫妻双方不得不两地分居。

制度问题是夫妻双方两地分居的根本影响因素。以户籍管理制度为标志的城乡二元制，及由户籍制衍生出来的制度，如教育制度、医疗制度、购房制度等使得新生代农民工已婚家庭在城市生活中面临着诸多的障碍[1]，对他们的经济能力提出更高的要求。由于在城市工作没有诸多保障，例如新生代农民工的子女难以像城市居民的子女那样享受当地的教育资源，而从教学质量、金钱投入等方面与家乡的学校对比时，大多数的新生代农民工会选择在家就读，这进而促进了越来越多的半流动家庭出现。

---

[1] 王春雷：《城乡二元体制与农民工市民化的道路选择》，《河北经贸大学学报》（综合版）2017年第1期。

个人因素也会对两地分居造成一定的影响。如在性别方面，男性相较于女性更加独立与理性、不受家庭牵绊的影响，而女性更顾家、希望照顾子女与家人在一起。同时，新生代已婚农民工的分居态度受到父辈婚姻状况和自身对婚姻满意度的影响，当父母的婚姻不幸福、质量很低时，子女会受到家庭的氛围影响，对感情的重视程度不高，也就更易选择两地分区，而婚姻满意度较高的夫妻更愿意选择一起流动、一起面对在城市生活的压力。新生代农民工出现两地分居问题更受家庭经济条件的制约和制度的不完善影响。

第二节 新生代农民工婚姻质量主要问题及原因分析

一 新生代农民工的婚姻幸福感总体水平不高

本研究调查显示，与第一代农民工相比，新生代农民工更容易受到婚姻和情感方面的困扰，与城市居民相比，新生代农民工夫妻积极互动的程度不高，因此新生代农民工的婚姻幸福感显著低于第一代农民工和城市居民。这与其个体因素、经济因素和社会因素是紧密相连的。

首先，新生代农民工的个人因素与其婚姻幸福感显著相关。其一是年龄与性别差异，25 岁及以下的新生代女性农民工群体婚姻幸福感较低。该年龄阶段的女性农民工正处于生儿育女的高峰期，她们不仅是孩子的主要照顾者，也是家庭经济的主要创造者，因此其双重角色冲突比男性农民工更为明显。社会交换理论认为婚姻中的个体努力谋求收益最大化，若收益大于成本，则对婚姻满意。[1] 女性农民工在婚姻中所感知到的成本高于其收益，以致降低了其对婚姻的幸福感。其二是文化水平，低文化水平（初中及以下）的农民工群体婚姻幸福感较低。现有研究认为，农民工受教育年限越长，其拥有婚姻资源更多，这种相对"优势"使新生代农民工在婚姻生活中获得更多的积极

---

[1] 张云喜：《社会交换理论视域下的婚姻与择偶》，《山西青年管理干部学院学报》2013 年第 3 期。

感受，对婚姻的幸福感更高。① 其三是打工年限，打工年限较低的新生代农民工群体婚姻幸福感低，刚从农村转移到城市新生代农民工，会面临城市融入问题，而城市融入会大量地消耗个人的经济、人力和社会资本，农民工会面临很大的生活和精神负担，这种负担会加剧家庭冲突，进而降低婚姻幸福感。②

与此同时，经济因素会显著影响新生代农民工的婚姻幸福感。一方面，农民工的婚姻必须以一定的经济基础为条件，收入水平越高，其家庭生活质量和物质生活水平都会相应提高，减少了由经济紧张造成的夫妻争吵与冲突，缩短了夫妻双方为生计奔波的时间，延长了双方在一起的休闲娱乐时间，提高了其婚姻幸福水平。另一方面，家庭收入水平不高易造成夫妻一方外出赚钱，一方留守在家照顾小孩与老人，长时间的两地分居使双方缺乏言语的沟通与性的互动，进而导致双方缺乏信任、情感的疏离与淡漠，严重时会出现夫妻一方越轨的现象，减少婚姻幸福感的体验。③ 而我国现代社会养家糊口的重任主要放在男性身上，家庭收入水平低的女性更有可能对男性养家角色的不满与埋怨，这也会导致夫妻的积极互动频率下降。

此外，家庭与社会的综合因素也会对新生代农民工的婚姻幸福感产生影响。一直以来，在中国子女的婚姻必受来自父母和家庭的影响。而作为新生代农民工，他们处在信息十分发达的时代，他们对婚姻的向往会受许多大众媒介传播信息的影响，这会打破他们对原有父母婚姻相处模式的认知，而他们的婚姻也必会遭受来自父母的干预和介入，当他们结婚对象并非他们所设想时，他们对婚姻的向往也会逐渐破灭，进而将消极情绪带到婚姻相处中，降低幸福感的体验。

---

① 吴海龙：《新生代农民工婚姻模式与家庭稳定性研究综述》，《铜陵学院学报》2013年第2期。

② 施磊磊：《青年农民工婚恋观念、行为、模式及其变迁历程——对青年农民工婚恋研究文献的一项检视》，《青年探索》2015年第6期。

③ Watson, "Premarital Cohabitation vs. Traditional Courtship: Their Effects on Subsequent Marital Adjustment", *Family Relations*, Vol. 32, No. 1, January 1983, pp. 139-147.

二 新生代农民工的整体婚姻存在较高的婚姻冲突、婚姻问题和婚姻不稳定性

本研究以婚姻冲突、婚姻问题和婚姻不稳定性为指标，测量新生代农民工的婚姻质量。通过本次调查，结果显示新生代农民工的整体婚姻质量不高。具体而言，新生代农民工的整体婚姻稳定性明显低于全国平均水平，如第六次人口普查数据显示我国城市居民和农村居民2016年离婚率分别为2.9%和1.39%。本次调查的新生代农民工群体非初婚率为3.41%，其中，离婚率为2.95%，远高于上述群体；新生代农民工在婚姻冲突、婚姻问题和婚姻不稳定性三个维度的得分都显著高于第一代农民工和城市居民。与此同时，新生代农民工"闪离"的现象十分突出[1]，他们的婚姻牢固性大大减弱。

本研究发现，新生代农民工的文化水平、收入以及职业的流动性会对新生代农民工的婚姻质量产生显著性的影响。文化水平的提高可以促使新生代农民工生活家庭理念的进一步提高，例如平等观念明显增强、注重情感需求的满足等理念，都有利于提高农民工的沟通水平，增加夫妻之间的交流和互动，减少婚姻冲突。在家庭收入方面，家庭收入代表着一个家庭可支配的资源数量，若家庭收入过少，会影响夫妻对资源的支配满意度，加剧夫妻之间的矛盾，降低配偶之间的和睦相处程度，会相应影响夫妇双方对婚姻满意度的评价，从而提高婚姻的不稳定性。从职业流动性的角度来说，一方面，不断变换务工城市，农民工为融入城市将投入大量的经济成本，同时还需融入当地文化，将投入大量的心理成本，从而使频繁更换务工城市的农民工会面临生活和精神负担，这种负担会增加婚姻问题，进而加剧婚姻不稳定性[2]，而压力假说也认为迁移者面临很大的生活压力和精神压力[3]，这种压力会导致夫妻感情的紧张，很容易导致婚姻破裂；另一方面，人口流动还能增大婚姻替代资源的可接触性，降低婚姻搜寻成本，从而提高离婚风险，而其中人口流动特别

---

[1] 袁遥、姜研:《新时代下农民工婚姻问题研究》，《经济与社会发展》2017年第6期。

[2] Valentina, Mazzucato, "Does International Migration Lead to Divorce?: Ghanaian Couples in Ghana and Abroad", *Population*, *English Edition*, Vol. 70, No. 1, June 2015, pp. 127–150.

[3] 高鑫韦:《社会变迁视野下青年农民工通婚圈变化》，《边疆经济与文化》2013年第9期。

对新生代农民工婚姻观念的影响明显，使得新生代农民工持有更为开放的婚姻观念，这使得当存在足够的婚姻替代机会时，其离婚倾向更为明显。

此外，两地分居的婚姻模式和制度体系的不完善也对婚姻质量造成了负面影响。新生代农民工为了更好地生活和获取可观的收入，他们不得不流动到城市中去寻找就业机会，而其中跨区域，夫妻双方不在同一区域、或一方在家一方进城的现象十分多见[1]，由此带来的是两地分居，两人减少了面对面的接触与交流，增加了情感的隔阂，而长时间的分离还会引发不安全感、孤独感、不信任感等，进一步降低了婚姻的稳定性。户籍制度的障碍、社会保障体系以及社会救济体系的不完善也会增加婚姻冲突以及婚姻问题的发生。当前我国的户籍制度使得新生代农民工落户难，而由落户衍生的子女教育问题、住房问题增加了夫妻双方的压力与冲突，降低了婚姻生活的质量[2]；在无足够收入支撑整个家庭在城市生活的情况下，会增加两地分居问题的出现，进而造成感情淡漠，降低双方对婚姻的忠诚度。社会保障体系和社会救济制度的不完善会使新生代农民工的婚姻负担加重，尤其是对低收入的新生代农民工来说，当遇到重大的生活压力事件时，他们的婚姻关系及婚姻的稳定性会受到极大的挑战和威胁。

最后，新生代农民工离婚率的上升和"闪离"问题的突出与工业化、城市化、都市化进程的快速发展有关。[3] 目前，中国的城市化率近60%，新生代农民工外出务工接触的社会实质是从乡土化变成了现代化、从熟人变成了陌生人。相比乡土化社会，夫妻双方离婚都会引起亲朋好友的劝说与制约，且在熟人社会中，离婚会被冠以污名，进而造成离婚阻力很大，而在陌生人社会中，夫妻双方的吵闹或离婚会较少地引发他人的

---

[1] 疏仁华：《青年农民工婚恋观的城市化走向》，《南通大学学报》（社会科学版）2011年第3期。

[2] 李铁：《户籍制度改革背景下我国农民工婚姻问题研究——以中原地区为例》，《理论月刊》2016年第4期。

[3] 夏吟兰：《对离婚率上升的社会成本分析》，《甘肃社会科学》2008年第1期。

劝解,离婚的阻力很小①,进而使得离婚率高与"闪离"问题突出。

三 新生代农民工婚姻暴力较普遍,以心理暴力这种隐形暴力为主

本研究发现,在遭受婚姻暴力方面,约46%的新生代已婚农民工在过去的12个月遭受了至少一次婚姻暴力行为,其中心理暴力的年发生率约为42.79%,其次是身体暴力(21.17%)和性暴力(19.39%),心理暴力是最常见的家庭暴力。在实施婚姻暴力方面,约50%的新生代已婚农民工在过去的一年实施了至少一次婚姻暴力行为,其中心理暴力的年发生率为46.52%,其次是身体暴力(22.90%)和性暴力(19.71%)。新生代农民工婚姻暴力的发生率都显著高于第一代农民工和城市居民。此外,大多数新生代已婚农民工无论是遭受婚姻暴力还是实施婚姻暴力,都是由不同的暴力类型相结合的模式,而不是一个单一的暴力形式。

首先,家庭因素会对新生代农民工婚姻暴力的发生有着重要的影响。根据家庭压力理论,当一个家庭经历越多的生活压力事件,婚姻暴力发生的可能性越高。② 新生代农民工在工作上都面临着较大的压力,而在难以有效解决工作压力及其家庭压力的情况下,个体会通过实施暴力来缓解负性情绪。而随着城镇化的进程加快,社会媒介对肢体暴力的指责,使新生代农民工更多地采用心理暴力来解决家庭的重压。此外,根据暴力循环理论,从小与有暴力倾向的家庭生活在一起的儿童更容易习得相应的暴力手段,家庭的暴力行为会直接传递给下一代。与此同时,新生代农民工父辈的文化水平不高,在他们对对方实施暴力后,他们很少与子女解释和沟通,这也进而使得新生代农民工没有机会学习如何用非暴力手段解决冲突,如何识别何为心理暴力,如何了解暴力手段带来的负性影响。

其次,双方资源的差异与社会文化的相互作用也会对新生代农民工婚姻暴力行为产生影响。相对资源理论认为,夫妻之间掌握资源的不一

---

① 李卫东、罗志华:《人口流动背景下如何提升农民工婚姻稳定性》,《中国人口报》2019年1月10日第3版。

② 杨婷、靳小怡:《家庭压力与婚姻满意度对农民工实施婚姻暴力的影响》,《人口学刊》2018年第1期。

致会导致夫妻间权力关系失衡,一方对另一方资源的依赖度越高,越容易导致婚姻暴力的发生。一般来说,新生代农民工家庭中拥有较多资源的一方是男性,加上他们易受"男高女低"传统思想以及社会规范认可的"男性的大男子主义、控制、攻击他人"的影响,这种男女不平等的现象在家庭中则表现为"夫为妻纲",妻子始终在男人的意志和权利支配之下,处于从属地位。他们会认为女性对他们的依赖性很强,男性攻击女性是被社会认可的事情。①

社会控制力缺乏是婚姻暴力产生的社会根源。家庭暴力长期以来被视为"家庭私事",外人不要干涉,这种漠然的态度实际上姑息纵容了暴力行为的肆虐。② 新生代农民工夫妻双方会由于城乡的流动性以及城市文化的冲击增加对对方实施心理暴力。城乡的流动使夫妻双方由熟人社会步入陌生人社会,他们遭遇冲突时无旁人劝解,加上智能时代的到来,他们通过相应的电子设备习得更多的心理暴力方式,也会通过电子产品忽视对方,加深双方的误解,在多元的城市文化下,他们也更易遭受消极的婚姻观影响,进而促进双方的心理暴力手段升级。

最后,夫妻之间的情感关系对新生代农民工婚姻暴力行为亦会产生一定的影响。本研究表明,与打工年限在 10 年以下的相比,打工年限在 10 年及以上的,农民工实施暴力的风险降低。其原因可能是打工年限较长的农民工夫妻更可能在生活中相互扶持、共同理解,形成较好的沟通模式,增加了两者之间的情感联结,增大了对婚姻的满意度,从而降低他们实施婚姻暴力的可能性。

第三节 主要对策建议

家庭和谐是社会和谐的基石,婚姻质量又是家庭和谐的前提,因而如何让新生代农民工在社会化的进程中获得最大的婚姻满意度也成为政府制定社会政策的重要内容,它既体现了"如何推进人民美好生活的建设"的观念又涵盖了"如何更好地促进社会和谐"的理念。

---

① 陆思瑶:《浅谈我国反家庭暴力法律制度》,《法制博览》2019 年第 14 期。
② 沈英:《浅析婚姻暴力成因及防治》,《河南司法警官职业学院学报》2003 年第 4 期。

随着社会的变革，人们的婚姻观、对婚姻满意度的要求也在悄然发生变化，传统的维持型婚姻向现代的质量型婚姻迅速发展，在这一过程中，越来越多的问题凸显，本研究在对问题及其原因分析的基础上，从宏观至微观、从政府社会到个人层面的思路提出建议，以期为更好地提升新生代农民工婚姻满意度做出理论贡献。

一 政府与社会层面

（一）加大宣传与舆论导向力度，助力农民工树立正确的婚育观

第一，确立婚恋观教育的主导者。只有明确了婚恋教育的主体，才能更好地构建科学、合理的教育体系。首先，政府各部门应是新生代农民工婚恋教育的实施主体，如妇联和卫生部门要定期对新生代农民工进行婚恋知识、婚恋道德的宣传和教育。其次，企业是新生代农民工婚恋教育的主要基地。新生代农民工进城务工，主要是以企业为依托进行就业，因此应以企业为婚恋教育的主基地，对新生代农民工实施直接的婚恋观教育活动，传播积极健康的婚恋文化，及时调整其婚恋主体的心理。再次，社区教育应成为新生代农民工婚恋教育的主要途径。城市社区是公共生活的空间，通过创造健康的社区婚恋文化，使新生代农民工在社区生活中逐步形成良好的婚恋观。

科学的婚恋知识对新生代农民工的婚恋生活具有先导性意义，可以引导他们树立正确的婚恋观，让其纠正不良婚恋观念与行为，强化男女平等的观念，打破传统男权主义思想。首先，要加强社会主义核心价值体系教育。婚恋观是世界观、人生观和价值观的具体体现，新生代农民工婚恋观体现出自由化、个性化、开放性和多元化，反映了他们在世界观、人生观和价值观上的差异。[①] 其次，要普及基本的婚恋知识。最后，要加强婚恋道德教育。如马克思主义婚恋观、传统与现代婚恋观中的积极方面的教育，引导新生代农民工接受符合社会要求的婚恋文化的熏陶，促使新生代农民工规范自己的婚恋行为并纠正不良观念，创造幸福的婚恋生活。宣传政策中要体现男女公平，避免男孩偏好的传递，使该传统

[①] 高鑫韦：《社会变迁视野下青年农民工通婚圈变化》，《边疆经济与文化》2013年第9期。

生育观念的影响作用逐步减小直至消失。① 在宣传方法上，将婚育文化与群众文化相结合，以丰富多彩的内容和形式来满足居民多样化的文化需求，提高群众的参与度。在宣传方式上，应从简单枯燥发展为多形式、多手段、多渠道、多层面、全方位、普及深入的宣传方式。

第二，倡导建立合作型、互惠型和责任型的新型婚姻关系，有助于通过婚姻满意度的提升而增强农民工的婚姻稳定性。一是以专题讲座、知识宣讲会等方式帮助农民工树立正确的婚姻家庭观念，提升人们对婚姻家庭内在价值的认识，增强婚姻责任感。二是鼓励男性农民工更多地帮助妻子分担家务劳动，提高妻子的婚姻满意度，增进婚姻稳定性。三是借助社区和社工机构的力量，开展家庭角色互换等有利于夫妻间增加理解的活动，培育夫妻的良好合作关系，从而不断提升流动人口家庭的发展水平与发展能力。②

第三，提升农民工反家庭暴力意识。政府注重进行家庭美德教育与宣传，在一定的场合中开展反家庭暴力知识宣传，使新生代农民工知道《刑法》《婚姻法》《妇女权益保障法》等法律关于婚姻暴力的禁止性规定，知道如何运用法律手段保护自己。③不断增强公民反家庭暴力的意识，各个社会组织，包括企业工会、共产主义青年团、妇女联合会、残疾人联合会应当在各自工作范围内，通过网络电视、报刊、广播等传统媒体和新型媒体相结合④，组织开展家庭美德和反家庭暴力宣传教育。

第四，充分利用网络途径进行婚恋教育。政府一定要加强对网站的管理，坚决抵制不良的意识形态在网上的传播，努力改变网络文化管理的无序状态。同时还要加大监管的力度，及时清除网上垃圾，规范网络行为，形成良好的网络活动空间。⑤ 引导新生代农民工客观、全面地了解

---

① 汤梦君：《中国性别失衡研究的重大突破》，《西安交通大学学报》（社会科学版）2014年第6期。

② 李卫东、罗志华：《人口流动背景下如何提升农民工婚姻稳定性》，《中国人口报》2019年1月10日第3版。

③ 沈英：《浅析婚姻暴力成因及防治》，《河南司法警官职业学院学报》2003年第4期。

④ 曾友祥、张洪林：《流动人口家庭暴力与构建和谐社区预防机制》，《西南民族大学学报》（人文社会科学版）2006年第11期。

⑤ 肖祥敏、陈爱香：《新生代农民工婚恋观及其教育对策》，《中国集体经济》2012年第25期。

信息，辩证地分析各种婚恋行为与观念，学习正确处理从恋爱、婚姻、性观念到生育的婚恋问题，确立积极、健康的婚恋观，减少不良婚恋行为与观念的发生。

（二）加快完善相关法律、制度与婚育政策，减小农民工的家庭压力与个人压力

首先，要加快完善户籍制度，推进户籍制度的改革[①]，尽快缩小城乡差距，《国务院关于解决农民工问题的若干意见》第二十六条规定："深化户籍管理制度改革，逐步地、有条件地解决长期在城市就业和居住农民工的户籍问题。"[②] 构建一个有助于他们发展的宏观环境，将过去公共服务与户籍挂钩的分配模式转向公共服务与常住人口挂钩，将那些在城市已有稳定工作、对城市有贡献的常住人口，纳入公共服务范围，并逐渐弱化户籍的约束作用。逐步破除由户籍制度衍生出来的教育制度、医疗保障、住房保障等带来的弊端[③]，统筹各方资源，加大对教育、医疗等公共服务领域的投入，将农民工子女的教育纳入本地教育系统中去，并逐步简化农民工异地就医手续[④]，使新生代农民工能平等地享受到城市发展的成果，逐渐融入城市社会，进而减轻新生代农民工的经济压力，缓解子女异地教育难、夫妻两地分居的不良局面，解决新生代农民工跨区域看病难、看病贵的困境，推动新生代农民工流动、安居等问题的落实。

其次，加强相关利民政策引导，强化公共服务职能，尊重新生代农民工的主人翁地位，尊重他们平等地享受法律规定的各种政治权利。要努力营造良好的社会氛围，消除对新生代农民工的歧视和偏见，肯定他们对社会的贡献。明确农民工权益保障的基本理念、范围、内容、措施、责任主体、纠纷解决机制与途径和法律责任等基本内容，为维护农民工

[①] 沈扬久：《农民工婚姻问题探析》，《商业文化》（学术版）2010年第3期。

[②] 高鑫玮：《社会变迁视野下青年农民工通婚圈变化》，《边疆经济与文化》2013年第9期。

[③] 李卫东、罗志华：《人口流动背景下如何提升农民工婚姻稳定性》，《中国人口报》2019年1月10日第3版。

[④] 金三林：《农民工现状特点及意愿诉求——基于对7省市农民工的调查研究》，《经济研究参考》2011年第58期。

家庭稳定提供法律保障。严厉打击恶意拖欠工资、拒绝签订合同等企业的违法行为，建立新生代农民工帮扶长效机制，确保农民工的合法权益，提升新生代农民工的收入水平，减轻新生代的压力负担，减小经济给婚姻、家庭带来的负性影响。

最后，政府要完善相应的婚育政策，维护婚姻中受害方的合法权益，出台相应的婚姻政策更好地维持婚姻的稳定性和家庭的和谐度。同时，在制定相关婚育政策时应充分考虑城乡居民差异，在综合考虑影响居民婚姻满意度的因素的前提下，需要充分把握城乡居民婚姻模式的差异性，考虑不同群体内部的个体差异和心理需求，关注新生代的禀赋与婚育诉求在客观上是否得到了应有的回报，尤其要针对不同群体的需求层次，分步骤、循序渐进地制定与其切身利益相关的婚育政策。落实男女平等政策，提倡多生女孩，促进生活和谐平衡。全社会从教育、就业等各方面都要严格执行《劳动法》规定的男女平等，同工同酬。坚决杜绝轻视女性的现象，要提高女性的社会地位，并鼓励多生女孩。在条件许可的情况下给予生女孩的家庭精神和物质上的奖励，逐步促使男女比例平衡，促进社会的和谐发展。充分发挥居委会、村委会以及当事人所在单位等基层组织的社会调节机能与公安机关的作用。加大对暴力行为处理的投入，为及时制止婚姻暴力、避免更进一步的伤害提供司法保护。[①]

（三）增加相关投入，鼓励社会组织发挥作用

首先，政府可以联合社会组织等拓宽新生代农民工择偶平台、婚恋渠道和营造良好的婚恋环境。[②] 例如，动员和支持基层团组织培育有形有效的公益性婚恋服务项目，拓展线上线下服务平台，将线上优势与线下服务深度融合，扩大服务覆盖面、优化青年体验，为处于婚恋年龄的新生代农民工提供信息。

其次，政府可以联合社会部门设立咨询机构，为民众婚姻家庭遇到问题提供指导。如民政部门可以和司法、妇联等部门联合在各社区或单位设立婚姻家庭纠纷调解机构，聘请相关专业人员作为调节员，传授、

---

① 沈英：《浅析婚姻暴力成因及防治》，《河南司法警官职业学院学报》2003年第4期。
② 杨立、疏仁华：《新生代农民工婚恋观的现代性研究》，《山西农业大学学报》（社会科学版）2010年第3期。

分享妥善处理婚姻家庭生活矛盾和夫妻间沟通的方法和技巧,调解方式可以包括接待咨询、上门调解、热线电话、举办讲座等形式。对调解失败、离异的民众开展心理疏导,帮助他们尽快走出生活阴影,融入新生活。

最后,政府可以加大资金投入,与相应的用人单位、社区合作或放宽相应的教育准入原则,对新生代农民进行再教育的服务。素质不高是农民工婚姻问题产生的一个重要原因。一般到城市中打工的农民工自身的文化水平并不高,没有能力胜任技术含量比较高的工种。因此,应该对农民工进行相关的技能培训,增强农民工的工作能力[1],取消限制农民工平等就业的门槛,促进农民工的社会融入,为婚姻中必需的物质条件打下基础;与职业学校和乡镇成人文化技术学校合作,使新生代在文化学历水平上有所提升,提升新生代农民工的文化素养,促进他们婚育思想观念转变的同时也给予了他们面对城市压力时的精神支撑。

(四)加强用人单位对新生代农民工婚姻问题的关注

用人单位要在按照法律程序给予新生代农民工应有权益的基础上,加大对农民工其他福利的投入。以往用人单位只注重对农民工工作环境的改善,忽视对其住宿等生活环境的同步改善和人文关怀。此外,用人单位还可通过设置探亲假、加强宿舍网络建设等与夫妻双方提供更多的线下团聚与线上团聚。

二 个人层面

(一)转变观念,积极主动学习婚育知识

新生代农民工正处在信息化时代,许多不良信息给他们的世界观、价值观等带来不同程度的负面影响。这使他们的婚姻意识、家庭责任意识十分薄弱,这需要他们加强婚姻知识的学习、育儿知识的学习,摒弃封建守旧的思想,接受正面积极的思想,在婚恋过程中持有正当的目的,树立积极向上的婚恋观。[2] 摒弃那种随意性的爱情观和婚姻观,减少"闪

---

[1] 沈扬久:《农民工婚姻问题探析》,《商业文化》(学术版)2010年第3期。
[2] 朱冠楠:《传统到现代:新生代农民工的婚恋转型及困境》,《新疆社会科学》2012年第3期。

婚"或"闪离"的现象出现。同时要加强两性知识的学习,尤其是怀孕、生育知识,减少性困惑、解除性的心理障碍,杜绝一夜情、婚外情的事故发生。此外,自身要加强对婚姻暴力、性的双重标准、婚姻不稳定等带来的负性影响的认识,转变不良的认知想法,认真对待婚姻、主动承担婚姻中的责任以及家庭中的责任。女性要从思想上、心理上克服男主女从的传统观念,充分认识自身优势,不轻易为社会和他人所摆布;不断学习法律知识,面对暴力,要敢于反抗、勇于运用法律武器进行斗争。①

(二)提升工作技能,加强婚姻中的沟通技巧

一方面,新生代农民工要从自身做起,提高受教育水平,拓宽就业面,充实职业技能,掌握一技之长,这样才能提高城市生存能力②。新生代农民工既要脚踏实地改善自己的收入,在平凡的工作中做出不平凡的贡献;同时也要抓住政府和用人单位给予的培训机会,提升工作上的专业素养,在工作中充分提升自己的工作能力,为提高经济收入打下坚实的基础,同时也充分展现出一方为另一方所做出的努力,提升自己在对方心中的价值感。自身条件提高,才能做到自尊、自立、自信,才可以充分行使婚恋自主权,在更加宽广的范围去寻找属于自己的婚恋对象。

另一方面,对于政府与各个部门提供的各项婚恋平台,新生代农民工要充分利用起来进行学习,同时也可以充分利用网络资源学习如何更好地与家庭、夫妻相处。此外重要的是要将学习的知识应用于夫妻一方的相处中去,如主动沟通、增强积极的互动,增进情感之间的交流等,以期减少婚姻冲突、降低婚姻的不稳定性,促进家庭的和谐。

(三)充分利用资源,增加相聚的机会

随着"大众创业、万众创新"的口号提出,国务院办公厅《关于支持农民工等人员返乡创业的意见》的提出,农民工返乡创业得到越来越多的政策支持,新生代农民工可把握机会,根据所在地区的资源优势,找到一条适合自身家庭发展条件的创业路,这样不仅可以解决自身的就

---

① 沈英:《浅析婚姻暴力成因及防治》,《河南司法警官职业学院学报》2003年第4期。
② 杨立、疏仁华:《新生代农民工婚恋观的现代性研究》,《山西农业大学学报》(社会科学版)2010年第3期。

业问题、增加家庭的收入，同时还能增加夫妻之间相处的机会、增进夫妻之间的了解，减少物理距离上的两地分居，夫妻二人为自身的小家庭共同奋斗，会有共同的目标，并在相互扶持中相互理解、共同协作，进而增进夫妻之间的情感，提升婚姻的质量及稳定性。此外，夫妻双方可以充分利用网络的便捷性，增进情感上的沟通，拉近两人的心理距离。如通过手机等智能产品加强日常的沟通，通过线上沟通增加心理上的相聚，经常性地向对方分享日常生活，让对方知道自己生活的点点滴滴，进而增强夫妻之间的信任感、提升安全感，减少心理上的两地分离，做到尽管夫妻之间身躯分隔两地，但心一直是在一起的。

（四）提升自身素质，学会更好地尊重与包容对方

首先，新生代农民工在城市中从事较低端的职业，不仅与户籍制度的限制有关，自身文化水平和职业技能的不足也是重要原因。[①] 因此，新生代农民工要提升自己的文化素养，要主动利用业余时间与网络资源，积极参与培训，学习文化知识，努力提高自身综合素质，取得相关的学历证书或相应的职业技能证书，以便在职业选择方面占据优势。随着文化素养的提升，相应的工作环境会得到改善，同时会产生认同感和尊严感，增强在婚恋关系中的信心，激发内心对家庭的责任感。

其次，要提升自身的道德修养，在择偶时，要追求更多地情投意合而非功利导向，过度的功利化会导致双方地位的失衡，在日后的生活中更难做到相互尊重与包容。在婚恋中，既要擅长利用法律知识保护自己合法的权益，同时也要更好地体贴、理解对方，将心比心，更多地向感同身受靠近，遇到冲突时，更好地心平气和通过讲道理的方式来解决。不盲目追求早婚早育、多子多福，更多地将重心放到如何教育好、陪伴好孩子上。

最后，要提升网络素养。智能手机在给我们带来更多便利的同时，也带来了许多的隐患，面对铺天盖地、参差不齐的网络信息，新生代农民工要认真选择，尽量减少负面事件给自身带来消极的认知、消极的情绪，进而对自己婚姻、家庭带来影响。同时要避免上当、受骗，影响自

---

① 潘清、葛红丽：《论新生代农民工婚恋观的变迁》，《赤峰学院学报》（汉文哲学社会科学版）2014年第11期。

己的婚姻、家庭和谐。此外，新生代农民也要遵守网络法律，文明上网，不随意发布不实的信息、不随意网恋、不浏览不健康网站、不传播有害信息等。学会在网络中更好地尊重他人，进而在往后的婚姻生活、家庭生活中更好地尊重与包容家人。

第八章

本项目专题研究

第一节 女性农民工家庭暴力与婚姻质量：婚姻态度和夫妻互动的多重中介作用

一 前言

婚姻质量指的是夫妻的感情生活、物质生活、余暇生活、性生活及其双方的凝聚力在某一时期的综合状况。[1] 衡量婚姻质量的主要指标包括个体的主观评价、夫妻的相处模式和婚姻的客观结果。婚姻质量可分为积极和消极两个维度，其中积极维度包括婚姻幸福感和婚姻满意度，消极维度包括婚姻问题、婚姻冲突与婚姻不稳定性。婚姻质量高的个体，其身心健康和应对负性生活事件的能力较强。[2]

农民工作为一个日益庞大的流动群体，他们的婚姻质量及身心健康问题受到越来越多的关注。我国对农民工婚姻问题研究缺乏从婚姻质量的消极维度进行分析。[3] 婚姻问题、婚姻冲突与婚姻不稳定性作为衡量婚姻质量消极维度的重要指标[4]，能够相对稳定地反映农民工对自己婚姻状况的认知和评价，加深个体对婚姻成功和失败原因的理解。已婚女性农

---

[1] 徐安琪、叶文振：《婚姻质量：度量指标及其影响因素》，《中国社会科学》1998年第1期。
[2] 许传新：《婚姻质量：国内研究成果回顾及评价》，《学习与实践》2008年第6期。
[3] 肖和平、胡珍：《青年农民工婚姻家庭状况研究报告——基于成都市服务行业的调查》，《中国青年研究》2008年第6期。
[4] 杨婷、靳小怡：《家庭压力与婚姻满意度对农民工实施婚姻暴力的影响》，《人口学刊》2018年第1期。袁莉敏、许燕、王斐等：《婚姻质量的内涵及测量方法》，《中国特殊教育》2007年第12期。

民工从农村居民的身份转变为流动人口的过程中，个人独立收入的增加使她们在婚姻中的经济地位得到了更大的提升，但同时也对中国"男主女从"的父权文化带来极大的挑战，使其在婚姻关系中可能遭遇相应的暴力风险，因此我们拟从已婚女性农民工遭受的家庭暴力出发探讨家庭暴力对已婚女性农民工婚姻质量的消极影响。

家庭暴力指的是家庭成员之间损害生理或心理健康的暴力行为，包括对身体实施的侵害，限制人身自由，侮辱、威胁、谩骂、恐吓，强迫对方进行性行为等。本研究中家庭暴力指夫妻关系中男性对女性实施的暴力行为，女性为受虐者。根据社会交换理论，夫妻之间是一种资源互惠的关系，可供交换的资源既包括经济收入、实物等物质资源，也包括顺从、理解、体贴、关爱等情感资源，可交换的资源越多，彼此之间的吸引力也越强，婚姻的稳定性和婚姻质量也会随之提高。以往研究证实夫妻在矛盾面前指责、防卫、轻蔑、阻碍谈话进行甚至上升至家庭暴力时，顺从、宽慰、理解、关爱等积极情感也逐渐缺失。家庭暴力作为负性的矛盾应对策略，剥夺了受虐者的情感资源，使其在婚姻关系中利益受损，进而产生结束婚姻关系的想法。由此，我们提出假设1：女性农民工遭受家庭暴力的程度与其婚姻质量的消极维度之间存在显著正相关。

婚姻态度是指个体对婚姻的主观看法，既包括对一般婚姻关系的普遍看法，也包括对自我婚姻的评价和期望。已有研究结果表明，破坏性的应对策略可以显著负向预测自己与伴侣的婚姻态度，对婚姻态度具有严重的损害功能。[1] 家庭暴力属于破坏性的应对策略，在亲密关系中的受虐者通常对其婚姻的评价持低水平，抱有消极的婚姻态度。此外，有研究表明当个体在婚姻中以消极的婚姻态度和不良的心理状态去经营婚姻时，其婚姻冲突增多，婚姻稳定性也相应较低。[2] 由此我们提出假设2：女性农民工遭受的家庭暴力通过婚姻态度的中介作用对婚姻质量的消极维度产生影响。

夫妻互动被认为是预测婚姻质量的重要指标之一。根据夫妻互动理

---

[1] 庾泳、肖水源、王希等：《婚姻态度量表中文版在未婚大学生及社区居民中的信度和效度》，《中国心理卫生杂志》2011年第1期。

[2] 杨阿丽、方晓义：《婚姻冲突、应对策略及其与婚姻满意度的关系》，《心理学探新》2009年第1期。

论，婚姻质量取决于夫妻间积极互动的数量和质量。低频率而消极的夫妻互动会疏远夫妻情感，使婚姻质量呈消极趋势。例如琚晓燕等人对41对新婚夫妇进行了半结构化夫妻互动任务，研究结果发现选择积极夫妻互动方式解决其婚姻冲突的夫妻有较高水平的婚姻质量。[1] 此外，夫妻互动与家庭暴力存在紧密联系，系统理论将家庭暴力的冲突过程看作家庭成员之间的一种相处模式，当事人互为因果，一个行为的反应会引出下一个事件，一方被拒绝后常会用另一种方式来约束另一方，以防止对方脱离系统。当夫妻中一方采取暴力行为时，另一方也可能给予相应的回馈，从而形成恶性循环的关系系统，是消极夫妻互动的固有方式。[2] 因此我们提出假设3：遭受家庭暴力越多的女性农民工，其积极的夫妻互动关系越少，进而导致婚姻质量越差，即家庭暴力通过夫妻互动的中介作用影响婚姻质量的消极维度。

关于婚姻态度和夫妻互动之间的关系，认知行为理论认为，女性农民工会通过积累有关的知识形成婚姻认知，并影响此后与配偶之间互动的数量与质量，而不断积累的互动经历会进一步影响其对婚姻质量的判断。对婚姻持正性认知的女性农民工在夫妻互动过程中可能倾向于使用建设性的沟通方式，由此带来的积极夫妻互动会减少婚姻冲突和婚姻问题，降低婚姻不稳定性。此外，有研究发现夫妻共同参加的活动越多，互动质量越高，其婚姻稳定性也越好。[3] 因此，我们提出本研究的假设4：夫妻互动是婚姻态度影响其婚姻质量的一个重要中介因素，积极的婚姻态度对良好的夫妻互动有着显著的正向预测作用。

综上所述，本研究以女性农民工婚姻质量的消极维度为研究重点，探讨家庭暴力对婚姻质量的影响，并分析婚姻态度与夫妻互动在家庭暴力对婚姻质量之间的链式中介作用。

---

[1] 琚晓燕、谢庆红、曹洪健等：《夫妻互动行为差异及其对婚姻质量的影响——基于一项观察研究》，《中国临床心理学杂志》2013年第5期。

[2] 毋嫘、洪炜、麻超等：《婚姻暴力受害者的认知及应对方式分析》，《中国临床心理学杂志》2013年第5期。

[3] 徐安琪：《婚姻暴力：一般家庭的实证分析》，《上海社会科学院学术季刊》2001年第3期。

二 方法

(一) 被试

本书所采用的数据来自本次调查的部分数据。本次调查共发放问卷1030份,回收1011份,剔除资料不完整和规律性作答问卷后得到895份有效问卷,问卷有效回收率为86.89%。性别均为女性;年龄范围为19—60岁($M = 36.70$, $SD = 8.77$);初中及其以下文化水平共583人(65.13%);农民工外出务工年限1—35年。

(二) 工具

1. 婚姻质量量表

本研究采用张会平编制的婚姻质量量表的消极婚姻质量分量表进行评定。该分量表共有19个项目,包括婚姻冲突、婚姻问题、婚姻不稳定性3个因子。采用4点计分,分数越高,代表婚姻质量越低。本研究中该分量表内部一致性系数Cronbach α值为0.84。

2. 夫妻互动量表

本研究采用约翰等编制、许晓河修订的中文版夫妻积极互动量表。[1] 该量表共8个项目,采用4级评分,总分越高,代表夫妻积极互动程度越良好。本研究中该量表内部一致性系数Cronbach α值为0.85。

3. 家庭暴力量表

本研究采用斯特劳斯等人发展、潘腾等人编制的冲突策略量表中文简版。量表包括五个维度,分别为协商、身体攻击、心理攻击、伤害和性强迫,本研究采用该量表的身体攻击、心理攻击和性强迫3个分量表分别测量躯体受虐、心理受虐和性受虐。采用8点计分,分数越高,代表家庭暴力程度越严重。本研究中身体攻击、心理攻击、性强迫3个分量表内部一致性系数Cronbach α值分别为0.90、0.84、0.91。

4. 婚姻态度量表

本研究采用布拉滕等编制、庾泳等人编制的中文版婚姻态度量表。[2]

---

[1] Zhang H., Xu X., Tsang S. K. M., "Conceptualizing and Validating Marital Quality in Beijing: A Pilot Study", *Social Indicators Research*, Vol. 113, No. 1, August 2013, pp. 197-212.

[2] 庾泳、肖水源、王希等:《婚姻态度量表中文版在未婚大学生及社区居民中的信度和效度》,《中国心理卫生杂志》2011年第1期。

该量表共23个条目，包含2个因素：一般婚姻观念和自我婚姻的评价。每个条目采用4级评分，其中8个条目逆向计分，得分越高则表示婚姻态度越积极。本研究中该量表内部一致性系数 Cronbach α 值为0.74。

（三）施测程序和数据处理

1. 数据收集

采用集体施测的方式收集数据。实测主试由事先经过严格培训的心理学专业研究生担任。施测时，保证施测环境安静，要求被试必须独立完成，问卷施测后由主试当场核查后统一收回，完成数据收集。数据采用 SPSS21.0 进行描述性分析、相关分析等，用 AMOS23.0 进行结构方程建模，并用 Mplus7.0 对中介效应进行检验。

2. 共同方法偏差的检验

本研究使用 Harman 单因子检验，这种技术的基本假设是如果方法变异大量存在，进行因素分析时，要么析出单独一个因子，要么一个公因子解释了大部分变量变异。未旋转的主成分因素分析结果表明，特征根值大于1的因子有35个，其中第一个因子解释的变异量只有14.37%，小于40%的临界标准，表明不存在明显的共同方法偏差。

三 结果

（一）各变量之间的相关分析

家庭暴力、婚姻态度、夫妻互动和婚姻质量之间均存在显著的两两相关，家庭暴力与婚姻质量、夫妻互动与婚姻态度之间存在显著正相关，婚姻态度分别与婚姻质量、家庭暴力之间存在显著负相关，夫妻互动分别与婚姻质量、家庭暴力之间存在显著负相关，说明变量之间关系显著，详见表8—1。

（二）婚姻态度和夫妻互动对家庭暴力与婚姻质量之间关系的中介作用检验

1. 测量模型

测量模型被接受意味着指标变量能很好地代表其各自的潜变量，说明可以建立中介模型。[①] 测量模型包括三个潜变量，分别为家庭暴力、婚

[①] 周浩、龙立荣：《共同方法偏差的统计检验与控制方法》，《心理科学进展》2004年第6期。

姻态度和婚姻质量，以及9个观测变量。采用AMOS23.0对测量模型与实际数据的拟合程度进行分析，以检验每个观测变量均有效测量了其所对应的潜在变量。结果显示，测量模型的拟合性较好，χ^2 ($df = 17$, $N = 895$) = 108.472, $RMSEA = 0.078$, $GFI = 0.971$, $AGFI = 0.939$, $CFI = 0.963$, $IFI = 0.963$, $NFI = 0.957$)，观察变量在潜变量上的载荷负数均达到了显著水平。

表8—1　　各变量的描述性统计和相关矩阵（$N = 895$）

变量名	M	SD	1	2	3	4
婚姻质量	32.67	8.35	1			
家庭暴力	4.21	13.41	0.45**	1		
婚姻态度	68.49	7.74	-0.33**	-0.32**	1	
夫妻互动	19.44	4.63	-0.25**	-0.27**	0.38**	1

注：* $P < 0.05$，** $P < 0.01$，*** $P < 0.001$，下同。

表8—2　　婚姻态度和夫妻互动对家庭暴力与婚姻质量关系的影响模型拟合指数

模型	χ^2	df	χ^2/df	RMSEA	GFI	AGFI	CFI	IFI	NFI
M0	265.963	24	11.082	0.106	0.937	0.881	0.909	0.909	0.901
M1	208.353	23	9.059	0.095	0.953	0.907	0.930	0.931	0.923
M2	134.021	22	6.092	0.075	0.969	0.936	0.958	0.958	0.950
M3	134.286	23	5.838	0.074	0.969	0.938	0.958	0.958	0.950

2. 结构方程模型

通过AMOS23.0软件建立结构方程模型。其中以家庭暴力为自变量，以婚姻质量为因变量，以婚姻态度和夫妻互动为中介变量，为了比较模型，我们首先建立3种中介模型，分别为完全中介模型（M0）、部分中介模型（M1）、链式中介模型（M2）。完全中介模型（M0）指的是家庭暴力通过两个中介变量影响婚姻质量；部分中介模型（M1）是在M0的基础上，增加家庭暴力对婚姻质量直接影响路径；链式中介模型（M2）是在 M1 的基础上，增加婚姻态度对夫妻互动的影响路径。对上述 3 种模型的检验发现，3 个中介模型拟合均良好，其中 M2 模型各项数据均优于 M0 和 M1（M2 与 M0：$\triangle \chi^2$ = 131.942，$\triangle df$ = 1，P < 0.01；M2 与 M1：$\triangle \chi^2$ = 74.322，$\triangle df$ = 1，P < 0.01），但其中夫妻互动到婚姻质量的路径系数未达到显著水平，其余均具有显著性。根据态度 ABC 理论的经验层级观点，人们对刺激产生的反应（行为）也会影响态度。因此我们建立了链式中介模型 2（M3），在 M2 的基础上，删去了夫妻互动到婚姻质量的影响路径，将婚姻态度到夫妻互动的影响路径改为夫妻互动到婚姻态度，由此 M3 是在家庭暴力直接影响婚姻质量的同时，也通过婚姻态度这个中介变量影响婚姻质量，还通过夫妻互动影响婚姻态度从而影响婚姻质量。路径分析结果显示该中介模型拟合良好，且各路径系数均显著。因此，我们接受链式中介模型 M3（见图 8—1），即家庭暴力对婚姻质量有直接影响，也通过两条中介路径（家庭暴力→婚姻态度→婚姻质量，家庭暴力→夫妻互动→婚姻态度→婚姻质量）有间接影响。

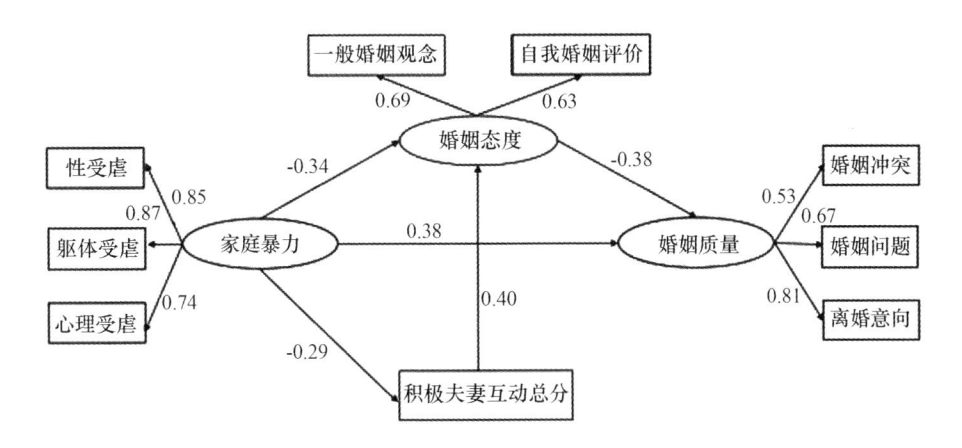

图 8—1　婚姻态度和夫妻互动对已婚女性农民工家庭暴力与婚姻质量
关系的链式中介模型（M3）

3. 中介效应的显著性检验

在模型拟合良好的基础上，使用偏差校正的非参数百分位 Bootstrap 程序检验中介效应的显著性，重复取样 1000 次，计算 95% 的置信区间，结果如表 8—3 所示,两条中介路径系数的 95% 置信区间均不包括 0,表明两个中介变量的间接效应均显著,即夫妻互动和婚姻态度在家庭暴力和婚姻质量间起着多重中介作用。

表 8—3　　　　　对中介效应显著性检验的 Bootstrap 分析

效应类型	路径	标准化效应值	效应量	95% 的置信区间 下限	上限
直接效应	家庭暴力→婚姻质量	0.38	69.09%	0.307	0.500
中介效应	家庭暴力→婚姻态度→婚姻质量	0.13		0.081	0.179
	家庭暴力→夫妻互动→婚姻态度→婚姻质量	0.04		0.035	0.044
总中介效应		0.17		0.123	0.230

四　讨论

本研究考察了已婚女性农民工群体中家庭暴力、婚姻态度、夫妻互动和婚姻质量之间的关系。首先,本研究验证了研究假设 1,即家庭暴力可以直接正向预测消极婚姻质量。这一结果符合先前研究,个体遭受的家庭暴力程度越严重,其婚姻质量越差。经历过家庭暴力的个体在婚姻关系中更有可能具有持久的负性认知和行为模式[1],该模式会促使个人以相同的认知和行为对待其配偶,从而降低亲密关系的质量。因此家庭暴力是女性农民工婚姻质量的一个重要风险因素。这一研究结果启示我们要完善反家庭暴力的法律法规,保护女性免受家庭暴力的身心伤害,同时推进婚姻教育的开展,从根本上消除家庭暴力,帮助个体掌握调适婚姻关系的方法,树立对婚姻的自信心。[2]

其次,除了考察家庭暴力和婚姻质量的直接关系,本研究还进一步探索了婚姻态度、夫妻互动在两者之间的中介作用。结果发现,第一,婚姻态度在家庭暴力与婚姻质量之间起到中介作用,在已婚女性农民工

---

[1] 杨阿丽、方晓义:《婚姻冲突、应对策略及其与婚姻满意度的关系》,《心理学探新》2009 年第 1 期。

[2] 周苗:《我国人口流动背景下的婚姻暴力现象探究》,《人口与社会》2015 年第 3 期。

群体中，遭受家庭暴力的个体会降低对婚姻的信心及解决婚姻冲突的信念[①]，其婚姻会面临更多的问题，婚姻越不稳定，这一研究结果证实了研究假设 2。根据态度一致性理论，个体修正态度和行为会使信念系统内部及与外在行为之间保持最大程度和谐。在婚姻关系中个体若遭受家庭暴力，该行为会促使该个体改变原有的婚姻认知模式，对其婚姻持消极态度，以便与其所遭受的家庭暴力这一行为保持一致，从而达到认知平衡。而对婚姻保持消极态度的个体在婚姻关系中，会根据已有的消极婚姻认知模式对婚姻和夫妻关系加以负性分析评价，从而降低婚姻质量。[②] 第二，家庭暴力可以通过夫妻互动与婚姻态度间的链型中介对婚姻质量产生显著影响，说明夫妻互动也是解释家庭暴力与婚姻态度间关系的重要因素，并进而影响婚姻质量。根据社会学习理论，在婚姻关系中，配偶双方会习得互动之中的回报与惩罚，受到家庭暴力的女性农民工在遭受家庭暴力的同时也会习得该行为，从单向的暴力受虐上升到双向的暴力消极互动，积极互动减少，夫妻情感降低，促使个体对其婚姻关系持有消极的认知和评价，婚姻冲突增多，婚姻质量下降。[③] 但夫妻互动与婚姻质量间的路径系数不明显，假设 3 和假设 4 均未得到验证，夫妻互动是通过婚姻态度进而影响婚姻质量。根据态度 ABC 理论，人们会通过积累有关的知识来形成认知，并对认知进行评价产生感受，根据评价做出相应的行为，相反人们对刺激产生的反应（行为）也会影响态度。本研究中婚姻质量由婚姻冲突、婚姻问题和婚姻不稳定性三个因子构成，评估一个人在婚姻关系中的消极行为，实质是一种行为或行为倾向。积极的夫妻互动作为一种行为，通过对婚姻态度这一认知的改变，才能进而影响婚姻质量（行为）。

本研究在前人研究的基础上，探讨了已婚女性农民工家庭暴力与婚姻质量的关系，分析了婚姻态度和夫妻互动的中介作用机制，对相关研

[①] 张素娴：《家暴受害女性心理问题及其干预研究述评》，《湖南警察学院学报》2014 年第 4 期。

[②] 孙金荣、沙维伟、张晓斌等：《遭受家庭暴力女性的个性和心理健康状况》，《中国临床心理学杂志》2013 年第 6 期。

[③] 佟新、戴地：《积极的夫妻互动与婚姻质量——2011 年北京市婚姻家庭调查分析》，《学术探索》2013 年第 1 期。

究以及实践的开展均有重要的意义,更丰富的中介或调节效应机制仍需要进一步深入研究。

第二节 有了孩子就能稳定婚姻?
——子女数对女性农民工遭受婚姻暴力预测其婚姻不稳定性的调节效应

一 前言

据估计,截至2019年,中国大约有2.87亿农民工,在这些农民工中,1/3是女性,且有相当数量的女性农民工在其打工过程中与男性农民工结成婚姻关系。

家庭暴力是一个普遍且严重的公共卫生问题,是指在亲密关系中的配偶或伴侣对另一个配偶或伴侣施行的躯体、精神和性虐待或伤害,主要包括身体侵犯、强迫性行为、心理虐待和控制行为,是一种常见的家庭暴力类型。[1] 由于文化水平低,性别歧视,男权主义价值观的影响,已婚女性农民工面临婚姻暴力的风险。例如基于传统儒家男尊女卑文化使男性在种族、政治、社会、经济、文化与其他诸多方面占据了主导地位,相反,在这种社会结构的性别体系通常将女性置于丈夫之下的社会地位。现有的研究表明在一个社会体系中,女性的不平等程度越高,其所遭受的暴力倾向也会越大。而传统中国家庭正遵循这种等级制度,在这种制度下,丈夫在家庭中具有权威性,妻子通常处于较低的家庭地位。同时,根据婚姻暴力的资源理论,对女性的暴力是维持这种父权制秩序的最有效的方法,特别是在农民工家庭中,男权文化价值观和传统儒家男尊女卑的性别体系都对女性农民工生活造成了不利影响,甚至通过强调男性的优越性和女性的自卑对女性实施暴力。[2] 婚姻暴力的女性受害者通常会患有心理健康问题,例

---

[1] 肖洁、风笑天:《中国家庭的婚姻暴力及其影响因素——基于家庭系统的考察》,《社会科学》2014年第11期。

[2] 袁遥、姜研:《新时代下农民工婚姻问题研究》,《经济与社会发展》2017年第6期。

如自卑、抑郁、焦虑等症状。她们还因遭受暴力而产生身体健康问题，如流产、性疾病和慢性躯体问题。[1]

婚姻不稳定性是婚姻质量的一个重要维度，现有的研究表明，婚姻暴力与婚姻不稳定性之间存在显著的正相关关系。[2] 婚姻暴力往往会导致婚姻的稳定性下降，进而又促进了暴力行为的发生，并随后导致婚姻关系的终结[3]。例如肖特（Shortt）等人在2006年的研究发现，在158对存在婚姻暴力的家庭中，高达80%的夫妻间有躯体暴力行为，随后这些夫妻中分居率也达到62%。[4] 根据社会交换理论，夫妻之间是一种资源互惠的关系，可供交换的资源既包括经济收入、实物等物质资源，也包括顺从、理解、体贴、关爱等情感资源，可交换的资源越多，彼此之间的吸引力也越强，婚姻的稳定性和婚姻质量也会随之提高。个人通常通过从婚姻关系的收益减去成本来计算其在婚姻关系的整体价值。而婚姻关系稳定性不仅取决于过去的收益与成本，还取决于对未来收益和成本的预期。[5] 根据上述理论，本研究认为，遭受婚姻暴力的女性农民工在婚姻关系中也进行收益和成本的计算，并寻求收益最大化。因此，对于女性农民工来说，遭受婚姻暴力的女性流动农民工可能更多选择结束她们的婚姻关系，并在婚姻交换中避免收益最小化。

与此同时，近年来的研究也发现许多婚姻暴力的受害者并不愿意通过离婚来结束家庭暴力，在美国一项对3173名已婚或同居女性的调查中，

---

[1] 田果、罗文斓、陈盈等：《家庭暴力对农村女性抑郁的影响研究》，《现代预防医学》2014年第9期。

[2] 徐安琪：《离婚风险的影响机制——一个综合解释模型探讨》，《社会学研究》2012年第2期。

[3] 毋嫘、洪炜、任双成等：《婚姻中严重躯体暴力行为的个人—家庭—社会因素》，《中国心理卫生杂志》2013年第4期。

[4] Shortt J. W., Capaldi D. M., Kim H. K., et al., "Relationship Separation for Young, At-risk Couples: Prediction from Dyadic Aggression", *Journal of Family Psychology: JFP: Journal of the Division of Family Psychology of the American Psychological Association (Division 43)*, Vol. 20, No. 4, December 2006, pp. 624–631.

[5] Derek A. K., Richard B. F., Cody W, et al., "Women's Education, Marital Violence, and Divorce: A Social Exchange Perspective", *Journal of Marriage and Family*, Vol. 75, No. 3, June 2013, pp. 565–581.

57%的受虐女性选择与施虐配偶一起生活。① 这种现象在中国农民工家庭中也很常见：已婚流动女性农民工在遭受婚姻暴力时，往往不愿意解除婚姻关系，这一现象表明婚姻暴力与婚姻不稳定性之间的关系间存在一定的调节变量。例如女性会将子女因素纳入婚姻关系中的收益与成本中。孩子可以被视为一项长期的投资，从而增加婚姻的收益，提升结束婚姻关系的成本。② 因此，在已婚女性农民工中，子女数量可能是婚姻暴力与婚姻不稳定性的调节变量。对许多已婚女性农民工来说，生育和养育子女被认为是主要婚姻目的，生育子女能够提高已婚女性农民工的社会地位，让她更具社会和家庭成就感，并改善她的整体幸福感。因此，拥有子女的女性农民工如选择离婚，她们可能会受到名誉上的损害与失去子女的潜在婚姻收益。近年来研究结果显示，与亲生父母共同生活的子女身心更健康，父母离异的子女更容易产生心理问题（如焦虑、自卑、抑郁）和行为问题（如攻击性行为、学习问题和物质滥用问题）。此外研究还指出，离异女性会面临外在因素（如社会服务差、社会支持水平低、社会耻辱感强）和内在因素（如年龄大、文化程度低、经济能力差）等影响，对于离异的单身母亲来说，她们最大的担忧之一就是如果想要独自照顾孩子，面临的是巨大的经济社会压力。因此，与没有孩子的女性农民工相比，育有孩子的女性农民工在离婚时会面临更大的挑战。

根据社会交换理论和上述分析，本研究认为在遭受暴力的前提下，已婚女性农民工的子女数量越多，她对孩子的幸福和自己的利益的关注就越多，其离婚的概率越低。因此，本研究目的是以已婚女性农民工为研究对象，探讨子女数量对不同婚姻暴力与婚姻不稳定之间关系的调节作用。在前人研究的基础上，我们提出了两个假设：

假设1：已婚女性农民工婚姻暴力与婚姻不稳定性呈正相关。

假设2：已婚女性农民工子女数量在婚姻暴力与婚姻不稳定之间起调节作用。

---

① Zlotnick C., Johnson D. M., Kohn R., "Intimate Partner Violence and Long-term Psychosocial Functioning in a National Sample of American Women", *Journal of Interpersonal Violence*, Vol. 21, No. 2, June 2006, pp. 262 – 275.

② 许琪、于健宁、邱泽奇：《子女因素对离婚风险的影响》，《社会学研究》2013年第4期。

二 方法

（一）被试

本节所采用的数据来自本次调查的部分数据。本次数据共有805名已婚女性农民工，被试年龄从19岁至60岁（37.28±8.72年），平均受教育年限为9.29±2.62年，婚龄为1—40岁（12.29±8.53年），打工年限为11.06±6.55年，孩子的数量为0—5个（1.45±0.82个）。

（二）工具

1. 家庭暴力的评定

本研究采用修订版冲突策略量表简版测定家庭暴力。[①] 该量表由协商、心理攻击、躯体暴力、强迫性性行为、伤害5个分量表构成，考察过去1年内的家庭暴力情况。题目的记分方式为：0次、1次、2次、3—5次、6—10次、11—20次、大于20次。该量表被证明有很好的信度和效度。本研究采用CTS2中的心理攻击、躯体暴力和强迫性性行为三个分量表（Cronbach's a 值分别为 0.72，0.88 和 0.93）来测量躯体暴力，心理暴力和性暴力三种暴力类型，并将家庭暴力的发生定义为过去1年中已婚妇女遭受过上述三种暴力中的至少一种。

2. 婚姻不稳定性

本研究采用中文版的婚姻质量量表中的婚姻不稳定性分量表对研究对象的婚姻不稳定性进行评估（如，过去的3年内从来没有提出过离婚的建议）；婚姻不稳定亚量表包括5个项目得分从1（从不）到4（几乎总是），总分从0到20分不等。分数越高，婚姻越不稳定。对于婚姻不稳定性，Cronbach α 值为0.83。在本次的研究中 Cronbach α 值为0.95。

3. 子女数量

本研究采用以下两个问题确定参与者的儿童数量：（1）你有孩子吗？（2）如果你有，你有几个孩子？根据儿童的数量，所有的参与者可以分为四组：无子女组（n = 87，10.8%），独生子女组组（n = 333，41.4%），二生子女组（n = 331，41.1%），三生及三生以上组（n =

[①] 潘腾、凌莉、宋晓琴等：《冲突策略量表（中文简版）在流动育龄妇女中应用的信效度》，《中国健康心理学杂志》2014年第6期。

54, 6.7%)。

(三) 施测程序和数据处理

首先,我们计算了在过去12个月中已婚女性外来务工人员中三种不同形式的婚姻暴力的流行率估计和频率。其次,利用皮尔逊相关系数计算各变量之间的关系,然后使用SPSS 25.0中的PROCESS插件中的调节模型(PROCESS model 1)进行模型拟合。在该模型中,自变量为心理暴力IPV(X1)、躯体暴力(X2)和性暴力(X3),分别以子女数(M)为调节变量,以婚姻不稳定(Y)为因变量,以年龄、打工时间、婚姻持续时间为控制变量。最后,在交互效应显著的情况下,通过简单的斜率分析,考察婚姻暴力对拥有不同数量子女的女性农民工的婚姻不稳定的影响。

三 结果

(一) 女性农民工家庭暴力的发生率

表8—4显示了女性农民工遭受不同形式的家庭暴力的发生率和频率。总的来说,805名已婚女性农民工中超过1/3的被试(297, 6.89%, 95%置信区间: 33.1%—49%) 在过去的12个月遭受了至少一次躯体、心理或性强迫暴力行为。具体地说,33.78%的已婚农民工($n = 272$)在过去12个月经历了一次心理暴力,其次共13.29%($n = 107$)经历过躯体暴力,性暴力的比例最低,有13.04%($n = 105$)曾经历过性暴力。同时,三种类型的婚姻暴力在频率分布上表现出相似的特征:在过去12个月,已婚女性农民工家庭暴力频率主要为2—5次。

表8—4　已婚女性农民工遭受婚姻暴力的发生率和频率分析

婚姻暴力的形式	过去12个月的发生率		过去12个月的频率		
			1次	2—5次	>5次
	n (%)	95% CI	n (%)	n (%)	n (%)
心理暴力					
侮辱/咒骂/大声叫/被配偶责骂	244 (30.31%)	(0.27—0.33)	107 (13.29%)	99 (12.29%)	44 (5.46%)

续表

婚姻暴力的形式	过去12个月的发生率		过去12个月的频率		
			1次	2—5次	>5次
	n (%)	95% CI	n (%)	n (%)	n (%)
破坏属于我的东西或威胁打我	105 (13.04%)	(0.10—0.15)	47 (5.83%)	33 (4.10%)	25 (3.10%)
至少有一次心理暴力	272 (33.78%)	(0.30—0.36)	106 (13.16%)	126 (15.65%)	40 (4.96%)
躯体暴力					
推/挤/打我耳光	90 (11.18%)	(0.09—0.13)	37 (4.59%)	34 (4.22%)	19 (2.36%)
用拳打/踢/狠狠打我一顿	82 (10.18%)	(0.08—0.12)	35 (4.34%)	29 (3.60%)	18 (2.23%)
至少一次躯体暴力	108 (13.29%)	(0.11—0.15)	28 (3.29%)	49 (6.08%)	31 (3.85%)
性暴力					
被迫发生性关系	95 (11.80%)	(0.08—0.13)	35 (4.34%)	37 (4.60%)	23 (2.85%)
不想发生性行为或被迫没有避孕套地性交	84 (10.43%)	(0.17—0.12)	29 (3.60%)	30 (3.73%)	25 (3.10%)
至少一次性暴力	105 (13.04%)	(0.10—0.15)	18 (2.24%)	49 (5.96%)	48 (5.96%)
三种暴力中至少有一种	297 (36.89%)	(0.33—0.39)			

（二）子女数量的调节作用

1. 各变量的相关分析

表8—5给出了每个被测变量的平均值、标准差和相关性。相关结果表明婚姻不稳定与三种形式的婚姻暴力及整体婚姻暴力总分呈显著正相关。而婚姻不稳定性和婚姻暴力与子女数量的相关性较弱或不显著。

表8—5　　　　　　　研究变量的表述统计和相关分析

变量	M	SD	婚姻不稳定性	子女数量	心理暴力	躯体暴力	性暴力	总暴力
婚姻不稳定	6.082	1.634	—					
子女数量	1.453	0.819	0.001	—				
心理暴力	0.958	1.999	0.255**	0.082	—			
躯体暴力	0.477	1.577	0.234**	0.085*	0.646**	—		
性暴力	0.553	1.836	0.189**	0.061	0.529**	0.716**	—	
总暴力	1.988	4.687	0.261**	0.087*	0.851**	0.893**	0.859**	—

2. 心理暴力模型

采用结构方程模型分析来检验子女数量是否对心理暴力与婚姻不稳定性之间的关系起调节作用。以心理暴力为自变量，以子女数量为调节变量，将自变量、调节变量的各维度中心化后，检验子女数量与心理暴力的交互项对因变量婚姻不稳定性的预测是否显著。

表8—6　　子女数量在心理暴力与婚姻不稳定性间的调节作用分析

变量	B	SE	t	p	95% CI LLCI	ULCI
年龄	-0.015	0.013	-1.145	0.253	-0.039	0.011
打工时间	0.010	0.010	1.015	0.311	-0.009	0.029
婚姻持续时间	-0.001	0.013	-0.107	0.914	-0.026	0.023
心理暴力	0.399	0.109	3.628	0.0003	0.183	0.614
子女数量[a]						
1个	0.567	0.201	2.825	0.005	0.173	0.962
2个	0.761	0.210	3.634	0.0003	0.349	1.171
3个及以上	0.478	0.298	1.604	0.109	-0.107	1.063
交互作用项						
心理暴力 × 1个子女	0.042	0.119	0.349	0.727	-0.193	0.277

续表

变量	B	SE	t	p	95% CI LLCI	ULCI
心理暴力 × 2 个子女	-0.329	0.117	-2.814	0.005	-0.558	-0.099
心理暴力 × 3 个及以上子女	-0.358	0.130	-2.747	0.006	-0.614	-0.102

注：Note. R^2 增量 = 0.048, $F(3, 789) = 14.915$, $p < 0.001$, [a]参照项为无子女组。

在心理暴力模型中，分析结果表明模型具有良好的拟合性（$R = 0.371$, $R^2 = 0.137$），$F(10, 794) = 12.622$, $p < 0.001$。如表 8—6 所示，调节回归分析结果显示心理暴力能够显著正向预测婚姻不稳定（$B = 0.399$, $SE = 0.109$, $t = 3.628$, $p < 0.001$）。子女数量与心理暴力的交互项的加入使模型的解释方差增加，且增加达到显著水平 [$\triangle R^2 = 0.048$, $F(3, 794) = 14.915$, $p < 0.001$]，表明子女数量的调节效应显著。简单斜率分析表明当子女数量为 2 个或 3 个及以上时，交互作用达到显著水平（2 个子女数 × 心理暴力：$B = -0.329$, $p = 0.005$；3 个及以上子女数 × 心理暴力：$B = -0.358$, $p = 0.006$）；当子女数量为 1 个时，交互作用不显著（1 个子女 × 心理暴力：$B = 0.042$, $p = 0.727$）。

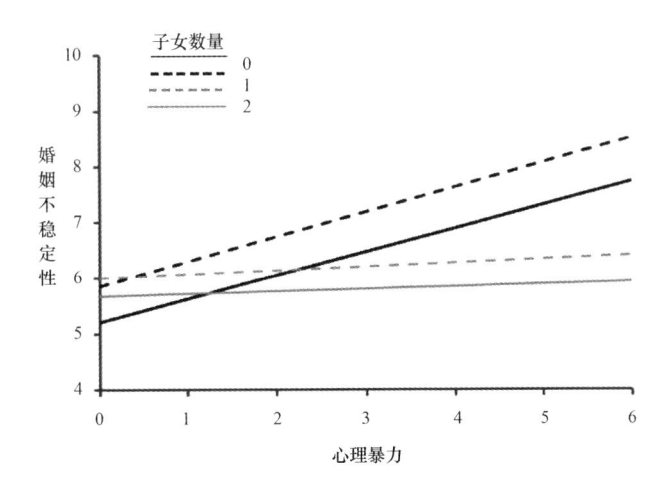

图 8—2 子女数量在心理暴力和婚姻不稳定性关系中调节效应的简单效应检验

通过简单效应检验来分析子女数量对心理暴力与婚姻不稳定性之间关系的调节作用。图8—2的简单效应检验结果表明，心理暴力显著能显著正向预测无子女（$B = 0.399$，$SE = 0.109$，$t = 3.628$，$p < 0.001$）和仅有1个孩子的女性农民工（$B = 0.441$，$SE = 0.047$，$t = 9.229$，$p < 0.001$）的婚姻不稳定性，但对有2个孩子（$B = 0.069$，$SE = 0.039$，$t = 1.761$，$p = 0.078$）或3个及以上子女的女性农民工（$B = 0.041$，$SE = 0.071$，$t = 0.576$，$p = 0.565$）的婚姻不稳定性预测作用不显著。

3. 躯体暴力模型

采用结构方程模型分析来检验子女数量是否对躯体暴力与婚姻不稳定性之间的关系起调节作用。以躯体暴力为自变量，以子女数量为调节变量，将自变量、调节变量的各维度中心化后，检验子女数量与躯体暴力的交互项对因变量婚姻不稳定性的预测是否显著。

表8—7　子女数量在躯体暴力与婚姻不稳定性间的调节作用分析

变量	B	SE	t	p	95% CI LLCI	95% CI ULCI
年龄	-0.017	0.013	-1.338	0.181	-0.042	0.008
打工时间	0.008	0.010	0.759	0.448	-0.012	0.027
婚姻持续时间	0.002	0.013	0.188	0.851	-0.023	0.028
躯体暴力	0.710	0.157	4.534	0.0001	0.403	1.017
子女数量[a]						
1个	0.784	0.194	4.033	0.0001	0.403	1.166
2个	0.809	0.204	3.964	0.0001	0.409	1.211
3个及以上	0.563	0.298	1.898	0.058	-0.019	1.146
交互作用项						
躯体暴力 × 1个子女	-0.218	0.166	-1.311	0.190	-0.545	0.108
躯体暴力 × 2个子女	-0.657	0.164	-4.006	0.001	-0.979	-0.335
躯体暴力 × 3个及以上子女	-0.745	0.198	-3.754	0.0002	-1.136	-0.355

注：Note. R^2增量 $= 0.053$，$F(3, 794) = 16.277$，$p < 0.001$，[a]参照项为无子女组。

在躯体暴力模型中，分析结果表明模型具有良好的拟合性（$R=0.365$，$R^2=0.133$），$F(10, 794)=12.191$，$p<0.001$。如表8—7所示，调节回归分析结果显示躯体暴力能够显著正向预测婚姻不稳定（$B=0.710$，$SE=0.157$，$t=4.534$，$p<0.001$）。子女数量与躯体暴力的交互项的加入使模型的解释方差增加，且增加达到显著水平（$\triangle R^2=0.053$），$F(3, 794)=16.277$，$p<0.001$，表明子女数量的调节效应显著。简单斜率分析表明当子女数量为2个或3个及以上时，交互作用达到显著水平（2个子女数×躯体暴力：$B=-0.657$，$p<0.001$；3个及以上子女数×躯体暴力：$B=-0.745$，$p<0.001$）；当子女数量为一个时，交互作用不显著（1个子女×躯体暴力：$B=-0.218$，$p=0.190$）。

通过简单效应检验来分析子女数量对躯体暴力与婚姻不稳定性之间关系的调节作用。图8—3的简单效应检验结果表明，躯体暴力能显著正向预测无子女（$B=0.710$，$SE=0.156$，$t=4.534$，$p<0.001$）和仅有1个孩子的女性农民工（$B=0.491$，$SE=0.057$，$t=8.701$，$p<0.001$）的婚姻不稳定性，但对有2个孩子（$B=0.053$，$SE=0.048$，$t=1.080$，$p=0.281$）或3个及以上子女的女性农民工（$B=-0.036$，$SE=0.123$，$t=-0.295$，$p=0.768$）的婚姻不稳定性预测作用不显著。

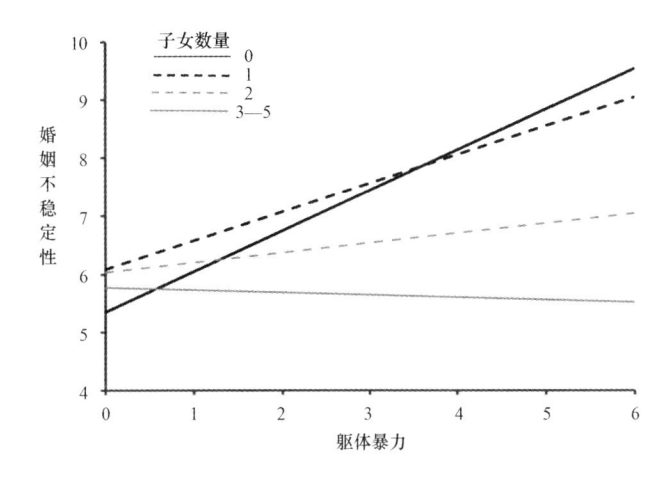

图8—3　子女数量在躯体暴力和婚姻不稳定性关系中调节效应的简单效应检验

4. 性暴力模型

采用结构方程模型分析来检验子女数量是否对性暴力与婚姻不稳定性之间的关系起调节作用。首先以性暴力为自变量,以子女数量为调节变量,将自变量、调节变量的各维度中心化后,检验子女数量与性暴力的交互项对因变量婚姻不稳定性的预测是否显著。

表8—8　子女数量在性暴力与婚姻不稳定性间的调节作用分析

变量	B	SE	t	p	95% CI LLCI	ULCI
年龄	-0.013	0.013	-1.021	0.308	-0.038	0.012
打工时间	0.007	0.010	0.707	0.480	-0.012	0.026
婚姻持续时间	0.001	0.013	0.077	0.939	-0.024	0.026
性暴力	0.794	0.224	3.547	0.0004	0.355	1.233
子女数量[a]						
1个	0.692	0.194	3.573	0.0004	0.312	1.072
2个	0.793	0.202	3.920	0.0001	0.396	1.190
3个及以上	0.477	0.285	1.678	0.094	-0.081	1.036
交互作用项						
性暴力 × 1个子女	-0.301	0.229	-1.309	0.191	-0.751	0.150
性暴力 × 2个子女	-0.821	0.227	-3.609	0.0003	-1.267	-0.374
性暴力 × 3个及以上子女	-0.823	0.241	-3.402	0.0007	-1.297	-0.348

注:R^2增量=0.083,$F(3, 794)=25.765$,$p<0.001$,[a]参照项为无子女组。

在性暴力模型中,分析结果表明模型具有良好的拟合性[$R=0.378$,$R^2=0.143$,$F(10, 794)=13.192$,$p<0.001$]。如表8—8所示,调节回归分析结果显示性暴力能够显著正向预测婚姻不稳定($B=0.794$,$SE=0.224$,$t=3.547$,$p<0.001$)。子女数量与性暴力的交互项的加入使模型的解释方差增加,且增加达到显著水平$\triangle R^2=0.083$,$F(3, 794)=25.765$,$p<0.001$,表明子女数量的调节效应显著。简单斜率分析表明当子女数量为2个或3个及以上时,交互作用达到显著水平(2个子女数 ×

性暴力：$B = -0.821$，$p < 0.001$；3 个及以上子女数 × 性暴力：$B = -0.823$，$p < 0.001$）；当子女数量为一个时，交互作用不显著（1 个子女 × 性暴力：$B = -0.301$，$p = 0.191$）。

通过简单效应检验来分析子女数量对性暴力与婚姻不稳定性之间关系的调节作用。图 8—4 的简单效应检验结果表明，性暴力能显著正向预测无子女（$B = 0.794$，$SE = 0.224$，$t = 30.547$，$p < 0.001$）和仅有 1 个孩子的女性农民工（$B = 0.494$，$SE = 0.051$，$t = 9.714$，$p < 0.001$）的婚姻不稳定性，但对有两个孩子（$B = -0.026$，$SE = 0.039$，$t = -0.664$，$p = 0.507$）或三个及以上子女的女性农民工（$B = -0.029$，$SE = 0.091$，$t = -0.313$，$p = 0.755$）的婚姻不稳定性预测作用不显著。

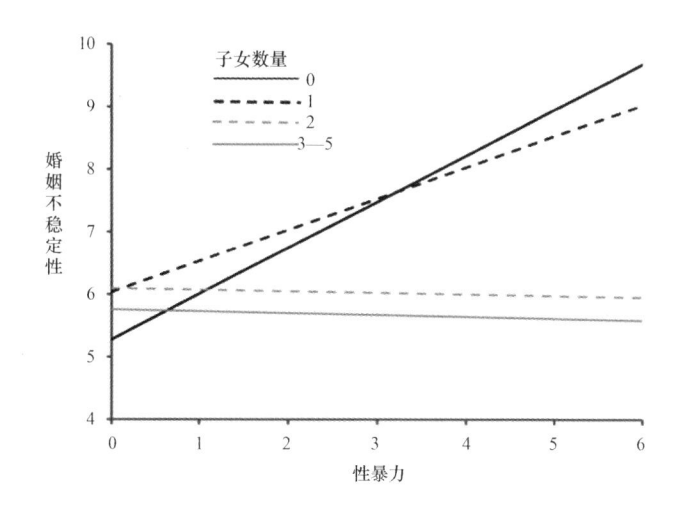

图 8—4　子女数量在性暴力和婚姻不稳定性关系中调节效应的简单效应检验

四　讨论

本研究在之前对已婚农民工婚姻暴力的研究基础上，对子女数量在婚姻暴力与其婚姻不稳定关系中的调节作用进行研究。

首先，本研究结果验证了研究假设 1，即在农民工家庭中遭遇婚姻暴力越多的女性农民工往往婚姻不稳定性也越高，这与前人的研究结果相一致。

其次，除了考察家庭暴力和婚姻不稳定性的直接关系，本研究还进一步探索了子女数量在两者之间的调节作用。结果发现，在三种婚姻暴力与婚姻不稳定性关系中，子女数量均具有显著的调节作用。这一结果证明了本实验的假设2，即在无子女的情况下婚姻暴力对婚姻不稳定性具有积极的正向预测作用，这表明在没有子女的情况下，流动女性农民工在遭受婚姻暴力时更容易选择结束婚姻关系。这与阿格拉瓦尔（Agrawal）等人的研究结果相一致，该研究对790名印度离婚妇女进行调查，研究结果发现近40%的离婚妇女没有生育子女，而这些没有生育子女的妇女中，约87%曾受到前夫的虐待。这表明，是否是母亲的身份可能是受虐女性选择离婚的一个主要因素。

此外，研究发现当生育1个子女时，婚姻暴力与婚姻不稳定性之间虽仍显示显著正相关关系，但其相关程度减弱，且交互作用较弱。而当子女数量达到2个及以上时，这种交互作用增强，并且婚姻暴力与婚姻不稳定性之间相关无显著性。这一结果表明，当子女数量达到2个及以上时，子女数量将在婚姻关系的决策中起到重要作用。这一结果支持社会交换理论的观点，即子女是"婚姻特定的资本"。当1名已婚女性农民工育有2个及以上子女时，由于子女的存在增加了婚姻的收益与离婚的成本，因而在遭遇婚姻暴力时选择结束婚姻关系的可能性更低。对于流动农民工家庭拥有的孩子往往意味着更多的婚姻收益，结束婚姻的成本也就越高。在本次研究中，更多的孩子往往意味着离婚的可能性更低，对此给出的可能的原因是，对育有孩子的离婚妇女来说，所面临的社会耻辱使其很难再重新开始婚姻。在中国，离婚妇女的再婚率较低，因为离异后的子女会被认为是新家庭的负担，中国男性又排斥养育别人的子女。因此，基于社会交换论以及上述分析，有子女的已婚女性农民工比起冒独自抚育子女和生活水平低下的风险，更愿意忍受不幸福的婚姻。

第三节 门当户对的婚姻会更满意吗？

——基于农民工婚姻匹配程度与婚姻质量的实证研究

一 前言

家庭是指以情感为纽带，亲属之间所构成的社会生活单位。而婚姻是产生家庭的前提，家庭是婚姻缔结的结果。婚姻带来两个家庭资源的重新结合，不同的婚姻匹配模式不仅对个人和家庭的生活状况带来显著不同的影响，也在很大程度上影响社会资源的配置与社会经济的运行发展。

传统上，"门当户对"一直是择偶的一种重要标准，是中国传统社会婚姻的基本形式和规则。[①]"门当户对"是指以家庭背景这一先赋性因素为婚配标准的婚配模式，强调结亲的双方和家庭经济、社会地位对等。[②]相关研究发现，"门当户对"在中国的婚配中作用很大，以该方式匹配的婚姻也较为稳定。[③]同时根据社会交换理论，择偶是一种交换行为，是将自身的资源与对方的资源相交换的过程，以获得回报为目的。只有双方都认为两个人缔结婚姻的收获大于独自生活的收益时，择偶行为才会发生。由此，如果婚姻满意则双方应该有类似的资源基础[④]，例如户籍、受教育程度、年龄、通婚圈和经济收入的匹配性是婚姻幸福的重要条件。若都有较高程度的匹配也就是我们传统意义上的"门当户对"，也就是说婚姻匹配结构程度高，则婚姻质量就应该较高。

但同时随着经济迅速发展和婚姻观念的快速变迁，"门当户对"择偶观发生了与社会变迁相适应的变化，这一现象也发生在农民工群体中。农民工对婚姻的看法更加开放，择偶方式更加社会化、多元化，通婚圈进一步扩大，那么传统意义上的门当户对是否还能对当代农民工，特别是新生代农民工的婚姻质量产生影响呢？他们的婚姻匹配程度如何呢？

基于上述分析，本研究以户籍匹配、学历匹配、年龄匹配、通婚圈匹配和收入匹配五个方面为测量婚姻匹配程度的指标，对现在中国

[①] 陆益龙：《"门当户对"的婚姻会更稳吗？——匹配结构与离婚风险的实证分析》，《人口研究》2009年第2期。

[②] 侯海鑫、陈明宇、马玉霞：《"门当户对"对家庭收支的影响——以宁夏回族为例》，《时代经贸》2018年第9期。

[③] 杨兴亮：《社会转型期门当户对择偶观的选择偏好——社会交换理论视角下"剩女"现象浅析》，《社会工作》（学术版）2011年第4期。李后建：《门当户对的婚姻会更幸福吗？——基于婚姻匹配结构与主观幸福感的实证研究》，《人口与发展》2013年第2期。

[④] 韩琳琳：《社会学视角下对当代社会"门当户对"择偶观的再认识》，《成都教育学院学报》2006年第4期。

的新生代已婚农民工婚姻匹配程度以及与婚姻质量的关系进行实证分析。

二　方法

(一) 数据来源

本书所采用的数据来自本次调查的部分数据。本次调查共发放问卷1900份，回收1880份，剔除资料不完整和规律性作答问卷后得到1864份有效问卷，问卷有效回收率为98.11%。其中第一代农民工共994人，新生代农民工共870人；男性950人（51.0%），女性914人（49.0%）。

(二) 研究工具

1. 一般资料

自行设计的一般资料问卷，包括户籍、家庭所在地、年龄、性别、文化程度和个人收入。

2. 婚姻质量的评定

本研究采用婚姻幸福感、夫妻积极互动、婚姻冲突、离婚冲突和婚姻问题作为评定婚姻质量的评价指标。

(1) 婚姻幸福感

婚姻幸福感测评采用约翰等编制并由许晓河修订的婚姻幸福感量表。量表由12个题目组成，采用Lickert 4点记分法，1=非常不满意，2=不满意，3=满意，4=非常满意。计算量表的总分越高代表婚姻幸福感越高。该问卷在本研究中的内部一致性信度Cronbach α值为0.94。

(2) 夫妻积极互动

本研究采用约翰等编制、许晓河修订的中文版夫妻积极互动量表（Chinese Positive Marital Interaction Scale，CPMIS）。该量表共8个项目，采用Lickert 4点记分法，1=从来没有，2=有时，3=经常，4=几乎总是。计算量表的总分越高代表夫妻积极互动越良好。本研究中该量表内部一致性系数Cronbach α值为0.848。

(3) 婚姻冲突

本研究所使用的婚姻冲突量表为约翰森等所编制，该量表的中文版本已经在北京经过测试，结果证实具有较好的信度和效度。采用4点计分法，"从来没有"记1分，"有时"记2分，"经常"记3分，"几乎总是"记4分。分数越高代表婚姻冲突越严重。

(4) 婚姻不稳定性

本研究采用张会平编制婚姻不稳定性量表进行评定。该分量表共有5个项目,被试者要求回答与离婚或分居有关的事件和想法在其婚姻中出现的频率,采用4点计分法,"从来没有"记1分,"有时"记2分,"经常"记3分,"几乎总是"记4分。分数越高代表婚姻不稳定性越严重。

(5) 婚姻问题

本研究采用约翰等编制、许晓河修订的中文版婚姻问题量表。该分量表共有8个项目,被试者要求回答在过去1年内婚姻问题出现的频率。采用4点计分法,"从来没有"记1分,"有时"记2分,"经常"记3分,"几乎总是"记4分。分数越高代表婚姻问题越多。

3. 婚姻匹配

参考现有研究,本节采用户籍匹配、学历匹配、年龄匹配、月收入匹配、通婚圈匹配作为衡量婚姻匹配当中的"门当户对"状况。

表8—9　　　　　　　　婚姻匹配变量赋值情况

变量名	含义	赋值
户籍匹配	户籍类别为农村和城镇,户籍匹配用以说明两性户籍是否相同	如果两性户籍相同则为"1",否则为"2"
学历匹配	学历类型包括文盲、小学、初中、中专、高中、大专、本科,其中中专与高中算同等学历,学历匹配用以说明两性学历是否相同	如果两性学历同等则为"1",否则为"2"
年龄匹配	年龄以±3为界限是否相符,即夫妻双方年龄差别≤3为相符,年龄匹配用以说明两性年龄是否相同	如果两性年龄相符则为"1",否则为"2"

续表

变量名	含义	赋值
月收入匹配	月收入即高收入者的1/3与对方月收入相加如果大于等于高收入者，则为相符。月收入匹配用以说明两性月收入是否相同	如果两性月收入相符则为"1"，否则为"2"
通婚圈匹配	通婚圈就是夫妻双方是否为同一地方，以市为标准	如果两性通婚圈相同则为"1"，否则为"2"

（三）数据处理

数据采用SPSS20.0软件进行统计分析：首先，采用基本描述性统计方法对被试的基本特征进行分析；再采用卡方分析对第一代农民工和新生代农民工的婚姻匹配程度进行比较分析；然后采用独立样本T检验对婚姻匹配和不匹配的新生代农民工的婚姻质量进行比较分析；最后采用二元回归模型，分别以新生代已婚农民工的婚姻幸福感、夫妻积极互动、婚姻冲突、离婚冲突和婚姻问题作为因变量，以户籍匹配、学历匹配、年龄匹配、月收入匹配、通婚圈匹配为自变量，进行回归分析。

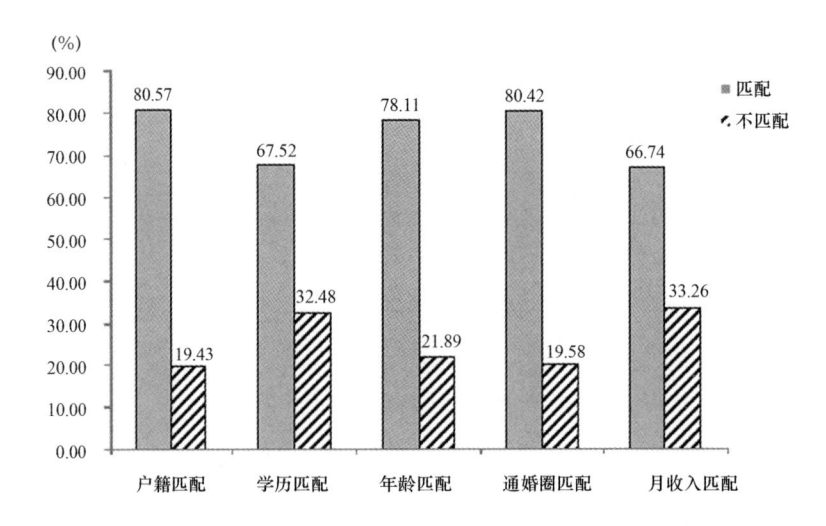

图8—5 新生代农民工婚姻匹配的频率情况分析

三 结果

(一) 新生代农民工婚姻匹配的特点分析

图 8—5 为新生代农民工婚姻匹配的总体分布情况,从总体上看,新生代农民工婚姻匹配程度较高,其中户籍和通婚圈匹配程度最高,都达到 80%,其次为年龄匹配度,达到 78.11%;学历匹配和收入匹配度在最后,分别为 67% 和 66%。从表 8—10 可知全部匹配的新生代农民工在总体中占到了 35.5%,四项匹配的新生代农民工占了 30.8%,上述研究结果表明已婚新生代农民工"门当户对"程度较高。

表 8—10　　　　新生代农民工婚姻匹配特点分析

匹配程度	人数	频率 (%)
都不匹配	5	0.6
一项匹配	26	2.9
两项匹配	83	9.2
三项匹配	190	21.1
四项匹配	278	30.8
全部匹配	320	35.5

(二) 新生代农民工和第一代农民工婚姻匹配的比较分析

表 8—11 展示了两代农民工在婚姻匹配度上的差异。首先,无论第一代农民工还是新生代农民工,大多数调查对象的婚姻匹配度很高。其次,在户籍、通婚圈和收入上,第一代农民工婚姻匹配的比例显著高于新生代农民工,说明第一代农民工仍持门当户对的观念。

表 8—11　　　新生代农民工和第一代农民工在婚姻匹配的差异分析

		第一代农民工		新生代农民工		差异检验
		n	(%)	n	(%)	卡方值
户籍	匹配	862.00	86.72%	701.00	80.57%	12.941***
	不匹配	132.00	13.28%	169.00	19.43%	

续表

		第一代农民工		新生代农民工		差异检验
		n	(%)	n	(%)	卡方值
学历	匹配	732.00	69.38%	605.00	67.52%	0.779
	不匹配	323.00	30.62%	291.00	32.48%	
年龄	匹配	836.00	78.65%	703.00	78.11%	0.082
	不匹配	227.00	21.35%	197.00	21.89%	
通婚圈	匹配	973.00	93.56%	690.00	80.42%	74.804***
	不匹配	67.00	6.44%	168.00	19.58%	
收入	匹配	799.00	75.24%	600.00	66.74%	17.183***
	不匹配	263.00	24.76%	299.00	33.26%	

(三) 新生代农民工婚姻匹配与婚姻质量的关系分析

1. 新生代农民工婚姻质量在不同户籍匹配组的差异分析

采用独立样本 t 检验对不同户籍匹配组的婚姻质量进行差异比较，结果见表8—12。

表8—12 新生代农民工婚姻质量在不同户籍匹配组的差异比较（M ± SD）

	婚姻满意度	婚姻互动	婚姻冲突	婚姻不稳定性	婚姻问题
户籍匹配组	36.71 ± 6.19	19.86 ± 4.46	11.24 ± 3.29	6.74 ± 2.73	13.87 ± 4.64
户籍不匹配组	36.63 ± 6.51	20.05 ± 4.71	11.95 ± 4.04	7.48 ± 3.51	14.80 ± 5.48
t	0.207	-0.660	-3.294**	-4.131**	-3.123**

由表8—12可得出，新生代农民工户籍匹配组和不匹配在婚姻质量中的五个维度中，户籍匹配组在婚姻冲突（$t = -3.294, p < 0.001$）、婚姻不稳定性（$t = -4.131, p < 0.001$）和婚姻问题（$t = -3.123, p < 0.001$）三个维度上的得分显著高于户籍匹配组。而在婚姻满意度（$t = 0.207, p = 0.831$）和婚姻互动（$t = -0.660, p = 0.493$）上无显著性差异。

2. 新生代农民工婚姻质量在不同学历匹配组的差异分析

采用独立样本 t 检验对不同学历匹配组的婚姻质量进行差异比较,结果见表8—13。

表8—13　新生代农民工婚姻质量在不同学历匹配组的差异比较（M ± SD）

	婚姻满意度	婚姻互动	婚姻冲突	婚姻不稳定性	婚姻问题
学历匹配组	36.90 ± 6.19	19.86 ± 4.51	11.18 ± 3.33	6.50 ± 2.41	13.30 ± 4.49
学历不匹配组	36.23 ± 6.41	19.87 ± 4.59	11.82 ± 3.58	7.62 ± 3.62	15.58 ± 5.07
t	2.204	-0.045	-3.735**	-8.107**	-9.572**

由表8—13可得出,新生代农民工学历匹配组和不匹配在婚姻质量中的五个维度中,学历不匹配组在婚姻冲突（$t = -3.735$, $p < 0.001$）、婚姻不稳定性（$t = -8.107$, $p < 0.001$）、婚姻问题（$t = -9.572$, $p < 0.001$）三个维度上的得分显著高于学历匹配组。而在在婚姻满意度（$t = 2.204$, $p = 0.028$）存在较显著的代际差异,在婚姻互动（$t = -0.045$, $p = 0.964$）上无显著性差异。

3. 新生代农民工婚姻质量在不同年龄匹配组的差异分析

采用独立样本 t 检验对不同年龄匹配组的婚姻质量进行差异比较,结果见表8—14。

表8—14　新生代农民工婚姻质量在不同年龄匹配组的差异比较（M ± SD）

	婚姻满意度	婚姻互动	婚姻冲突	婚姻不稳定性	婚姻问题
年龄匹配组	36.73 ± 6.21	19.89 ± 4.57	11.37 ± 3.41	6.78 ± 2.80	13.90 ± 4.69
年龄不匹配组	36.48 ± 6.56	19.77 ± 4.44	11.41 ± 3.45	7.10 ± 3.16	14.38 ± 5.12
t	0.717	0.467	0.213	-1.990*	-1.821

由表8—14可得出,新生代农民工年龄匹配组和不匹配在婚姻质量中的五个维度中,年龄不匹配组在婚姻不稳定性（$t = -1.990$, $p <$

0.05）维度上的得分显著高于年龄匹配组，而在其他维度上无显著性差异。

4. 新生代农民工婚姻质量在不同通婚圈匹配组的差异分析

采用独立样本 t 检验对不同通婚圈匹配组的婚姻质量进行差异比较，结果见表8—15。

表8—15　新生代农民工婚姻质量在不同通婚圈匹配组的差异比较

（M ± SD）

	婚姻满意度	婚姻互动	婚姻冲突	婚姻不稳定性	婚姻问题
通婚圈匹配组	37.57 ± 5.91	19.81 ± 4.50	11.39 ± 3.40	6.85 ± 2.89	14.05 ± 4.76
通婚圈不匹配组	36.63 ± 6.31	20.28 ± 4.68	11.26 ± 3.53	6.93 ± 2.94	13.74 ± 5.01
t	-2.253*	-1.503	0.572	-0.376	-0.913

由表8—15可得出，新生代农民工年龄匹配组和不匹配在婚姻质量的五个维度中，通婚圈不匹配组在婚姻满意度（$t=-2.253$，$p<0.05$）维度上的得分显著低于通婚圈匹配组，而在其他维度上无显著性差异。

5. 新生代农民工婚姻质量在不同收入匹配组的差异分析

采用独立样本 t 检验对不同收入匹配组的婚姻质量进行差异比较，结果见表8—16。

表8—16　新生代农民工婚姻质量在不同收入匹配组的差异比较

（M ± SD）

	婚姻满意度	婚姻互动	婚姻冲突	婚姻不稳定性	婚姻问题
收入匹配组	36.99 ± 6.14	19.96 ± 4.41	11.44 ± 3.44	6.70 ± 2.79	13.87 ± 4.91
收入不匹配组	35.86 ± 6.52	19.61 ± 4.83	11.24 ± 3.35	7.22 ± 3.09	14.42 ± 4.43
t	3.519**	1.531	1.189	-3.608**	-2.334*

由表8—16可得出，新生代农民工收入匹配组和不匹配在婚姻质量的五个维度中，收入不匹配组在婚姻不稳定性（$t=-3.608$，$p<0.01$）和婚姻问题（$t=-2.334$，$p<0.05$）维度上的得分显著高于收入匹配组，

在婚姻满意度（$t=3.519$，$p<0.01$）维度上的得分显著低于收入匹配组，而在其他维度上无显著性差异。

（四）新生代农民工不同类型的匹配对婚姻质量的预测作用

为了检验新生代农民工的户籍匹配、学历匹配、年龄匹配、月收入匹配、通婚圈匹配的程度对婚姻质量的五个维度是否存在预测作用，分别以婚姻满意度、婚姻互动、婚姻冲突、婚姻不稳定性和婚姻问题为因变量，以户籍匹配、学历匹配、年龄匹配、月收入匹配、通婚圈匹配为自变量，通过二元回归分析法分别探讨，结果显示，户籍匹配是新生代农民工消极婚姻质量（婚姻冲突、婚姻不稳定性和婚姻问题）的显著影响因素，而户籍匹配是婚姻不稳定性和婚姻问题的显著影响因素。通婚圈匹配和收入匹配是婚姻幸福感的显著影响因素。具体结果见表8—17。

表8—17 新生代农民工不同类型的匹配对婚姻质量的预测

因变量	自变量	B	SE	wald	p	Exp（B）	95%CI 下限	95%CI 上限
婚姻满意度	通婚圈匹配	0.417	0.147	8.023	0.005	0.659	0.494	0.880
	收入匹配	0.227	0.111	4.183	0.041	1.255	1.010	1.560
婚姻冲突	户籍匹配	-0.411	0.147	7.784	0.005	0.663	0.497	0.885
婚姻不稳定性	户籍匹配	-0.542	0.204	7.045	0.008	0.582	0.390	0.868
	学历匹配	-0.907	0.175	26.703	0.000	0.404	0.286	0.570
婚姻问题	户籍匹配	-0.344	0.140	6.063	0.014	0.709	0.539	0.932
	学历匹配	-0.505	0.112	20.165	0.000	0.604	0.484	0.752

四 讨论

本研究以新生代农民工为研究对象，对其"门当户对"的婚姻匹配程度进行分析，考察社会经济特征同质的婚配模式与个体婚姻质量之间的关联性。

首先，本研究结果显示从总体上看，新生代农民工婚姻匹配程度较高，都超过了60%。这一结果与国内相关调查数据也基本一致[①]，表明在新生代农民工群体中，"门当户对"仍非常普遍，在该群体中的婚配中作用很大。其中值得一提的是新生代农民工夫妻的户籍和通婚圈匹配程度最高，高达80%。长期以来，由于农村社区受特有的生产方式、生活方式及其与此相联系的交往方式、文化传统和社会心理的影响，农民工的择偶行为以及通婚圈，不仅主要发生在农村—农村的户籍匹配的青年之间，同时还局限在一定的地域范围内。[②] 随着时代的发展，新生代农民工由于就业空间的扩大，尽管他们的择偶范围得以进一步扩大，但新生代农民工的通婚圈仍以本地区为主。

其次，从代际差异的角度进行分析，在户籍、通婚圈和收入匹配上，第一代农民工和新生代农民工存在显著差异，第一代农民工户籍匹配、通婚圈匹配和收入匹配的程度显著高于新生代农民工。这一结论说明第一代农民工的"门当户对"的婚恋观更为明显，而且第一代农民工在外出打工时80%已婚，他们的通婚圈受到地域限制，大部分局限于本村和周边乡村。而新生代农民工的婚恋观已开始发生转变，同时新生代农民工由于就业空间、流动性的增大，与第一代农民工相比，他们的婚配对象明显突破了原有地域范围的局限，跨省通婚的现象占一定比例。这进一步证实了农民工婚姻观和婚姻行为正经历从传统向现代转变。

最后，从新生代农民工婚姻匹配程度与其婚姻质量的关系来看，新生代农民工的户籍不匹配组和学历不匹配组在消极婚姻质量（婚姻冲突、婚姻不稳定性和婚姻问题）三个维度上的得分显著高于户籍匹配组，同时通婚圈不匹配组和收入不匹配组在积极婚姻质量，及婚姻满意度这一维度上的得分显著低于匹配组。这一研究结果在回归分析中也得以体现，户籍是否匹配对新生代农民工消极婚姻质量三个维度起显著的预测作用，学历是否匹配对新生代农民工消极婚姻质量两个维度起显著的预测作用，通婚圈匹配和收入匹配对婚姻幸福感起显著预测作用。从社会心理学角

[①] 靳小怡、张露、杨婷：《社会性别视角下农民工的"跨户籍婚姻"研究——基于深圳P区的调查发现》，《妇女研究论丛》2016年第1期。诸萍：《近50年我国流动人口的婚姻匹配模式及时代变迁——基于初婚夫妇户籍所在地及性别视角的分析》，《南方人口》2020年第1期。

[②] 段成荣、梁海艳：《青年流动人口通婚圈研究》，《南方人口》2015年第3期。

度来说，户口性质、户籍地来源、文化程度以及收入水平的同质性婚姻，由于其家庭背景、生活环境、文化水平、认识能力、审美情趣相似，待人处事方式一致，则提升了农民工"门当户对"的比重，是其婚姻稳定的一个重要原因。这一研究结果进一步验证了西方的人口结构理论，即来自同一个迁出地的人口越多，性别比越均衡以及居住越集中，同乡婚配越多，婚姻稳定性就越高。这一现象与社会交换理论高度一致。

第四节 农民工童年创伤和婚姻质量：述情障碍与夫妻互动的多重中介作用

一 前言

婚姻质量是指已婚者对婚姻状况的整体感性认知，是个体对配偶及婚姻关系的态度和看法。[1] 婚姻质量高的个体，其身心健康和应对负性生活事件的能力较强，而且父母的婚姻关系对其子女的学业和社会适应性也具有积极影响。[2] 从婚姻质量的研究对象来看，对于流动群体，尤其是农民工的婚姻质量的关注还不多。婚姻问题、婚姻冲突与婚姻不稳定性作为衡量婚姻质量消极维度的重要指标[3]，能够相对稳定地反映农民工对自己婚姻状况的认知和评价，加深关于婚姻成功和失败原因的理解。

根据 Bowen 的家庭系统理论，个体在其早年原生家庭的经历，特别是创伤经历，会削弱个体成年期建立和维持亲密关系的能力并对其亲密关系产生持续消极影响[4]，已有研究证实童年创伤经历作为远端因素可以负向预测个体成年后对亲密关系的满意程度。[5] 因此，我们提出假设1：

---

[1] 徐安琪、叶文振：《婚姻质量：度量指标及其影响因素》，《中国社会科学》1998年第1期。

[2] 张会平、曾洁雯：《城市女性的相对收入水平及受教育程度差异对婚姻质量的影响》，《中国临床心理学杂志》2010年第5期。王美芳、刘莉、王玉廷：《父母婚姻质量、亲子依恋与幼儿焦虑的关系》，《中国临床心理学杂志》2010年第6期。

[3] 袁莉敏、许燕、王斐等：《婚姻质量的内涵及测量方法》，《中国特殊教育》2007年第12期。

[4] 吴雨薇：《论原生家庭对个体发展的影响——从家庭系统理论出发》，《泉州师范学院学报》2017年第3期。

[5] 闫景蕾：《童年创伤对大学生恋爱满意度的影响：自尊与感知伴侣应答的序列中介作用》，硕士学位论文，武汉体育学院，2017年。

童年创伤与婚姻质量的消极维度之间存在显著正相关。

情绪识别和表达是个体社交活动中必备的一种能力，能否正确地识别他人和描述自我情绪对个体的人际关系起着至关重要的作用。而有述情障碍的个体最典型的表现就是无法感知和表述自己或他人的情绪。研究表明，述情障碍的产生和严重程度与童年创伤密切相关。[①] 在人际关系中，由于个体自身识别情绪存在困难和感受不到对方的情绪变化，在与人交流时易产生阻碍，影响人际间的关系。婚姻关系也属于人际关系的一种，因此，我们提出假设2：童年创伤可以通过述情障碍的中介作用对婚姻质量产生影响。

夫妻互动被认为是影响婚姻质量的关键因素。根据夫妻互动理论，婚姻的满意程度主要取决于夫妻间互动的数量和质量。积极的夫妻间的互动会增进夫妻情感、提高婚姻满意度。[②] 实证研究也证实夫妻间消极的婚姻互动行为对婚姻质量有破坏力，而积极互动对婚姻质量有正向作用[③]。此外，夫妻互动与童年创伤经历存在紧密联系。研究显示童年期创伤经历不仅会直接导致个体社会功能的受损，还会进一步影响成年后的情绪和行为，有创伤经历的个体在亲密关系中会有较多的冲突，体验较少的亲密感，积极的关系互动较少。因此，我们提出本研究的假设3：童年创伤经历较多的个人，其积极夫妻互动较少，进而婚姻质量越差，即夫妻互动在童年创伤与婚姻质量之间起着中介作用。

关于述情障碍和婚姻互动之间的关系，以往研究表明，具有述情障碍特征的人在人际交往中由于缺少交流的技巧和能力，人际互动困难。那么述情障碍也有可能促使夫妻的互动的数量和质量下降，甚至可能导致冲突的产生而降低个体的婚姻质量。因此，我们提出本研究的假设4：述情障碍是影响夫妻互动的一个重要因素，述情障碍对夫妻互动有着显

---

① 杨雪莉、梁宗保：《述情障碍的研究现状及干预》，《心理研究》2016年第1期。
② Cundiff J. M., Smith T. W., Butner J., et al., "Affiliation and Control in Marital Interaction: Interpersonal Complementarity is Present but is not Associated with Affect or Relationship Quality", *Personality & Social Psychology Bulletin*, Vol. 41, No. 1, January 2015, pp. 35–51.
③ 琚晓燕、谢庆红、曹洪健等：《夫妻互动行为差异及其对婚姻质量的影响——基于一项观察研究》，《中国临床心理学杂志》2013年第5期。张锦涛、方晓义：《夫妻对沟通模式感知差异与双方婚姻质量的关系》，《中国临床心理学杂志》2011年第3期。

著的负性预测作用。

综上所述,本研究以农民工婚姻质量的消极维度为研究重点,探讨童年创伤对婚姻质量的影响,并分析述情障碍与夫妻互动在童年创伤对婚姻质量之间的链式中介作用。

二 方法

(一) 被试

本节所采用的数据来自本次部分调查数据。本次调查共发放问卷388份,回收380份,剔除资料不完整和规律性作答问卷后得到323份有效问卷,问卷有效回收率为83.25%。其中男性209人(64.71%),女性114人(35.29%);年龄介于20—50岁($M=32.64$,$SD=6.67$);初中及其以下文化水平共240人(74.31%);农民工结婚时间在1—30年($M=9.33$,$SD=6.04$),外出务工年限为1—26年($M=10.67$,$SD=5.50$)。

(二) 工具

1. 婚姻质量

本研究抽取由张会平编制的婚姻质量量表的消极婚姻质量分量表进行评定。该分量表共有19个项目,包括婚姻冲突、婚姻问题、婚姻不稳定性3个因子。采用4点计分,分数越高代表婚姻质量越低。本研究中该分量表内部一致性系数Cronbach α值为0.836。

2. 夫妻互动

本研究采用中文版夫妻积极互动量表。[1] 该量表共8个项目,采用4级评分,总分越高代表夫妻积极互动程度越良好。本研究中该量表内部一致性系数Cronbach α值为0.848。

3. 童年创伤

采用傅文青等人修订的童年期创伤问卷进行评定。[2] 该量表共28个

---

[1] Xiaohe X., "Measuring the Concept of Marital Quality as Social Indicators in Urban China", *Kluwer Academic Publishers*, Vol. 37, No. 2, February 1996, pp. 189–206.

[2] 傅文青、姚树桥、于宏华等:《儿童期创伤问卷在中国高校大学生中应用的信效度研究》,《中国临床心理学杂志》2005年第1期。

项目，包括情感虐待、躯体虐待、性虐待、情绪忽视和躯体忽视5个因子。5级评分，总分越高代表受虐待程度越严重。本研究中该量表内部一致性系数 Cronbach α 值为 0.858。

4. 述情障碍

采用 Bagby 和 Taylor 编制、蚁金瑶等人修订的中文版多伦多述情障碍量表进行评定。[①] 该量表共 20 个条目，有 3 个因子：情感难以描述、难以识别和外向性思维，该量表采用 5 级评分，总分越高表明述情障碍的水平越高。本研究中该量表内部一致性系数 Cronbach α 值为 0.855。

（三）施测程序和数据处理

实测主试由事先经过严格培训的心理学专业研究生担任。施测时，包证施测环境安静，要求被试必须独立完成，问卷施测后由主试当场核查后统一收回，完成数据收集。数据采用 SPSS21.0 进行描述性分析、相关分析等，用 AMOS23.0 进行结构方程建模，并用 Mplus7.0 对中介效应进行检验。

（四）共同方法偏差检验

本研究使用 Harman 单因子检验，这种技术的基本假设是如果方法变异大量存在，进行因素分析时，要么析出单独一个因子，要么一个公因子解释了大部分变量变异。[②] 未旋转的主成分因素分析结果表明，特征根值大于 1 的因子有 18 个，其中第一个因子解释的变异量只有 13.91%，小于 40% 的临界标准，表明不存在明显的共同方法偏差。

三 结果

（一）各变量之间的相关分析

对童年创伤、述情障碍、夫妻互动和婚姻质量之间均存在显著的两两正相关，说明变量之间关系显著，详见表 8—18。

[①] 蚁金瑶、姚树桥、朱熊兆：《TAS-20 中文版的信度、效度分析》，《中国心理卫生杂志》2003 年第 11 期。

[②] 周浩、龙立荣：《共同方法偏差的统计检验与控制方法》，《心理科学进展》2004 年第 6 期。

表8—18　　　　各变量的描述性统计和相关矩阵（$N=323$）

变量名	M	SD	1	2	3	4
婚姻质量	39.74	7.14	1			
述情障碍	68.86	10.29	0.25**	1		
童年创伤	52.82	13.50	0.31**	0.24**	1	
夫妻互动	19.03	4.22	-0.40**	-0.20**	-0.30**	1

（二）述情障碍和夫妻互动对童年创伤与婚姻质量之间关系的中介作用检验

1. 测量模型

根据 Anderson 等人的两步骤程序，在建模之前应先对测量模型进行检验。测量模型被接受意味着指标变量能很好地代表其各自的潜变量，说明可以建立中介模型。测量模型包括 3 个潜变量，包括童年创伤、述情障碍和婚姻质量，以及 12 个观测变量。采用 AMOS23.0 对测量模型与实际数据的拟合程度进行分析，以检验每个观测变量均有效测量了其所对应的潜在变量。结果显示，测量模型的拟合性较好，χ^2（$df=49$，$N=323$）= 119.575，RMSEA = 0.067，GFI = 0.941，AGFI = 0.907，CFI = 0.934，IFI = 0.935，NFI = 0.895，观察变量在潜变量上的载荷负数均达到了显著水平。

2. 结构方程模型

通过 AMOS23.0 软件建立结构方程模型。其中，以童年创伤为自变量，以婚姻质量为因变量，以述情障碍和夫妻互动为中介变量，为了比较模型，我们建立三种中介模型，分别为：完全中介模型（M0）、部分中介模型（M1）、链式中介模型（M2）。完全中介模型（M0）指的是童年创伤通过述情障碍和夫妻互动两个中介变量影响婚姻质量；部分中介模型（M1）是在 M0 的基础上，增加童年创伤对婚姻质量直接影响路径；链式中介模型（M2）是在 M1 的基础上，增加述情障碍对夫妻互动的直接影响路径。路径分析结果发现三个中介模型拟合良好，我们对模型卡方差进行检验，发现链式中介模型（M2）的卡方值要显著低于 M0、M1

(M2 与 M0：$\triangle \chi^2$ = 15.652，$\triangle df$ = 2，$P < 0.01$；M2 与 M1：$\triangle \chi^2$ = 4.253，$\triangle df$ = 1，$P < 0.05$)。按照林文莺和侯杰泰在研究中指出的嵌套模型拟合标准，若$\triangle \chi^2$显著，说明两个模型的拟合程度显著不同，这时路径较复杂（自由度小）的模型优于路径较简洁（自由度大）的模型，应取较复杂的模型，因此，我们接受链式中介模型 M2（见图8—6），即童年创伤对婚姻质量有直接影响，也通过三条中介路径（童年创伤→述情障碍→婚姻质量，童年创伤→夫妻互动→婚姻质量，童年创伤→述情障碍→夫妻互动→婚姻质量）有间接影响。

表8—19 述情障碍和夫妻互动对童年创伤与婚姻质量关系的影响模型拟合指数

模型	χ^2	df	χ^2/df	RMSEA	GFI	AGFI	CFI	IFI	NFI
M0	84.201	48	1.754	0.048	0.961	0.936	0.966	0.967	0.926
M1	72.802	47	1.549	0.041	0.965	0.942	0.976	0.976	0.936
M2	68.549	46	1.490	0.039	0.967	0.943	0.979	0.979	0.940

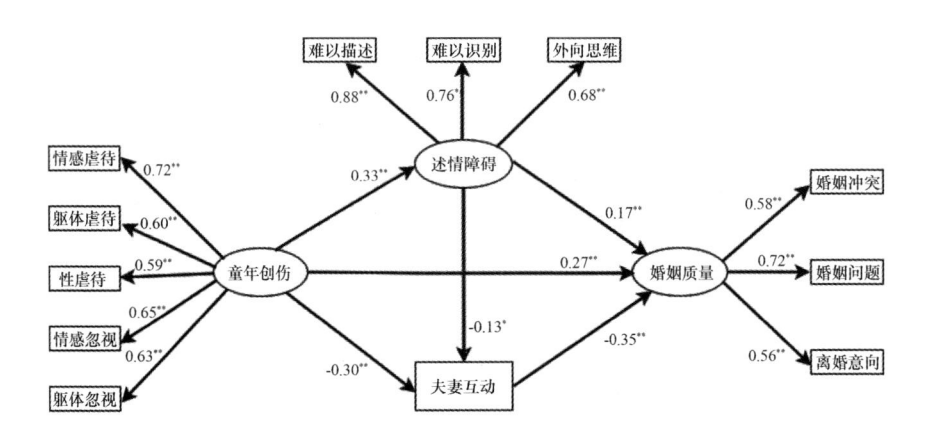

图8—6 述情障碍和夫妻互动对童年创伤与婚姻质量关系的链式中介模型（M2）

3. 中介效应的显著性检验

在模型拟合良好基础上，使用偏差校正的非参数百分位 Bootstrap 程序检验中介效应的显著性，重复取样1000次，计算95%的置信区间，结果如表8—20所示，三条中介路径系数的95%置信区间均不包括0，表明农民工的童年创伤直接影响婚姻质量,也通过述情障碍和夫妻互动构成的三条中介路径间接影响婚姻质量。

表8—20　　对中介效应显著性检验的 Bootstrap 分析

效应类型	路径	标准化间接效应值	效应量	95%的置信区间 下限	95%的置信区间 上限
直接效应	童年创伤→婚姻质量	0.270	60.54%	0.087	0.485
中介效应	童年创伤→述情障碍→婚姻质量	0.056	12.56%	0.006	0.135
中介效应	童年创伤→夫妻互动→婚姻质量	0.105	23.54%	0.033	0.211
中介效应	童年创伤→述情障碍→夫妻互动→婚姻质量	0.015	3.36%	0.002	0.021
总中介效应		0.176	39.46%	0.080	0.265

四　讨论

本研究考察了农民工群体中童年创伤、述情障碍、夫妻互动和婚姻质量之间的关系。首先,本研究验证了研究假设1,即童年创伤可以直接正向预测消极婚姻质量。说明个体童年期创伤经历越严重,其成年后婚姻质量越差,这与前人的研究结果基本一致。[1] 有虐待经历的个体在其成年后更有可能发展为具有持久的负性认知和行为模式的个体[2],该模式会促使个人在其婚姻关系里以相同的认知和行为对待其配偶,从而降低亲密关系的质量,这一研究结果说明童年创伤经历是农民工婚姻质量的一个重要风险因素。

其次,本研究进一步探索了述情障碍、夫妻互动在童年创伤与婚姻质量之间的中介作用。结果发现如下:第一,述情障碍在童年创伤与婚姻质量之间起到中介作用,换言之,在农民工群体中,经历童年创伤越多的个体,其述情障碍就越严重,其婚姻就会面临更多的问题,婚姻越

---

[1] 朱晓庆:《大学生述情障碍、家庭功能与人际关系满意感的关系研究》,硕士学位论文,河北师范大学,2017年。

[2] 李萍、柳雨希、陈西庆等:《童年创伤与青少年抑郁症的关系》,《中国健康心理学杂志》2015年第7期。

不稳定。这证实了本研究的假设 2。根据情绪发展理论①，个体述情障碍的发展与其幼年经历密不可分，幼年时间的创伤会导致其情感发育停滞，情绪理解和洞察能力下降，这就会进一步发展成为述情障碍；而述情障碍的个人在进入婚姻阶段后，由于其情绪信息的认知加工过程存在一定的缺陷，沟通不畅，冲突增多，从而降低婚姻质量。因此本研究结果提示，我们要采用合适的干预方法改善农民工群体的述情障碍，帮助其发展出正确的情绪调节策略，消除儿童期创伤体验对他们造成的不良影响。第二，夫妻互动在童年创伤与婚姻质量之间起到中介作用，这证实了本研究的假设 3，也从实证的角度证明了夫妻互动理论。童年期创伤性生活事件如虐待、辱骂等会让个体在认知过程存在一定的认知偏差，会促使个体以消极的方式评价和解释事件，具有认知偏差的个体在婚姻关系中易出现不合理和消极的信念，夫妻互动的积极性降低，婚姻冲突增多，婚姻质量下降。第三，述情障碍和夫妻互动间的链型中介效应显著，本研究的假设 4 得到证实。但从效应量上分析，其链型中介效应量较小，分析其原因可能是述情障碍的个体一方面由于他们不会表达情绪，夫妻积极沟通质量会受损；但另一方面由于其情绪洞察能力较差，个体也不易受消极情绪干扰，从而削弱其对夫妻互动的消极影响。

本研究结果在前人研究的基础上，探讨了童年创伤与农民工群体婚姻质量的关系，分析了述情障碍和夫妻互动的作用机制，对相关研究以及实践的开展均有重要的意义，更丰富的中介或调节效应机制仍需要进一步深入研究。

---

① 罗峥、郭德俊：《当代情绪发展理论述评》，《心理科学》2002 年第 3 期。

参考文献

一 专著

蔡志海：《农民进城：处于传统与现代之间的中国农民工》，华中师范大学出版社2008年版。

曹锐：《流动妇女婚姻质量研究》，上海人民出版社2013年版。

迟书君：《新型城市移民——2003年深圳流动人口恋爱婚姻家庭状况调查》，社会科学文献出版社2006年版。

郭显超：《青年农民工的社会资本对择偶模式的影响研究》，经济科学出版社2015年版。

贾志科：《性别失衡与青年择偶》，社会科学文献出版社2020年版。

靳小怡、刘利鸽、刘红升：《乡城流动中的中国男性婚姻挤压》，社会科学文献出版社2017年版。

李成华、靳小怡：《性别失衡对中国农村人口婚姻暴力的影响研究 基于性别与流动的视角》，社会科学文献出版社2019年版。

李德：《新生代农民工婚姻报告》，上海交通大学出版社2011年版。

李卫东、李树茁：《农民工心理失范的现状及影响因素研究：基于性别和婚姻的视角》，社会科学文献出版社2017年版。

梁海艳：《中国流动人口通婚地域选择：理论与实践》，中国社会科学出版社2016年版。

刘博：《中国新生代农民工生存状况调查》，上海人民出版社2018年版。

刘传江、程建林、董延芳：《中国第二代农民工研究》，山东人民出版社2009年版。

石向实等：《新生代农民工社会心态调研报告》，浙江大学出版社2015

年版。

谢娅婷、靳小怡：《群际关系对中国农民工公共安全感的影响研究——基于性别与婚姻的视角》，中国农业出版社 2018 年版。

袁靖华：《边缘身份融入——符号与传播：基于新生代农民工的社会调查》，浙江大学出版社 2015 年版。

张笑秋：《新生代农民工流动行为研究——以湖南省为例》，厦门大学出版社 2016 年版。

二 期刊论文

曹锐：《流动女性的婚姻质量及其影响因素》，《西北人口》2010 年第 3 期。

曹锐：《新生代流动人口的生育期望及其影响因素》，《西北人口》2012 年第 2 期。

曹锐：《新生代农民工婚恋模式初探》，《南方人口》2010 年第 5 期。

陈莉、俞林伟：《代际视角下农民工婚育模式与婚姻满意度的关系研究》，《浙江社会科学》2018 年第 12 期。

陈卫、吴丽丽：《中国人口迁移与生育率关系研究》，《人口研究》2006 年第 1 期。

陈雯：《形式"同质"与本质"异质"：新生代农民工婚恋模式的机制与困境研究》，《中国青年研究》2018 年第 7 期。

陈印陶：《打工妹的婚恋观念及其困扰——来自广东省的调查报告》，《人口研究》1997 年第 2 期。

陈印陶：《广东省东莞市女性"民工潮"调查报告》，《中山大学学报》（社会科学版）1996 年第 1 期。

程灶火、周岱、杨英等：《中国人婚姻动因问卷的初步编制》，《中国心理卫生杂志》2005 年第 3 期。

崔凤垣：《北京市已婚女性人口的婚姻与择偶》，《人口与经济》1994 年第 3 期。

崔轶、洪炜、苏英等：《七省市家庭暴力现状调查及影响因素报告》，《中国临床心理学杂志》2012 年第 3 期。

段成荣、梁海艳：《青年流动人口通婚圈研究》，《南方人口》2015 年第

3 期。

风笑天:《农村外出打工青年的婚姻与家庭:一个值得重视的研究领域》,《人口研究》2006 年第 1 期。

冯虹、赵一凡、艾小青:《中国超大城市新生代农民工婚姻状况及其影响因素分析——基于 2015 年全国流动人口动态监测调查数据》,《北京联合大学学报》(人文社会科学版) 2017 年第 1 期。

高燕秋、Tamara Jacka:《西部农村地区家庭暴力发生情况及对妇女精神健康的影响》,《北京大学学报》(医学版) 2012 年第 3 期。

高颖、张秀兰:《北京市近年婚配状况的特征及分析》,《中国人口科学》2011 年第 6 期。

管雷:《1978 年以来我国青年择偶研究述评》,《中国青年研究》2004 年第 11 期。

郭霞、李建明、孙怀民:《婚姻质量的研究现状》,《中国健康心理学杂志》2008 年第 7 期。

郭新平、刘蓉:《实践理论下新生代农民工返乡择偶的行为机制——以晋北 N 村为例》,《社科纵横》2018 年第 3 期。

郭亚楠:《生育意愿视角下的生育政策分析》,《黑河学刊》2011 年第 12 期。

韩琳琳:《社会学视角下对当代社会"门当户对"择偶观的再认识》,《成都教育学院学报》2006 年第 4 期。

韩全芳、骆华松、韩吉全:《人口流动过程中的越轨性行为分析》,《云南师范大学学报》(哲学社会科学版) 2005 年第 4 期。

何雯、曹成刚:《农民工"临时夫妻"现象的社会心理学解析》,《广西社会科学》2014 年第 7 期。

何兴邦:《城市融入对农民工生育意愿的影响机制》,《华南农业大学学报》(社会科学版) 2020 年第 3 期。

贺飞:《转型期青年农民工婚恋观念和行为的社会学分析》,《青年研究》2007 年第 4 期。

侯力:《从"城乡二元结构"到"城市二元结构"及其影响》,《人口学刊》2007 年第 2 期。

胡莹、李树茁:《中国当代女性跨省婚姻迁移模式变迁研究》,《妇女研究论丛》2015 年第 1 期。

蒋京川、宫玉洁：《未婚男性择偶偏好研究：特质、趋势与影响因素》，《青年研究》2015 年第 3 期。

金三林：《农民工现状特点及意愿诉求——基于对 7 省市农民工的调查研究》，《经济研究参考》2011 年第 58 期。

靳小怡、任峰、悦中山：《农民工对婚前和婚外性行为的态度：基于社会网络的研究》，《人口研究》2008 年第 5 期。

靳小怡、谢娅婷、韩雪：《婚姻挤压下农村流动人口的生育性别偏好——基于相对剥夺感视角的分析》，《人口学刊》2013 年第 3 期。

靳小怡、张露、杨婷：《社会性别视角下农民工的"跨户籍婚姻"研究——基于深圳 P 区的调查发现》，《妇女研究论丛》2016 年第 1 期。

琚晓燕、谢庆红、曹洪健等：《夫妻互动行为差异及其对婚姻质量的影响——基于一项观察研究》，《中国临床心理学杂志》2013 年第 5 期。

李昌俊、刘泓、贾东立等：《留守与非留守妇女的婚姻质量调查》，《中国心理卫生杂志》2014 年第 4 期。

李成华、靳小怡：《夫妻相对资源和情感关系对农民工婚姻暴力的影响——基于性别视角的分析》，《社会》2012 年第 1 期。

李国珍：《已婚农民工婚姻生活满意度研究》，《兰州学刊》2012 年第 11 期。

李后建：《门当户对的婚姻会更幸福吗？——基于婚姻匹配结构与主观幸福感的实证研究》，《人口与发展》2013 年第 2 期。

李辉、浦昆华：《新生代农民工的婚恋心理冲突探析》，《江西农业大学学报》（社会科学版）2011 年第 4 期。

李家兴：《家庭背景、职业流动与婚姻匹配》，《社会发展研究》2020 年第 1 期。

李晶：《新生代农民工市民化存在的问题与对策》，《前沿》2011 年第 6 期。

李铁：《户籍制度改革背景下我国农民工婚姻问题研究——以中原地区为例》，《理论月刊》2016 年第 4 期。

李惟芳、郑亚：《新生代女性农民工婚恋观浅析》，《学理论》2014 年第 28 期。

李卫东、胡莹:《未婚男性农民工心理失范的调查研究》,《西安交通大学学报》(社会科学版) 2012 年第 1 期。

李卫东:《流动模式与农民工婚姻稳定性研究:基于性别和世代的视角》,《社会》2019 年第 6 期。

李卫东、罗志华:《人口流动背景下如何提升农民工婚姻稳定性》,《中国人口报》2019 年 1 月 10 日第 3 版。

李卫东:《农民工婚姻稳定性研究:基于代际、迁移和性别的视角》,《中国青年研究》2017 年第 7 期。

李伟、程灶火、王湘等:《婚姻质量与个性、婚姻动因的关系》,《中国临床心理学杂志》2002 年第 1 期。

李喜荣:《新生代农民工的婚姻稳定性研究——基于社会交换理论的视角》,《学理论》2014 年第 29 期。

李潇晓、徐水晶:《外出务工对农村人口婚姻满意度的影响》,《华南农业大学学报》(社会科学版) 2018 年第 6 期。

李昱:《新生代农民工融入城市问题探析》,《求索》2010 年第 10 期。

李煜、徐安琪:《择偶模式和性别偏好研究——西方理论和本土经验资料的解释》,《青年研究》2004 年第 10 期。

梁如彦、马宏宇:《农民工生育意愿与生育行为研究——基于合肥市调查数据》,《山西农业大学学报》(社会科学版) 2015 年第 6 期。

梁如彦、周剑:《农民工生育意愿研究综述》,《淮海工学院学报》(人文社会科学版) 2013 年第 24 期。

梁土坤:《可行能力视角下新生代农民工婚姻状况及影响因素研究》,《安徽师范大学学报》(人文社会科学版) 2019 年第 3 期。

梁雪萍、崔永军、杨姗姗:《新生代农民工早婚早育现象研究》,《科教文汇》(中旬刊) 2013 年第 10 期。

廖庆忠、曹广忠、陶然:《流动人口生育意愿、性别偏好及其决定因素——来自全国四个主要城市化地区 12 城市大样本调查的证据》,《人口与发展》2012 年第 1 期。

刘杰杰:《"80 后"农民工婚恋障碍分析——基于苏州、无锡、南京等 8 市的调查》,《南京人口管理干部学院学报》2011 年第 3 期。

刘晋:《简析新生代女性农民工的婚恋观》,《重庆科技学院学报》(社会科学版）2013 年第 9 期。

刘淑华：《家乡的"归根"抑或城市的"扎根"——新生代农民工婚恋取向问题的研究》，《中国青年研究》2008 年第 1 期。

卢淑华、文国锋：《婚姻质量的模型研究》，《妇女研究论丛》1999 年第 2 期。

陆益龙：《"门当户对"的婚姻会更稳吗？——匹配结构与离婚风险的实证分析》，《人口研究》2009 年第 2 期。

马忠东、石智雷：《流动过程影响婚姻稳定性研究》，《人口研究》2017 年第 1 期。

莫丽霞：《当前我国农村居民的生育意愿与性别偏好研究》，《人口研究》2005 年第 2 期。

潘清、葛红丽：《论新生代农民工婚恋观的变迁》，《赤峰学院学报》（汉文哲学社会科学版）2014 年第 11 期。

潘腾、凌莉、宋晓琴等：《冲突策略量表（中文简版）在流动育龄妇女中应用的信效度》，《中国健康心理学杂志》2014 年第 6 期。

潘永、朱传耿：《"80 后"农民工择偶模式研究》，《西北人口》2007 年第 1 期。

彭大松、刘越：《流动人口的离婚风险：代际差异与影响因素》，《人口学刊》2019 年第 2 期。

沈扬久：《农民工婚姻问题探析》，《商业文化》（学术版）2010 年第 3 期。

沈毅：《苏南流动人口生育意愿研究——以吴江流动人口为例》，《市场与人口分析》2005 年第 5 期。

施磊磊：《青年农民工婚恋观念、行为、模式及其变迁历程——对青年农民工婚恋研究文献的一项检视》，《青年探索》2015 年第 6 期。

石人炳：《婚姻挤压和婚姻梯度对湖北省初婚市场的影响》，《华中科技大学学报》（社会科学版）2005 年第 4 期。

石智雷：《完善家庭发展政策 提升流动人口婚姻稳定性》，《中国社会科学报》2017 年 7 月 12 日第 6 版。

疏仁华：《青年农民工婚恋观的城市化走向》，《南通大学学报》（社会科学版）2011 年第 3 期。

宋月萍、张龙龙、段成荣：《传统、冲击与嬗变——新生代农民工婚育行为探析》，《人口与经济》2012年第6期。

孙金荣、沙维伟、张晓斌等：《遭受家庭暴力女性的个性和心理健康状况》，《中国临床心理学杂志》2013年第6期。

孙琼如、叶文振：《国内外流动人口婚姻家庭研究综述》，《人口与发展》2010年第6期。

汤梦君：《中国性别失衡研究的重大突破》，《西安交通大学学报》（社会科学版）2014年第6期。

陶自祥：《临时夫妻：青年农民工灰色夫妻关系及其连带风险》，《中国青年研究》2019年第7期。

田果、罗文斓、陈盈等：《家庭暴力对农村女性抑郁的影响研究》，《现代预防医学》2014年第9期。

佟新、戴地：《积极的夫妻互动与婚姻质量——2011年北京市婚姻家庭调查分析》，《学术探索》2013年第1期。

童辉杰、黄成毅：《中国人婚姻关系的变化趋势：家庭生命周期与婚龄的制约》，《湖南社会科学》2015年第4期。

庹安写：《贵州省农民工艾滋病/性病知识、态度与高危性行为现状调查》，《中国男科学杂志》2015年第4期。

王春雷：《城乡二元体制与农民工市民化的道路选择》，《河北经贸大学学报》（综合版）2017年第1期。

王厚亮、曾秀珍、温盛霖等：《不同婚姻满意度育龄妇女生活满意度个性特征、应对方式、社会支持比较》，《中华行为医学与脑科学杂志》2010年第1期。

王杰：《同村婚姻：青年农民工婚姻新模式的诠释——以辛村为例》，《青年研究》2007年第11期。

王玲杰、叶文振：《流动人口婚姻满意度实证分析》，《人口学刊》2008年第2期。

王美芳、刘莉、王玉廷：《父母婚姻质量、亲子依恋与幼儿焦虑的关系》，《中国临床心理学杂志》2010年第6期。

王小璐、蔡泳：《规范习得还是情境选择：新生代农民工对婚前性行为的态度及形成机制》，《南京农业大学学报》（社会科学版）2019年第

6 期。

王亚萍、毕兰凤：《妇女家庭角色认知与人口外出流动的相关性分析——以安徽省肥东县王村为例》，《辽宁行政学院学报》2012 年第 6 期。

王中杰：《夫妻生理资源要素匹配类型对婚姻质量的影响》，《中华行为医学与脑科学杂志》2011 年第 2 期。

韦克难、杨世箐、周炎炎等：《农村流动人口婚姻满意度的调查分析——基于四川省四地的调查报告》，《中共四川省委省级机关党校学报》2008 年第 3 期。

韦艳、杨大为：《婚姻支付对农村夫妻权力的影响：全国百村调查的发现》，《人口学刊》2015 年第 5 期。

魏永峰：《婚姻质量与婚外性态度关系中的性别差异》，《妇女研究论丛》2015 年第 2 期。

毋嫘、洪炜、麻超等：《婚姻暴力受害者的认知及应对方式分析》，《中国临床心理学杂志》2013 年第 5 期。

毋嫘、洪炜、任双成等：《婚姻中严重躯体暴力行为的个人—家庭—社会因素》，《中国心理卫生杂志》2013 年第 4 期。

吴海龙：《新生代农民工婚姻模式与家庭稳定性研究综述》，《铜陵学院学报》2013 年第 2 期。

吴瑞君：《流动人口的婚姻模式及其影响因素——基于 2012 年上海流动人口动态监测数据的分析》，《中国城市研究》2015 年第 1 期。

吴新慧：《传统与现代之间——新生代农民工的恋爱与婚姻》，《中国青年研究》2011 年第 1 期。

吴银涛、肖和平：《青年农民工婚外恋的社会学分析》，《当代青年研究》2008 年第 2 期。

吴雨薇：《论原生家庭对个体发展的影响——从家庭系统理论出发》，《泉州师范学院学报》2017 年第 3 期。

夏吟兰：《对离婚率上升的社会成本分析》，《甘肃社会科学》2008 年第 1 期。

肖和平、胡珍：《青年农民工婚姻家庭状况研究报告——基于成都市服务行业的调查》，《中国青年研究》2008 年第 6 期。

肖洁、风笑天：《中国家庭的婚姻暴力及其影响因素——基于家庭系统的考察》，《社会科学》2014 年第 11 期。

肖武：《中国青年婚姻观调查》，《中国青年研究》2016 年第 6 期。

肖祥敏、陈爱香：《新生代农民工婚恋观及其教育对策》，《中国集体经济》2012 年第 25 期。

徐安琪：《离婚风险的影响机制——一个综合解释模型探讨》，《社会学研究》2012 年第 2 期。

徐安琪、叶文振：《婚姻质量：婚姻稳定的主要预测指标》，《上海社会科学院学术季刊》2002 年第 4 期。

许传新、高红莉：《徘徊于传统与现代之间：新生代农民工婚姻家庭观研究》，《理论导刊》2014 年第 3 期。

许传新：《婚姻质量：国内研究成果回顾及评价》，《学习与实践》2008 年第 6 期。

许传新：《新生代农民工择偶标准及影响因素分析》，《南方人口》2013 年第 3 期。

许加明、魏然：《男性新生代农民工的择偶困境及结婚策略——基于苏北 C 村的调查与分析》，《中国青年研究》2018 年第 1 期。

许琪、于健宁、邱泽奇：《子女因素对离婚风险的影响》，《社会学研究》2013 年第 4 期。

许世航、贺伯晓：《深圳特区流动人群非婚性行为浅探》，《中国性科学》2005 年第 2 期。

许叶萍、石秀印：《新生代农民工的价值追求及与老一代农民工的比较》，《思想政治工作研究》2010 年第 3 期。

薛菁：《进城务工对农民工婚姻生活影响研究》，《科学经济社会》2013 年第 3 期。

杨阿丽、方晓义：《婚姻冲突、应对策略及其与婚姻满意度的关系》，《心理学探新》2009 年第 1 期。

杨立、疏仁华：《新生代农民工婚恋观的现代性研究》，《山西农业大学学报》（社会科学版）2010 年第 3 期。

杨善华：《城市青年的婚姻观念》，《青年研究》1988 年第 4 期。

杨婷、靳小怡：《家庭压力与婚姻满意度对农民工实施婚姻暴力的影响》，《人口学刊》2018 年第 1 期。

杨兴亮:《社会转型期门当户对择偶观的选择偏好——社会交换理论视角下"剩女"现象浅析》,《社会工作》(学术版) 2011 年第 4 期。

杨云彦:《我国人口婚姻迁移的宏观流向初析》,《南方人口》1992 年第 4 期。

杨子贤、王旭、刁瑞雪等:《农民工非婚性行为问题综述》,《中国性科学》2014 年第 8 期。

杨子贤、张跃飞:《农民工的"性乱象"——长三角地区农民工非婚性行为的调查与思考》,《哈尔滨工业大学学报》(社会科学版) 2013 年第 5 期。

叶文振、徐安琪:《婚姻质量:西方学者的研究成果及其学术启示》,《人口研究》2000 年第 4 期。

叶妍、叶文振:《流动人口的择偶模式及其影响因素——以厦门市流动人口为例》,《人口学刊》2005 年第 3 期。

于爱华、刘华:《全面二孩新政下新生代农民工二孩生育意愿及影响因素分析》,《黑龙江农业科学》2019 年第 8 期。

于潇、祝颖润、阚兴龙:《中国男性婚姻挤压城乡差异研究》,《人口研究》2019 年第 4 期。

袁霁虹:《媒介"围"城:新生代农民工婚恋观研究》,《中国青年研究》2016 年第 8 期。

袁莉敏、许燕、王斐等:《婚姻质量的内涵及测量方法》,《中国特殊教育》2007 年第 12 期。

袁遥、姜研:《新时代下农民工婚姻问题研究》,《经济与社会发展》2017 年第 6 期。

曾友祥、张洪林:《流动人口家庭暴力与构建和谐社区预防机制》,《西南民族大学学报》(人文社会科学版) 2006 年第 11 期。

张会平:《城市女性的相对收入与离婚风险:婚姻质量的调节作用》,《妇女研究论丛》2013 年第 3 期。

张会平:《家庭收入对女性婚姻幸福感的影响:夫妻积极情感表达的中介作用》,《中国临床心理学杂志》2013 年第 2 期。

张会平:《女性家庭经济贡献对婚姻冲突的影响——婚姻承诺的调节作用》,《人口与经济》2013 年第 5 期。

张锦涛、方晓义：《夫妻对沟通模式感知差异与双方婚姻质量的关系》，《中国临床心理学杂志》2011 年第 3 期。

张露露：《新生代农民工"二孩"生育意愿与生育行为研究——基于河南省南阳市 H 镇的调研分析》，《河南理工大学学报》（社会科学版）2016 年第 3 期。

张萍、李春霖、郝申强等：《城乡夫妻个体婚姻资源量对其婚姻质量及身心健康影响的对比》，《郑州大学学报》（医学版）2008 年第 6 期。

张琼：《农民工工资性别差异的实证研究——基于珠江三角洲和长江三角洲的问卷调查》，《广东社会科学》2013 年第 3 期。

张素娴：《家暴受害女性心理问题及其干预研究述评》，《湖南警察学院学报》2014 年第 4 期。

张耀方、方晓义：《城市新婚夫妻自我情绪调节困难与婚姻质量的关系》，《中国临床心理学杂志》2010 年第 6 期。

张云喜：《社会交换理论视域下的婚姻与择偶》，《山西青年管理干部学院学报》2013 年第 3 期。

章逸然、章飚、胡凤英：《"女大难嫁"还是"男大难婚"——婚姻匹配的男女差异与"剩男剩女"的代价》，《人口与经济》2015 年第 5 期。

赵凤敏、郭素芳、王临虹等：《中国农村地区已婚妇女家庭暴力发生情况及其相关知识调查》，《中华流行病学杂志》2006 年第 8 期。

赵璐：《试论新生代农民工的婚恋观——以社会互动为视角》，《学理论》2013 年第 19 期。

周林刚、陈璇：《流动妇女遭受婚姻暴力的现状及影响因素——基于江西省修水县的调查》，《中国人口科学》2015 年第 2 期。

周苗：《我国人口流动背景下的婚姻暴力现象探究》，《人口与社会》2015 年第 3 期。

周伟文、侯建华：《新生代农民工阶层：城市化与婚姻的双重困境——S 市新生代农民工婚姻状况调查分析》，《社会科学论坛》2010 年第 18 期。

周永红、黄学：《研究生婚姻态度及其与主观幸福感的关系研究》，《学位与研究生教育》2014 年第 5 期。

朱冠楠：《传统到现代：新生代农民工的婚恋转型及困境》，《新疆社会科学》2012年第3期。

诸萍：《近50年我国流动人口的婚姻匹配模式及时代变迁——基于初婚夫妇户籍所在地及性别视角的分析》，《南方人口》2020年第1期。

祝平燕、王芳：《返乡相亲：新生代农民工的一种择偶形态——以豫东S村为例》，《中国青年研究》2013年第9期。

庄渝霞：《不同代别农民工生育意愿及其影响因素——基于厦门市912位农村流动人口的实证研究》，《社会》2008年第1期。

三 学位论文

毕红微：《新生代农民工的婚恋观研究》，硕士学位论文，华中农业大学，2014年。

晁楠楠：《社交媒体对新生代农民工恋爱观影响研究》，硕士学位论文，吉林农业大学，2018年。

段爽园：《湖南地区新生代农民工婚姻观念变迁研究》，硕士学位论文，湘潭大学，2019年。

封玲：《新生代女性农民工乡土观视域下的婚恋观调查及其教育研究》，硕士学位论文，南京师范大学，2011年。

高博：《新生代农民工婚恋观教育对策研究》，硕士学位论文，西安理工大学，2017年。

郭显超：《青年农民工的社会资本对择偶模式的影响研究》，博士学位论文，西南财经大学，2013年。

冷文娟：《新生代女性农民工的婚恋研究》，硕士学位论文，华东理工大学，2012年。

刘晨菲：《新生代农民工择偶的影响因素研究》，硕士学位论文，华中师范大学，2018年。

刘晓：《新型城镇化背景下新生代农民工婚恋观研究》，硕士学位论文，陕西师范大学，2015年。

龙艳梅：《择偶标准对婚姻质量的影响研究》，硕士学位论文，湖南师范大学，2008年。

莫玮俏：《人口流动、婚姻稳定性与生育研究》，博士学位论文，浙江大学,2016 年。

沈笛:《生育意愿与生育行为的影响因素研究》,博士学位论文,吉林大学,2019 年。

王云云:《社会转型期我国人口婚姻匹配结构与婚姻质量的实证研究》,硕士学位论文,首都经济贸易大学,2013 年。

杨啸:《社会流动视阈下新生代农民工婚恋问题研究》,硕士学位论文,黑龙江大学,2013 年。

朱安琪:《中小城市新生代农民工生育意愿研究》,硕士学位论文,安徽工业大学,2017 年。

四 英文文献

Benita J., Laura D. K., Rosalind J W, "Linking Perceived Unfairness to Physical Health: The Perceived Unfairness Model", *Review of General Psychology*, Vol. 10, No. 1, March 2006.

C. C. F., Youqin H., "Waves of Rural Brides: Female Marriage Migration in China", *Annals of the Association of American Geographers*, Vol. 88, No. 2, June 1998.

Claudia M. B., Anja K., "Worker Remittances and Capital Flows to Developing Countries", *International Migration*, Vol. 48, No. 5, October 2000.

Cundiff J. M., Smith T. W., Butner J., et al., "Affiliation and Control in Marital Interaction: Interpersonal Complementarity is Present but is not Associated with Affect or Relationship Quality", *Personality & Social Psychology Bulletin*, Vol. 41, No. 1, January 2015.

Danièle B., "The Impact of Transnational Migration on Gender and Marriage in Sending Communities of Vietnam", *Current Sociology*, Vol. 59, No. 1, January 2011.

Derek A. K., Richard B. F., Cody W., et al., "Women's Education, Marital Violence, and Divorce: A Social Exchange Perspective", *Journal of Marriage and Family*, Vol. 75, No. 3, June 2013.

Douglas S. M., Emilio A. P., "International Migration and Business Formation in Mexico", *Social Science Quarterly*, Vol. 79, No. 1, March 1998.

Douglas S. M. , Emilio A. P. , "International Migration and Business Formation in Mexico" *Social Science Quarterly*, Vol. 79, No. 1, March 1998.

Gottman J. M. , Krokoff L. J. , "Marital interaction and satisfaction: a longitudinal view", *Journal of Consulting and Clinical Psychology*, Vol. 57, No. 1, February 1989.

Graham B. S. , "The Measurement of Marital Quality", *Journal of Sex & Marital Therapy*, Vol. 5, No. 3, June 1979.

Laura S. , Prabu D. , Sterling M. , "Sanctity of Marriage and Marital Quality", *Journal of Social and Personal Relationships*, Vol. 31, No. 1, December 2014.

Li C. , Arlette J. N. , "Does Number of Children Moderate the Link between Intimate Partner Violence and Marital Instability among Chinese Female Migrant Workers?", *Sex Roles*, Vol. 80, No. 11 – 12, June 2019.

Maurice C. , "Super-diversity vs. Assimilation: How Complex Diversity in Majority-minority Cities Challenges the Assumptions of Assimilation", *Journal of Ethnic and Migration Studies*, Vol. 42, No. 1, January 2016.

Murray A. S. , "Gender Symmetry and Mutuality in Perpetration of Clinical-level Partner Violence: Empirical Evidence and Implications for Prevention and Treatment", *Aggression and Violent Behavior*, Vol. 16, No. 4, June 2011.

Murray A. S. , Emily M. D. , " A Short Form of the Revised Conflict Tactics Scales, and Typologies for Severity and Mutuality", *Violence and Victims*, Vol. 19, No. 5, October 2004.

Nicola P. , "Labor Migration, Trafficking and International Marriage: Female Cross-Border Movements into Japan", *Asian Journal of Women's Studies*, Vol. 5, No. 2, January 1999.

P. J. B. , Hill K. , Thomas J. T. J. C. , et al. , " Moving and Union Dissolution", *Demography*, Vol. 45, No. 1, June 2008.

Reanne F. , Elizabeth W. , " The Grass Widows of Mexico: Migration and Union Dissolution in a Binational Context", *Social Forces*, Vol. 83, No. 3, June 2005.

Shortt J. W. , Capaldi D. M. , Kim H. K. , et al. , "Relationship Separation for

Young, at-risk Couples: Prediction from Dyadic Aggression", *Journal of Family Psychology: JFP: Journal of the Division of Family Psychology of the American Psychological Association (Division 43)*, Vol. 20, No. 4, December 2006.

South S. J., Crowder K., Chavez E., "Migration and Spatial Assimilation Among U. S. Latinos: Classical Versus Segmented Trajectories", *Demography*, Vol. 42, No. 3, August 2005.

Valentina, Mazzucato, "Does International Migration Lead to Divorce?: Ghanaian Couples in Ghana and Abroad", *Population, English edition*, Vol. 70, No. 1, June 2015.

Watson, "Premarital Cohabitation vs. Traditional Courtship: Their Effects on Subsequent Marital Adjustment", *Family Relations*, Vol. 32, No. 1, January 1983.

William J G, "Force and Violence in the Family" *Journal of Marriage and Family*, Vol. 33, No. 4, November 1971.

Xiaohe X., "Measuring the Concept of Marital Quality as Social Indicators in Urban China", *Kluwer Academic Publishers*, Vol. 37, No. 2, February 1996.

Xie Y., Greenman E., "The Social Context of Assimilation: Testing Implications of Segmented Assimilation Theory", *Social Science Research*, Vol. 40, No. 3, June 2011.

Yoav L., Ruth K., "Divison of Labor, Perceived Fairness, and Marital Quality: The Effect of Gender Ideology", *Journal of Marriage and Family*, Vol. 64, No. 1, February 2002.

Yodanis C. L., "Gender Inequality, Violence Against Women, and Fear: a Cross-national Test of the Feminist Theory of Violence Against Women", *Journal of Interpersonal Violence*, Vol. 19, No. 6, June 2004.

Yuya K., Youqin H., "Female Migration for Marriage: Implications from the Land Reform in Rural Tanzania", *World Development*, Vol. 65, No. 2, January 2015.

Zhang H., Xu X., Tsang S. K. M., "Conceptualizing and Validating Marital Quality in Beijing: A Pilot Study", *Social Indicators Research*, Vol. 113, No. 1, August 2013.

Zlotnick C., Johnson D. M., Kohn R., "Intimate Partner Violence and Long-term Psychosocial Functioning in a National Sample of American Women", *Journal of Interpersonal Violence*, Vol. 21, No. 2, June 2006.

后　　记

　　这本著作选择新生代农民工婚育模式和婚姻质量作为研究主题，并决定开始这一主题的研究，既是偶然也是必然。我出生的时代和所在城市生活的背景（温州，全国城市中农民工最集中的地区之一）决定了我对这一研究群体的关注。而一直扎根于社会心理学领域，近些年致力于特殊群体（外来务工人员、智障儿童和高工作倦怠群体）心理（婚恋观和情绪调节）和行为（婚姻质量、创业行为和职业倦怠）等问题的探索为我对新生代农民工婚育模式和婚姻质量这一主题的研究奠定了深厚的理论知识和实践经验。因此，本书的成果既是对我过往学术研究结果的一种考验与总结，更多的是希望出版本书能够使大众对新生代农民工的择偶模式、婚姻模式、婚育模式、性模式以及婚姻冲突、婚姻不稳定性等问题存在的理论问题和现实难题有全方位的了解，并为今后如何改善新生代农民工的择偶方式、婚姻质量提供理论指导和实践的建议。

　　本书第一章对当前的研究背景进行了调查与分析，着重探讨改革开放之后新生代农民工群体在社会中的地位，简要介绍城镇化加速进程背景下人们的婚育观念发生的变化。第二章与第三章是对主要文献的回顾以及本书进行研究时使用方法的说明。本书的第四章至第七章则是对新生代农民工婚育模式和婚姻质量具体的研究与分析，并给如何促进婚育模式朝前迈进和提升婚姻质量提供意见借鉴。其中具体包括对婚育模式、婚姻质量内容的介绍，数据的分析尤其是数据的来源和变量的介绍，以及研究结果等。同时还对特征、婚育模式与婚姻质量的关系进行了分析阐述。书中的数据分析、研究方法、理论阐述等给读者专业却通俗易懂感，不啰唆的同时可读性也强。

值得一提的是，本书专项研究的部分是本人及本人研究团队共同合作的论文成果。专业性强、研究内容新颖且现实意义大，逻辑清晰，尤其值得专业的学术人员仔细研读。

此外，与本书相关的论文著作还在国内外期刊［如 Sex Roles、Archives of Suicide Research、Frontiers in Psychology、BMC Public Health、《浙江社会科学》、《中国临床心理学》、《西南交通大学学报》（社会科学版）、《现代预防医学》］以及相关的学术报告会上进行了发表，对此感兴趣的读者，可前往查阅与本书配合阅读。

另外，本书的大部分内容实属于对新生代农民工的婚育模式和婚姻质量实证研究的撰写，在撰写的方法上从研究设计到实证调查，从收集数据、分析数据到研究的撰写遵循着严谨的思路和科学的方法；在撰写的内容上由择偶、婚姻、生育、性生活等点到婚育模式这一大面，由婚育模式的因到婚姻质量的果，层层递进，最终引申到如何改善方向。这一撰写的形式对其他实证研究的进行提供了良好的思路，而未来研究新生代农民工这一群体的相关人士也将大有裨益。

本书得到了国家社科基金项目的支持，感谢项目组廖传景、邓远平、马洪君、郑飞中、黄兆信、梅思佳等同志的精诚合作。此外，我指导的学生许科威、吴文婷、王李敬等人围绕新生代农民工婚育模式和婚姻质量等问题进行了一系列的实地调查、数据分析等思考和研讨，在与他们的不断交流和讨论中，本人逐步对本书进行了完善。在此，对他们的贡献给予深深的感谢！

需要指出的是，新生代农民工的研究在我国心理学领域和社会各个领域的研究不多，本书中的不足在所难免，期望各位学者同人进行批评指正！

陈　莉

2020 年 8 月 28 日